新媒体语境下
网络舆情监控、预警及应对机制

董黎丽◎著

吉林出版集团股份有限公司

图书在版编目（CIP）数据

新媒体语境下网络舆情监控、预警及应对机制 / 董黎丽著 . — 长春 : 吉林出版集团股份有限公司, 2020.4
ISBN 978-7-5581-8331-7

Ⅰ.①新… Ⅱ.①董… Ⅲ.①互联网络－舆论－研究 Ⅳ.① G206.2

中国版本图书馆 CIP 数据核字 (2020) 第 047714 号

新媒体语境下网络舆情监控、预警及应对机制

著　　者	董黎丽
责任编辑	齐　琳　白聪响
封面设计	李宁宁
开　　本	787mm×1092mm　1/16
字　　数	259 千
印　　张	14
版　　次	2020 年 5 月第 1 版
印　　次	2020 年 5 月第 1 次印刷
出　　版	吉林出版集团股份有限公司
电　　话	010-63109269
印　　刷	炫彩（天津）印刷有限责任公司

ISBN 978-7-5581-8331-7　　　　　定价：58.00 元

版权所有　侵权必究

前　言

伴随着互联网的不断发展，以博客、微博和微信为代表的新媒体也快速发展起来，对传统媒体的发展提出了挑战。发展到今时今日，微博已经是网络舆情信息的主要载体，公众作为自媒体的节点，更愿意在微博发表意见看法，而党和政府部门也开始越发重视微博的舆论生态。微博在一定程度上对中国的执政方式和执政理念产生了重大的影响，全国各级政务微博已经陆续开通，政务微博发布已经成为党和政府以人为本执政方式的重要补充。

但我们也需要用辩证的眼光，去看待新媒体在网络舆情中的作用。对积极的一面，如何使影响面更大更广；对消极的一面，如何加强引导，去解决产生的负面问题，如何对舆情的发展进行分析，如何使舆情工作者能对其进行良性监管等，这些都是该领域所亟须解决的重要问题。

本书写作过程中，参考并借鉴了国内外许多学者的相关著作和期刊文章，无法一一联系原作者，敬请谅解，在此向各位作者或编者表示最诚挚的感谢。编者还曾就有关问题多次向国内外专家求教，在此一并表示衷心的感谢。由于时间仓促，作者水平有限，疏漏和不妥之处在所难免，恳请国内外专家学者及读者们批评指正。

目　录

第一章　绪　论 ……………………………………………… 1
第一节　新媒体及新媒体发展现状 …………………………… 1
第二节　网络舆情概述 ………………………………………… 3
第三节　网络舆情工作 ………………………………………… 20

第二章　新媒体与网络舆情 …………………………………… 25
第一节　新媒体传播的特点 …………………………………… 25
第二节　新媒体对大众舆论的影响 …………………………… 27
第三节　新媒体时代网络舆情的特点 ………………………… 29
第四节　新媒体下网络舆情的应对原则及困境 ……………… 37

第三章　网络舆情研究的重要性 ……………………………… 41
第一节　网络舆情与政治稳定 ………………………………… 41
第二节　网络舆情与经济发展 ………………………………… 53
第三节　网络舆情与文化传播 ………………………………… 72
第四节　网络舆情与社会变革 ………………………………… 86

第四章　新媒体在突发网络舆情中的作用 …………………… 98
第一节　突发网络舆情中新媒体传播的影响因素 …………… 98
第二节　突发网络舆情中新媒体的作用机理 ………………… 119

第五章　新媒体语境下网络舆情管理的国内现状和国外经验 … 123
第一节　国内网络舆情管理现状 ……………………………… 123
第二节　国外网络舆情管理经验 ……………………………… 128

第六章 新媒体语境下网络舆情的监测 ………… 135

第一节 网络舆情信息源 ………… 135
第二节 网络舆情信息采集 ………… 145
第三节 网络舆情信息选取与研判 ………… 159

第七章 新媒体语境下网络舆情的预警 ………… 173

第一节 网络舆情预警概述 ………… 173
第二节 网络舆情预警工作 ………… 184

第八章 新媒体语境下网络舆情的应对 ………… 191

第一节 完善新媒体时代网络舆情监管立法 ………… 191
第二节 提高各级政府网络舆情危机应对能力 ………… 193
第三节 积极引导网络"大V" ………… 200
第四节 加强网民媒介素养教育 ………… 207

第九章 结 论 ………… 212

第一节 研究发现 ………… 212
第二节 研究不足及未来研究方向 ………… 212

参考文献 ………… 213

第一章 绪　论

第一节　新媒体及新媒体发展现状

2014年8月18日，中央全面深化改革领导小组第四次会议审议通过了《关于推动传统媒体和新兴媒体融合发展的指导意见》。习近平总书记在会上强调，要加快传播媒体和新兴媒体的融合，要着力打造一批形态多样、手段先进、具有竞争力的新型主流媒体，建成几家拥有强大实力和传播力、公信力、影响力的新型媒体集团，形成立体多样、融合发展的现代传播体系。在媒介融合过程当中，党政机关从新闻发布和未来舆论引导的角度，从传播和应用的角度面临着一些理念的更新，一些方法和手段的调整是刻不容缓的。

一、新媒体概述

关于新媒体（New Media），学界暂时还没有高度统一的定义。一般而言，不同于传统媒体的，即为新媒体。

新媒体概念是1967年由美国哥伦比亚广播电视网（CBS）技术研究所所长戈尔德马克（P.Goldmark）率先提出的。传统媒体发展到现在，分化为新媒体和传统媒体，传统媒体发展到每一个阶段，都有自己的新媒体，所以这个概念是相对而言的，并不是绝对意义上的。新媒体是应用了互联网技术、移动通信技术、卫星信号发射系统技术、数字图像处理技术等，通过各种类型的移动终端、服务器终端等等高科技数码设备，为广大使用者传送信息和图像的媒介。从某种意义上来说，新媒体就是数字化的传播媒介。美国人给这个新媒体下了一个定义：任何人到任何人的传播方式。大豫商网执行总裁崔俊超谈到："400年前报纸就是新媒体，因为那个时候是自然传播……现在在我看来，新媒体就是微信。"

在新媒体发展的背景下，出现了众多的数字化应用，电子书、手机信息、视频通话、Microblog、MSN、邮件等新的传播方式，相对于传统的媒体，报刊、杂志、广播等受众更广、效率更高、速度更快,但是监管起来也是异常麻烦,需要投入大量的人力、财力和物力。

二、新媒体发展现状

(一)新媒体的形式

和传统媒体相比,新媒体更加"接地气","国际范""潮"等词用在形容新媒体上一点儿也不为过,目前使用比较广泛的新媒体形式可以归纳为以下几种:

1. 新闻网站

新闻网站作为发布政府权威信息的主要媒体,随着技术的发展和公民意识觉醒,新闻网站在网络监督、网络参政议政等方面的影响也越来越大。

2. 网络论坛

网络论坛用户主要是通过发帖、看帖和跟帖回复,来随时发布身边的新闻事件,接收新闻事件信息和表达自己对于新闻事件的观点和看法,在这期间,大部分用户已经有了自己支持和反对的意见。论坛的受众非常广泛,发展十分迅速。以"天涯论坛"为例,1999 年天涯论坛正式开站,当时的中国刚刚度过了互联网早期的蛮荒期,注册用户仅为几百人,同时在线仅仅十几人,经过十几年的发展,如今天涯论坛的注册用户已达一亿,同时在线人数每天平均也在两百万左右。

3. 博客和微博

博客用户可以通过博客这种类似于网络日记或者更确切的形容为随笔的形式,发表对于新闻事件、社会热点话题的意见和看法。随着互联网技术的发展,受国外"推特""脸书"的影响,微博慢慢取代博客成为用户发布博文的第一选择。

4. 网络即时通信

在中国,网络即时通信用户可以占到手机用户的 70% 以上,网络即时通信的典型代表就是 QQ、微信,作为新媒体媒介中生命力比较顽强的"小强"之一,它的覆盖率和影响力十分巨大。

5. 手机客户端

据互联网信息中心的调查,目前手机网民每天累计上网时间超过 2 小时,上网 4 个小时以上的比例高达 30%。

6. 网络直播

互联网和手机的普及,使得网络视频直播一夜爆红,只要一部手机,凭借4G网络或者无线网络，人人都是主播。

（二）新媒体的发展趋势

在当今中国，网民的上网设备已经由电脑转向了手机，手机客户端的使用率远远超过了其他设备，在当前所有网民的用网过程中，手机上网人数已经超过了60%。移动互联网技术改变了社会的发展格局，正在颠覆传统的网络格局。在新媒体时代，更多人选择使用手机获取信息，微博、微信、手机报等成为公众获取、传播信息的第一选择，微博、微信等新媒体信息传播速度快，覆盖面广，信息监管难度大。

新媒体还有由文字、图片、表情、语音等充当载体发展为由视频甚至网络直播为载体的趋势。曾经家人间都是通过发送文字和语音进行微信聊天，现在都发展成发送小视频或者直接视频通话，当然也会暴露出不少社会问题和道德问题，传到网上必然会引起轩然大波。例如，王宝强离婚事件，甚至还有网友直播"抓宋喆"，虽然后来已经被认定为是造谣。但这样的视频会在家庭甚至朋友圈里疯狂传播，引发众多的社会问题，而且政府监控难度非常大。

第二节 网络舆情概述

网络舆情与传统舆情本质上具有共同点，两者的形成都是源于现实事件和社会思潮，都是公众对公共事务和现实生活问题的态度、情绪和意见相互交错的总和。网络舆情只是人们将表达和传播舆情的场所搬到互联网上。同时，网络舆情与传统舆情也存在互动关系。网络舆情作为传统舆情在互联网空间的映射，又反过来影响传统舆情，甚至一些事件的舆情策源地本身就是互联网。如今年的"西安奔驰女车主维权事件""云南孙小果涉黑案"等都是发源于网络，舆情在网络上不断滋生、扩大，引起社会的广泛关注，相关部门也及时跟进，通报相关调查结果，有效地进行了处置。

但由于互联网具有不同于报纸、杂志、广播、电视等传统媒体的传播特性，使得网络舆情在内容、表达形式、传播过程等各方面，都呈现出与传统舆情不同的特点，而且这种差异性的特点还随着互联网的发展而不断变化。如互联网上舆情主体的广泛性、传播的隐匿性、发言的自由性、影响的交互性等，使得在互联网上，人们可以真实表达意见，与此同时，又可以随意随性表达意见。不少言论在缺乏"把关人"的情形下在网上传播开来，带有较强的情绪化、盲目性因素，因此，网络舆情呈现出更加不稳定、不理性和多变的特点。

一、网络舆情的概念

（一）网络舆情的主体

网络舆情主体是在互联网上对社会事务发表态度和意见的网民、媒体、政府机构和各类组织等。现阶段我国正处于政治经济社会转型期，互联网成了大众表达利益诉求的通道，一人爆料，引得众人"围观"，纷纷发表言论。此外，一些意见领袖也借助互联网频繁发言，在显示话语权、延展影响力之外，收获众多粉丝。媒体、政府机构、社会组织等也纷纷借助网络传播信息。总之，社会各个阶层、各类主体都开始上网"喊话"。

1. 大众网民

第44次《中国互联网络发展状况统计报告》显示，截至2019年6月底，我国网民规模达8.54亿，较2018年底增长2598万；互联网普及率达61.2%，较2018年底提升1.6个百分点；我国手机网民规模达8.47亿，较2018年底增长2984万；网民使用手机上网的比例达99.1%，较2018年底提升0.5个百分点。与五年前相比，移动宽带平均下载速率提升约6倍，手机上网流量资费水平降幅超90%；台式电脑、笔记本电脑、平板电脑的使用率均出现下降，手机不断挤占其他个人上网设备的使用。

从上网时间看，中国网民的人均上网时长达26.5小时/周。从人群结构来看，网民中男女占比分别达到52.4%和47.6%，同期全国人口男女比例为51.2%和48.8%，性别结构趋向均衡。年龄结构方面，30岁以下的人群占网民群体的52.2%。由于年轻一代的成长伴随着互联网的发展，我国互联网用户以年轻人居多。同时发现，40岁以上的群体正在逐渐接受互联网带给生活的变化，互联网不断向40岁以上的年龄群体渗透。从学历结构看，我国网民依然以中等学历群体为主，初中、高中/中专/技校学历的网民占比分别为37.9%、25.5%。

2. 意见领袖

"意见领袖"是美国哥伦比亚大学传播学者保罗·拉扎斯菲尔德(Paul Lazarsfeld)的《人民的选择》一书中提出的一个重要概念，而后拉扎斯菲尔德又联合伊莱休·卡茨(Elihu Katz)在《个人影响》中对此概念进一步做出阐释。拉扎斯菲尔德提出的"意见领袖"指活跃在人际传播网络中，与受其影响者处于同一团体并有共同爱好和兴趣，通晓特定问题并乐于接受和传播这方面的信息，能够对他人施加个人影响的人物。

他同时也提出了"两级传播"理论，认为观念总是先从广播和报刊传向"意见领袖"，然后再由这些人传到人群中不那么活跃的部分。也就是说，信息的传递是按照"媒介——意见领袖——受众"这种模式进行的。意见领袖介入传播过程，加快了信息传播过程并扩大了传播信息的影响。

而互联网上的意见领袖则比传统的意见领袖更加活跃，他们在网上对公共话题发表言论，或者是在某一领域拥有独到见解，微博上的意见领袖既可以是个人，也可以是社会组织。他们大都拥有数百万甚至上千万粉丝，在普通网民中具有强大的影响力。尤其当微博平台为意见领袖身份进行加"V"认证后，这种实名的状态使这些意见领袖发布内容的影响力更大，在舆情发生机制中的作用越来越凸显。以微博为例，微博内容传播基于"关注"和"被关注"的方式进行。用户可以一键转发别人的微博，分享给自己的粉丝，实现裂变式传播。这种裂变传播效果是：假如某一意见领袖的微博有一万个粉丝，而这一万个粉丝每人又有100名粉丝，那么，当意见领袖发表一次言论后，将可能有100万人看到。这还不算二次转发、三次转发的情况。因此，那种受关注度高的、粉丝多的微博博主，很容易成为舆情事件中的意见领袖。有人形象的比喻称：在微博上，如果粉丝数超过100，就好比一本内刊；超过1000，就是布告栏；超过1万，就是一本杂志；超过10万，就是一份都市报；超过100万，就是一份全国性报纸；超过1000万，就是电视台。而时下，新浪微博粉丝数居于前十名的账号，粉丝数都达到数千万。

虽然微博赋予每一个普通人平等发声的机会，但主导网络舆论的权力仍在少数意见领袖手中。他们的舆论影响力要远大于一般的社会民众，他们的观点意见主导了网络舆论场，而数量巨大的普通网民大多数要么是"跟风者"，如同法国社会心理学家古斯塔夫·勒庞所描述的"乌合之众"；要么是"沉默者"，形成德国政治学家伊丽莎白·诺艾尔-诺依曼(Elisabeth Noelle-Neumann)所揭示的"沉默的螺旋"。美国的微博客Twitter统计，2万名精英用户，只占注册用户的0.05%，却吸引了一半的注意力。中国的情形同样如此，根据新浪微博的统计，在看似复杂、多元的微博舆论场中，实际能操控微博舆论导向的仅是300余个微博意见领袖，他们的意见和倾向主导着微博舆论。

然而，这并不是说普通网民的观点不正确，或者是说真理掌握在"少数人"手里，而是从舆论影响力的角度来说，少数大V和社会组织的舆论影响力大大超过了普通网民，虽然后者数量巨大，但却影响甚微。就如同在一部电影中，演员一大堆，但大部分都是只有几个镜头的"群众演员"，"主角"只有几个，而且被观众记住的通常也只是几个主角。

对于个人意见领袖而言，他们强大的公众粘性主要是因为他们具有显著的名人效应。大多具有良好的教育背景、职业经历、经济实力和社会资本，其网络影响力与现实社会中的身份高度匹配，绝大多数人本身就是社会名人。他们有娴熟的议程设置能力和鲜活的话语风格，相互之间还有紧密的圈群联系，影响力非常大。

对微博个人意见领袖的研究发现，该群体有以下特点：公共话题参与度高、博文原创率高；粉丝多、转评多、博文多；群体连接性强，经常相互关注、转发、评论、私信、点赞。通过对他们的职业分析，发现主要有以下几种职业类型：一是媒体界，包括记者、编辑、评论员；二是知识界，包括高校教师、科研机构专家学者；三是文化界，包括文学作家、专栏作家；四是法律界，包括律师、法律学者；五是企业界，主要是企业家；六是演艺界，包括演艺明星、体育明星、导演；七是党政界，包括党政官员、军队研究人员；八是草根界，主要是一些草根网络名人。另外，有超过30%的意见领袖具有两到三种社会身份。

3. 网络媒体

一些网站是网络舆情场上的原住民，如新浪网、网易网等，他们开通了微博、微信和移动新闻客户端。这些网络媒体不仅为其他舆论主体提供了舆论传播的平台，而且还具有网络舆情主体的身份。

报纸、电视台等传统媒体作为传统舆情场上的主体，在网络时代也是最早一批"移师"网络舆情场的主体。如《人民日报》开设了人民网、人民日报法人微博、人民日报移动APP，中央电视台也开通了网站、微博、微信、新闻客户端，逐步构建起全媒体格局。截至2018年12月，微博月活跃用户增至4亿，相比2016年年底增长八千万，创下上市以来最大数量的净增长，同期微博日活跃用户也增长到了1.72亿。

以《人民日报》的新浪法人微博为例，2012年7月22日凌晨，@人民日报在北京特大暴雨中上线运营。虽然起步较晚，但发展却非常迅速。在党的十八大开幕之际，@人民日报粉丝数突破了280万。此时，有着64年历史的《人民日报》发行量也是280万份。而法人微博聚集280万受众，仅仅用了不到4个月时间，这相当于在微博上又办了一份《人民日报》。在这种形势下，各级各类主流媒体纷纷入驻微博平台，加强自身传播力。

内容生产和加工是主流媒体的传统优势，这是媒体机构微博能够在微博平台迅速发展的根本原因。母媒体的原创新闻和独家评论是微博发布内容的主要来源，也最能体现自身微博特色。@人民日报的微博原创率超过50%，对报纸内容的推介占了很大比例。@人民日报与报社各个部门长期联系合作，在微博上创办了一批特色报摘栏目，如与人民日报评论部合作开办"人民微评"栏目等。这既是对自身资源的整合，也扩大了传统媒体在舆情场中的传播力和影响力。同时，由于媒体拥有庞大的社会公信力、话语权，它们将自己的社会资本"平移"到网络中，相对于其他舆情主体，具有更强的传播能力和社会动员能力。

4. 政府部门、社会组织

在传统舆情场上，政府部门和社会组织往往通过报纸、电视、新闻发布会等渠道发声。在网络时代，他们也纷纷开设网站、微博、微信账号，做起了自媒体，直接向外发布信息。

从1999年国家启动"政府上网工程"至今，政府网站如雨后春笋般成长起来。截至2019年6月，我国国务院所有组成部门和省级政府、99.7%的地市及95%以上的县（区）政府都已经建设政府网站，体现了政府致力推行信息公开的战略方向。

微博的发展引发党和政府的高度重视，一些党政机关纷纷开设官方微博，加强微博上官民互动。2011年2月19日，胡锦涛在省部级主要领导干部社会管理及创新专题研讨班开班式的讲话指出，"进一步加强和完善信息网络管理，提高对虚拟社会的管理水平，健全网上舆论引导机制"。此后，政务微博的发展"提速"，不仅数量大幅增长，而且在微博使用能力和技巧上也有了长足的进步。本来属于网民个人发布信息和意见的微博"自媒体"，党和政府把它变成了"网上机关报"，把党的"群众路线"延伸到互联网。

（二）网络舆情客体

舆情客体是公共事务，包括了社会热点事件、公众人物的言行等等，它是舆情的具体指向，也是舆情产生的刺激源。网络舆情客体指引发网络舆情的各项社会事务。

实际上，网络舆情客体都有其现实载体，即社会公共热点事件本身。人们随时随地的对一切社会事件进行意见表达，如政治新闻、经济新闻、社会问题、娱乐圈的花边、一些私人事务等。现实社会热点事件在网上反映出来就是急剧升温的网络舆情，一般能引起网络舆情热潮的公共事件都具有冲突性和新奇性特点。综观近年来的舆情热点，大体可以归纳为以下几类。

一是涉"官"事件。作为公共事务的管理人员，官员在一定程度上是其所在的政府机构的形象代表，因此，官员是重要的舆论监督对象，与官员有关的网络事件是网民关注度较高的兴趣点，也很容易会被推成网络舆情事件。如2019年5月份"严书记事件"曝光后，网络舆情迅速膨胀，仅用一周的时间，"严书记"就因为涉嫌严重违纪被立案侦查。

二是涉"富"事件。改革开放至今，中国在经济发展上取得了巨大成就，但与此同时也出现了较大的贫富差距现象。特别是一些富起来的人，表现出的为富不仁，让公众产生很大的反感，在一定程度出现了仇富情绪。如郭美美炫富事件，经过网络的多轮发酵，将中国红十字会的信誉打落至"冰点"，其反映的是当下人们对于社会公平、正义的焦虑，以及在此背景下对公共机构的信任危机。

三是涉"警"事件。作为公共秩序的一线维护者，公检法机构在中国社会安全维护方面发挥着重要作用，但也是国内矛盾的直接承压点。因此，他们的行为很容易成为网络舆情的焦点，如果出现问题，如滥用警力、警员违法、警察不作为、警车私用，就极易造成警民关系的紧张，引发社会的"仇警"情绪。

四是涉"黄"事件。桃色新闻总是能够吸引人的眼球，因此，涉"黄"事件最容易引发网络发酵。这使得"潜规则""二奶""包养"等成了网络上夺人眼球的词汇。如果涉"黄"事件与涉"官"或涉"富"、涉"警"事件相结合，则更容易激发网络舆情的井喷，雷政富事件就是实证。

五是涉"暴"事件。暴力是对社会秩序的挑战与冲击行为，涉及每一个公民的人身自由与安全，因而涉"暴"事件最容易触发公众的心理底线。近年来，强拆、自焚、暴力执法、群体性事件等都是网络关注较高的涉"暴"事件。

六是涉"假"事件。与造假有关的，如食品安全问题、简历作假、学历作假、"PS门"等事件，也比较容易构成网络舆情风险。特别是食品药品安全问题，一旦形成网络发酵，其态势则远远强于其他所有事件。例如，2018年7月15日，国家药品监督管理局发布通告指出，长春长生生物科技有限公司冻干人用狂犬病疫苗生产存在记录造假等行为，在民众中引起广泛关注，国务院总理李克强也亲自做出批示。

七是涉"弱"事件。与弱势群体有关的事件，也是近年来网络关注度较高的。如2016年的江歌事件、2017年保姆纵火的林先生事件等，都成为了网络持续发酵的热点事件。一般而言，容易引发网络关注的弱势群体包括：孤寡老人、农民工、残疾人、无业退伍军人等。

八是民生问题。如房价过高、医保制度改革、高考改革等，这些涉及全国，和民众切身利益紧密相关的民生事件很容易引起网民的共鸣。

九是涉及国家利益问题。中国日益强大的政治经济实力引发了中华民族久违的民族自豪感和爱国热情，这种民族自豪感是强烈而不容侵犯的，一旦发生危及国家利益和民族自豪感的事件，网民的民族情绪就会高涨，如南海问题等。

此外，甚至还有一些完全是人为制造出来的、难以预料的、与公众生活毫无关系的无厘头事件也有可能成为网络舆情的话题源。比如"贾君鹏，你妈妈喊你回家吃饭"竟吸引了广大网络哄客愿意一起来吹一个本来毫无意义的网络泡沫，一些学者称其为网络群体无聊心理衍生出来的亚文化事物。

（三）网络舆情信息

网络舆情信息是民众在互联网上发布的，能够反映网络舆情的文字、图像、符号、音频、视频等。网络舆情作为一种情绪、态度和意见不能直接被测度，但网络舆情信息是可以被测度的，通过收集和分析网络舆情信息，可以挖掘分析出其中所包含的舆情内容、指向、强度和质量。

网络舆情信息伴随着网民在网上的各种行为活动而产生，在当下的大数据时代，网络舆情信息的存在状态呈现出多样性的状态，图1-1显示了网民在网上可能的行为和网络舆情信息产生的模式。

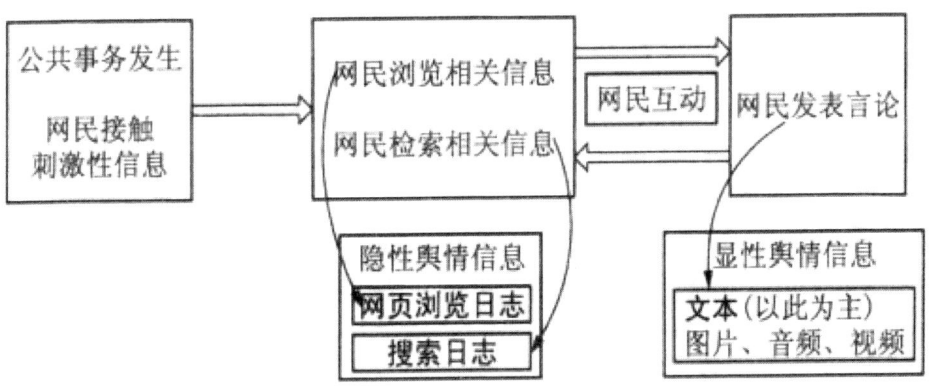

图 1-1 显性和隐性网络舆情信息产生模式

可以看出，当公共事务发生后，网民在浏览、搜索、互动的过程中会随时发表言论信息，这些信息以文本为主，直接呈现了网民的情绪、态度、意见，可以被称为"显性舆情信息"。此外，还有一些信息并不是直接的网络舆情，但却从侧面客观反映了网民的关注热点、舆情主体之间关系等。如网民在浏览相关信息时，网站服务器端的日志记录了浏览页面URL等数据，在搜索相关信息时，搜索引擎服务器端的日志记录了搜索关键词等数据，可以反映用户的浏览偏好和搜索热点。网络社区用户之间互相"加关注"成为"粉丝"，服务器端记录的人际关系数据能够描述用户构成的社会化网络。用户之间互相转发和评论帖文所形成的转发量和评论量数据，可以反映帖文的重要程度。这些信息可以被称为"隐性舆情信息"。

互联网的开放性使得社会各个领域的数以十亿计的网民，通过新闻评论、网上论坛、微博、博客等各种渠道，对政治、经济、文化、生活等各类话题，发表自己的意见，因此，网络舆情信息量是海量的。

网络舆情信息以文字、图像、符号、音频、视频等各种格式表现出来，所以其信息结构是多种多样的。

在"微时代"的网络舆情场上，各种信息被切割成无数个细小的片断，不论是微博的140个字还是微信中的聊天及"朋友圈"的状态描述，舆情信息都呈现出碎片化的特征。

网络舆情信息宽松的发布环境，使得网民可以自由发表自己的想法，但也给少数网民随意发表过于偏激的观点提供了可能，导致网上既有反映真实情况的信息，也有许多虚假信息，因此，网络舆情信息存在一定的偏差。同时，网民并非社会的全部人群，因此，对网络舆情信息的分析能否得出整个社会舆情的结果，是需要正视的问题。

二、网络舆情的特点

网络舆情作为社会发展到一定阶段的产物，从某种意义上说，前面所论述的网络时代的信息传播特征，网络舆情都具备。从不同的角度分析，网络舆情具有不同的特点，在此从网络舆情发展的时间进程、网络舆情涉及的内容、网络舆情形态与形式、网络舆情的主体来分析其特点。

（一）从网络舆情发展的时间进程来看

1. 突发性

网络舆情可以在瞬间形成，大部分都是在事前毫无征兆的情况下突然发生的，形成和传播的速度出奇地快，一个普通的事件，在网络介入之后，会在几天甚至更短时间内炒得沸沸扬扬，家喻户晓。当某一新闻事件引发网民关注时，网民会纷纷自发转帖、跟帖，发表评议，致使该新闻事件以几何级的速度在网上传播，令人防不胜防。与传统媒体的舆情传播线性路径不同，网络舆情传播呈现的是非线性的散播路径，相关信息会在网络空间经历由点到面、由散到聚、由冷到热的过程。热点事件加上情绪化的意见，就可以点燃舆情的导火索。当一个事件发生时，网民可以立即在网络中进行意见表达，发表相关信息，网民个体意见可以迅速汇聚形成公共意见，各种渠道的意见迅速进行互动，网上与网下相互影响，从而迅速形成强大的舆论声势，持续升温，使舆情传播的影响力大大增强。

2. 直接性

网络是完全开放的，它拓展了公众和个人的公共空间，给了所有人发表意见和参政议事的便利，每个人都有机会成为网络信息的发布者，每个人都有选择网络信息的自由，网民可以通过 BBS、新闻点评、博客、网站等及时发表意见，下情直接上达，民意表达更加畅通。由于互联网的匿名特点，多数网民会自然地、不加掩饰地表达自己的真实观点，或者反映出自己的真实情绪。因此，网络舆情比较客观地反映了现实社会的矛盾，比较真实地体现了不同群体的价值观念和情绪心态。网民的舆情呼声，已经成为影响社会舆论和公共政策的重要力量。

3. 互动性

与传统媒体单向的信息传播相比，网络是一种互动的信息传播方式。网络的重要价值，不在于其信息的海量和传播的实时性，而在于其交互性上。网民可以进行跨越时空的互动交往，这是网络舆情传播方式的本质特征。网络舆情的互动性体现在网民与政府、网络媒体以及网民与网民之间的互动。某一事件爆发后，许多网民参与讨论，相互探讨、争论，相互交汇、碰撞，甚至就不同观点出现激烈交锋。通过网民之间的互动实时交流，各类观点意见能够得到快速深入表达，并形成主流，从而使网络舆情得到更加集中的反映。

4. 即时性

传统的大众传播媒介，无论是报纸杂志还是广播电视，在信息发布前都要经过排版、印刷或者录制、剪辑的制作过程，无疑大大迟缓了发布时间。网络作为信息传播媒介，发布信息流程简单，信息传播速度快。网络信息的排版制作过程相对简单，从源头上确保了信息传播的即时性。网络信息可以实时刷新，不受出版周期、版面大小、播出时段限制，可提供最新动态信息。一些大型门户网站为了争夺网民，也乐于竞相发布最新、最快、最及时的重大事件信息。而现在越来越普及的手机网络和微博增强了网络信息的互动性，更增强了其即时性。这种即时性和互动性使网络舆情的形成速度更加快速，发展方向更加不好预测。

（二）从网络舆情涉及的内容来看

1. 丰富性

网络舆情所涉及的内容较为丰富，从网络舆情的传播形态来看，网络不仅可以传播大量的文字信息，而且可以传递音频、视频等多媒体信息，克服了传统媒体的局限性。从网民的分布来看，网民来自不同国家和地区的社会各阶层、各行业和各个领域。从网络舆情所涉及的内容来看，包括政治、经济、文化、军事、外交以及社会生活的方方面面。从网络舆情中所涉及的意识形态来看，不同意识形态的言论都会汇集于网络。最后，网络舆情的信息量可谓海量，每个国家的网络舆情信息只是互联网信息中的一部分。

2. 非理性

我国社会处于转型时期，社会变化节奏加快，社会矛盾激增，价值冲突激烈。公众对现实生活的种种不满往往缺乏合适的排解渠道，而网络为公众宣泄情绪提供了最佳的渠道。一些网民言论缺乏理性，甚至有些人把网络作为发泄情绪的场所。而相同或类似情绪的宣泄会相互感染，有过同样遭遇的网民会形成共鸣，很容易"一边倒"并压制住理性、客观的言论。目前来看，关于公务员和富裕阶层的网络舆情及言论往往能引起网民的共鸣，其中相当大一部分并不客观，更不理性。

3. 偏差性

部分网络言论的情绪化和非理性，有时并非网民真实意见和想法的反映，有时会与网民真实想法不一致甚至相反。受其他网民言论影响和从众心理影响，也可能与原有的意见产生一定程度的偏离或矛盾。

4. 广泛性

网络的出现使得地球村成为现实，一个舆情消息可以在瞬间传遍全世界任何一个角落，可以在短时间内让世界各地的人们知晓。与传统舆情相比，网络舆情具有广泛性的特点，突破了信息传播的时空限制。网民数量决定了网络舆情信息传播范围的大小，而中国具有世界上最大的网民数量，其传播范围较为广泛。另一方面，网络舆情的内容具有广泛性，可以涉及社会生活的方方面面，随着网络技术的发展，现实中的琐碎事物都可以上传到网络。

5. 负面性

前面已提及了网络舆情的负面影响，当网络舆情爆发并吸引网民关注时，相关负面舆论铺天盖地而来，引起社会大众观点甚至行动上的剧烈冲突，引发公众的质疑和不满，导致公众对政府等组织的信任危机，对政府等相关组织形象造成负面影响。这也是网络舆情需及时研判和有效应对的原因之所在，而正面的网络舆情并不需要有关组织应对和引导。在涉及政治方面的问题或群体性事件的时候，境外敌对势力会利用网络夸大其负面效应，这是政府网络舆情工作应关注的重点。

（三）从网络舆情的形态与形式来看

1. 隐匿性

在网络的虚拟世界，网民隐匿真实的身份，诸如性别、年龄、相貌、种族、宗教信仰等都可以隐匿，因此在网络交流中，网民无须像现实生活中那样顾忌太多，可以撕去伪装，无须像现实生活中有意无意地掩饰自己的真实想法，展示的是最深层面的"本我"。这样一来，现实生活中往往内隐在人们心里的舆情也就很容易被表达出来。这种隐匿性可以使人们摆脱现实生活中的种种压力，得到自由释放，当然也会出现一些负面影响。

2. 渗透性

随着互联网的发展，境外敌对势力和民族分裂分子常常利用网络进行舆论渗透或颠覆活动，在网上传播虚假信息，散布反动言论，对突发群体性事件、社会热点难点等敏感问题进行炒作，歪曲事实、误导视听、蓄意制造社会矛盾，企图争夺网络舆论高地，这在近年来表现突出。对于网络舆论的渗透性，是政府研判和应对网络舆情的重点工作内容[8]。

3. 难控性

前文已经提到，截至2019年6月底，中国网民规模达到8.54亿，网络已经渗透到整个社会的政治、经济、文化的方方面面，并对公众的日常生活产生严重冲击，其影响范围之广、力度之强前所未见，可以说是革命性的。政府机关的一言一行、一举一动都在网民的监督之下。如此庞大的网民队伍，加之网络舆情发布方式的多样性，发布范围的广泛性，发布主体的自主性和发布时间的不确定性，使网络舆情难以有效控制，难以为政府所掌控。

2016年2月11日，常州游客陈岩以网名为"jack光头"发布微博称，春节期间在哈尔滨市松北区"北岸野生渔村"吃饭时"被宰"，引发网民热议。舆论升温后，涉事店家并不承认宰客行为，而哈尔滨松北区官方通报也称饭店是"明码标价"，直到2月16日，涉事消费者陈岩现身称官方调查情况不属实，并爆料自己受到骚扰和恐吓后，事件开始出现反转，涉事饭店存在的多种问题被陆续爆出。2月21日，哈尔滨天价鱼事件调查组完成调查，认定这是一起严重侵害消费者权益的恶劣事件，做出吊销涉事饭店营业执照，对店主罚款50万元等处罚决定。相关舆情量在2月17日达到顶峰。事情已经过去了几年，如今再次深入此地，不仅涉事店家，整个游乐村的游客相比往年锐减，可见网络舆情对此事件影响力之大。

4. 情绪化

由于受各种因素的影响，一些网上发言缺乏理性，比较感性化和情绪化，很多公众的意见较为盲目。值得注意的是，情绪化言论很容易得到众人的响应，从而引发有害舆论，具有很强的煽动性和破坏性。2018年8月20日，四川德阳的安医生和丈夫去游泳，泳池里两个13岁男生"可能冒犯了"安医生。安医生让他们道歉，男生拒绝并朝其吐口水，安医生老公冲过去将男生往水里按。之后，男生家属在洗手间打了安医生。双方最后报警，安医生老公当场给孩子道歉。2018年8月21日，男生家属闹到安医生夫妻俩的单位，还让领导开除安医生。之后，经过网络媒体的传播之后，女医生遭到人肉搜索，许多网民开始公开攻击安医生，使得安医生情绪变得很差。2018年8月25日，安医生不堪压力选择了自杀，最后经抢救无效身亡。

（四）从网络舆情的主体来看

1. 自由性

从网络舆情的传播来看，信息传播的主体具有自由性与可控性，其可以选择不同的时间地点，选择各种网络渠道发表自己的观点、看法和意见，表达自己的情绪和诉求，成本较低，程序简单，其言行较少受到约束或控制。而在传统媒体，公众要发表相应的意见或看法，其成本相对较高，程序也较为复杂，并不能完全由网民自己操控。

2. 无限性

网络舆情的传播，传播者与受众不受身份限制，相互之间身份较为模糊，既可以是受众，也可以是传播者，传受的双重身份加速了网络舆情传播，使其传播范围更广、速度更快、影响更大。网络舆情的传播不受时空限制，晚上白天、室内室外、国内国外，只要有网络的地方，都可以进行舆情信息传播。

三、网络舆情的影响

网络舆情代表着社情民意，代表着公众的呼声，是政府管理的重要依据。网络已成为现代生活不可或缺的一部分，因此网络与网络舆情对政府、社会、伦理道德、思想政治教育等社会生活的方方面面，都产生了重要的影响。从公共管理的角度来说，网络舆情对政府决策进程、政府形象、政府管理方式、政府职能转变、政府管理理念与思维模式都将产生影响，这就对网络舆情的及时研判和有效应对提出了较高的要求。总体来看，网络舆情既有正面积极的影响，也有负面消极的影响，主要表现在以下方面。

（一）网络舆情的负面影响

1. 影响政府形象

网络作为第四媒体，具有强大的舆论宣传功能，能对政府的形象产生直接的影响，可以引导网民，能在一定程度上左右网民的情绪和想法。网民可以通过网络了解政府出台相关政策的初衷，可以关注公共政策的执行情况，可以知晓公共管理行为的具体进展情况，甚至可以通过网络对政府的管理行为和决策过程进行监督。网络及网络舆情对政府形象的影响既有正面的，也有负面的，而在当前公众"仇官""仇公务员"倾向较大的情况下，这种负面影响更是被放大了，而正面影响却较小，网民也更关注对政府负面的报道和讨论。

2. 冲击传统价值观

价值观是指一个人对周围的客观事物（包括人、事、物）的意义、重要性的总评价和总看法，是人们判断是非黑白的尺度和标准。现代社会的人们生活在被媒体包围的环境中，大众传媒，尤其是网络逐渐成为公众休闲娱乐、获取信息、开阔视野的主要渠道，因此网络与网络舆情对公众价值观具有重要的影响。网络舆情对公众价值观的影响是潜移默化的，既有积极的一面，也有消极的一面。网络在拓宽公众视野，给予公众更多信息渠道和与外界对话机会的同时，也使公众受到了不良网络文化的侵袭，使部分网民价值观出现扭曲，对传统价值观和伦理道德提出了挑战。因此，应营造良好的网络舆情环境，促进正确价值观的形成。

3. 助推事件恶性发展

由于公共事件往往发端于社会的丑陋面和诸多的负面信息，而网络媒体不加过滤，有意或无意地放大渲染，过度宣传社会阴暗面，会对民众的思想形成强烈冲击，产生情绪低落、埋怨、激愤等负面舆情，助推事件向恶性方向发展。从近年来的现实来看，可以讲，很多群体性事件都是在网络舆情的推波助澜下最终发生的，而从某种意义上来说，这些群体事件是可以避免的。例如贵州瓮安事件、大竹县"1·17"群体性事件等。在网络传播中，一些资深网友充当了"意见领袖"的角色，在复杂的辩论中，他们的观点往往能够左右网民的判断，并最终引导网络舆情的走向，加之境外敌对势力和别有用心的组织的利用，使事件更加复杂化。因为网络舆情强大的影响力，其对政府公共政策的制定和执行，很可能会产生误导作用，或增加公共管理的难度。

4. 形成网络言论暴力

由于我国缺少有效的网络监管机制和舆情管理制度，网络话语的平等权和自由权被少数人用来传播负面、反动的言论，容易产生"网络暴民"现象，形成网络言论暴力，不利于社会的安全稳定。加之我国网民总体素质不高，缺乏有效的是非真假辨别能力，网民往往具有先入为主的观念，更愿意相信第一时间发布的信息，当事人或有关政府部门如果未能及时澄清事实真相、公布调查结果，就更容易形成网络言论暴力。

5. 影响民心与社会稳定

由于网络信息发布的便利性、匿名性，使网民在网络上发布假消息和谣言非常容易。少数别有用心的网民利用网络的便利，有意散布假消息甚至谣言，以期达到自己的个人目的。但大多数网民面对这些消息没有辨别真伪的能力，较少质疑其真实性，盲信、盲从网络中的许多信息和观点，导致人心惶惶或社会恐慌，给政府权威、社会稳定和经济发展带来不利影响。

6. 增加公共事件控制难度

很多公共事件、焦点问题、突发事件，由于媒体的宣传报道，为公众以及网民所知晓，引发网民在网络中讨论，从而使某些公共事件超出了相关政府部门的预设范围，难以控制，使事件的应对和处理难度增加。例如"非典"危机期间的谣言，就使危机的应对更加复杂化，导致多地群众抢购食品。日本地震期间的网络谣言也导致了"抢盐风潮"。

7. 弱化管理部门的控制力

对一个政府管理部门而言，在现实生活中，根据属地管理的原则，其管理与服务的对象是特定和具体的，便于相关部门管理。但是，在网络中，对于一个政府部门而言，其面对的是来自世界各地的网民，数量庞大、身份复杂，管理部门难以有效管理和控制。网民舆情的管理需要掌握先进的信息技术和科学的管理策略，对政府部门公务人员的素质提出了更高的要求。因此，网民身份、时空的不确定性会弱化政府部门对网络舆情的管理和控制力度。

8. 削弱政府公信力与凝聚力

作为一种重要的信息传播渠道，网络改变了传统的信息传播和处理方式，使政府在信息披露和发布方面的主动权受到较大限制和约束。政府如果不能清醒地认识到这一点，依然采用传统的、封闭或者有选择的发布信息的方式，当公众通过网络了解到事件真相之后，会极大地降低对政府的信任，降低政府的公信力。同时，因为政府和网民在事件发生后，沟通如果不畅通，网民知情权没有得到满足，政府不能及时正确引导，可能造成网民和政府的隔阂，削弱政府的凝聚力，从近年来的实际情况看，部分群体性事件就是由此而爆发的。

（二）网络舆情的正面影响

1. 有利于加快民主政治建设步伐

由于网络舆情具有隐蔽性、互动性、自由性等特点，使得网民愿意参与社会热点问题讨论，敢于发表自己最真实的想法，其中不乏真知灼见。人民群众采取最便利的方式和手段，保障自己充分发表意见的权利。网络舆情正是人民群众实现民主权利的便捷有效手段，这是现代科学技术与现代民主融合的结果，对推动民主政治建设具有重要的意义。各级党委和政府必须充分利用网络这块阵地进行民主政治建设，否则就会被敌对势力或别有用心的人所利用。

2. 推动公共问题进入政策议程

政策议程是社会问题转化为政策问题的关键，包括公众议程和政府议程。公众议程是指某个社会问题引起了社会公众和社会团体的关注，向政府部门提出诉求与建议，要求解决这一社会问题。政府议程是指某个社会问题引起决策者的关注，他们认为需要采取措施加以解决，并把该社会问题纳入政府决策范围，简言之，就是将该社会问题提到政策议程上来。网络舆情具有放大效应，网上的讨论造成舆论声势，凝聚成主流民意，这实质上就使该问题进入了公众议程，同时也会引起政府关注，或对政府形成压力，使该问题更快地进入政府议程，加速问题的解决。

3. 拓宽政府部门公共政策视野

从信息管理学的角度来说，政府部门就是一个信息的生产、分配、交换和消费的组织。政府公务员几乎每天都与信息打交道，政府的原材料是输入的信息，然后转换为政策，而政策又是权威的信息，政策的执行或传播就是实现信息价值的过程。信息是政府决策最重要的依据和基础。我国传统的官僚体制使政府决策的信息来源具有局限性，在决策信息搜集过程中，有的政府部门为了维护部门利益，会"过滤"或制造虚假信息，不利于做出正确的决策。同时，政府部门习惯于"闭门造车"式的决策，难以获取真实的、第一手的信息和资料，而网络信息的共享性、互动性，打破了政府与公众信息不对称的局面，有利于政府决策，捕捉有效的信息和资料，拓展公共决策的视野。

4. 提供直接的民意建议表达渠道

网络出现以前，公众意愿的表达更多地是通过电视、报纸等传统媒体，或者通过信访、信件、请愿等方式表达。随着网络的发展和普及，公众习惯用网络媒体来发表自己的意见、看法，表达自己的情绪，加之网络的匿名性，公众敢于表达最真实的想法。由于网络的便捷性，使网络媒体成为公众意愿表达首选的、最直接的渠道，现实中有诸多问题通过网络曝光，网民争论探讨，最终引起政府的重视和关注，得到了较为公平合理的解决。

5. 形成新的媒体和公众监督机制

如图1-2所示，这是一个政府部门的监督体系简图，我们从中可以看出，政府除了国家权力机构的监督外，还有新闻舆论监督、社会监督、公众监督、网络监督，其中网络监督是自网络出现和普及以后才有的，当然也可以将网络监督划归新闻舆论监督。

网络不仅成为公众表达意愿的直接渠道，几乎所有的传统新闻媒体都在利用网络平台来扩大自身信息传播的渠道，逐渐形成了一种全新的媒体对政府的监督机制。公众通过网络对政府进行监督，也是一种全新的公众监督形式。从现实来看，网络监督和网络反腐败显示了强大的力量，只要被网络曝光并引起热议的问题，最后也都得到了查证核实。

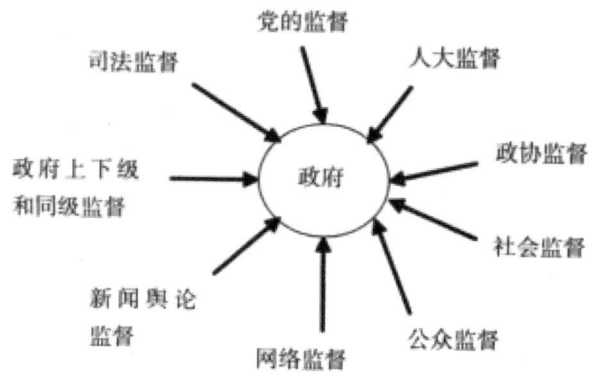

图1-2 政府监督体系简图

1.推动电子政务发展，提高政府行政效率

提高政府效率是世界各国政府改革的目标和方向之一。电子政务是提高政府效率的重要手段，电子政务通过使用各种新技术手段实现信息化管理，以更为快捷、更为经济的方式收集、处理、传递、沟通信息，大幅度提升了政府的整体行政办事效率。同时，信息可以在政府内部共享，减少了信息沟通的层次，行政程序也将进一步简化。

网络舆情的发展为政府提高行政效率提供了契机。为了适应网络需要与网络媒体传播特点，政府管理必须推进电子政务建设，实行网络办公、电子问政、网络参政议政、建设政府网站等，从而提高了行政效率，方便了广大民众。

2.推动政府职能转变，推进服务型政府建设

网络舆情有利于公众获取信息，提高公众参政议政能力。政府必须大力加强信息化建设，向社会公众发布各种政策信息，提供各种政策咨询服务，为公众提供更多个性化、全天候服务。网络舆情对政府管理提出了挑战，要求政府实现职能转变，将社会性、公益性、自我服务性的事务性工作从政府职能中剥离出去，交给其他社会中介组织去承担，政府更多地做好相关服务工作。

公开与透明也是政府管理与改革的方向。随着网络的快速发展，加强网上政务公开工作成为必然，公众需要及时了解政务信息与办事制度、流程，监督政府工作。网上政务公开也是实现公众知情权、参与权、监督权的要求，政府将办事制度、办事过程、办事结果公布于网上，主动接受群众监督，政府才能真正做到科学、民主、高效、依法执政，这是服务型政府建设的必然

要求。

3. 促进政府理念创新，树立政府治理理念

网络舆情在管理理念上对政府管理提出了全新的要求。总的来说，随着网络的发展，政府管理理念要从政府管理向政府治理转变。全球治理委员会于 1995 年在《我们的全球伙伴关系》报告中提出："治理是各种公共的或私人的机构管理其共同事务的诸多方式的总和，它是使相互冲突的或不同的利益得以调和并且采取联合行动的持续的过程。它既包括有权迫使人们服从的正式制度和规则，也包括各种人们同意或者以为符合其利益的非正式的制度安排。"

简言之，政府治理强调公共事务管理主体的多元化，强调协调、合作，是一个动态的管理过程，政府是与企业、社会、非政府组织、公众地位平等的、处于主导地位的公共事务管理者之一，在公共事务管理中起协调、引导作用。这种多元治理必须借助网络来实现，为公共管理主体各方提供便利的沟通渠道和平台。同时，政府治理理念需要政府摒弃凌驾于社会、企业、公众等管理主体之上的"高高在上"心态。

4. 提高政府决策效率，促进政府决策科学化

在非网络时代，党和政府知晓社情民意，主要是通过信访机构、新闻媒体或者到各地调研，其中获取的信息主要是间接的。随着互联网技术的飞速发展，政府可以就某一事件在短时间内了解到各方真实的想法，对公众的需求和社会形势做出较为全面、科学的判断，快速准确地做出决策。民众对政府决策的反应也可以通过网络舆情的方式迅速反馈到政府决策机关，使决策机关尽快了解决策效果，及时调整不合理的决策，这样大大提高了政府决策的效率，促进了决策科学化。例如近年来关于春节火车票价的调整，个人所得税的征收，宪法及其他法律的修改，都通过网络征集到上万条甚至几十万条意见和建议，使决策更趋合理。

5. 强化政府行为监督，促进政府决策合理化

通过网络舆情，可以判断政府决策的正确性与合理性。网民通过网上论坛、跟帖、发表博客文章、QQ 群等表达对政府政策和管理行为的观点，谈是论非，评论正误，提出对策建议，反映公共政策执行中的问题。政府通过收集这些意见和情绪，对其进行分析、判断，就可以判断或推测公众对某一政策行为的反应，评价公共决策的效果，发现政策不足并及时调整。这样党和政府的决策就更贴近群众，更符合民意，更加科学，既做到合法，又做到合情合理。也正因为如此，现在各级政府有专人负责网络舆情收集分析，定期给领导者参阅，这也是网络舆情研判的一项重要工作。

第三节 网络舆情工作

网络舆情工作是收集、整理、分析和报送网络舆情信息，为社会组织和机构掌握社情民意和科学决策提供支持的一项基础性工作。广义上看，网络舆情工作包括网络舆情监测、网络舆情分析、网络舆情研判、网络舆情应对与管理、网络舆情工作体系管理等多个方面。狭义上看，网络舆情工作主要是指对互联网舆情的监测、分析与管理工作。网络舆情工作是伴随着网络及网络舆情的产生而出现的一项新工作，是舆情信息工作的重要组成部分。

一、网络舆情工作内涵

（一）网络舆情工作的类型

网络舆情工作的类型一般可按照舆情涉及的领域进行划分，如政务舆情（中央、省级、市级、县级政府机关等）、企业舆情（央企国企、上市公司、中小企业等）、教育舆情（公立高校、民办学校等）、行业舆情（地产、医疗、交通、通讯等）以及个人舆情等。或是按照内容渠道进行划分，如网络媒体舆情、社交平台舆情、即时通讯平台舆情等。

（二）网络舆情工作的主体

相对于作为现实舆情主体的公众，以及作为网络舆情主体的网上媒体、意见领袖及网民等，网络舆情工作的主体是网络舆情工作者。目前对于网络舆情工作者这一群体尚无统一的称呼，比如根据中宣部舆情信息局对于舆情信息员的定义，网络舆情工作者可被称为网络舆情信息员；"人民网"等一些舆情工作机构则将网络舆情工作者称为网络舆情分析师。通常来说，网络舆情工作者被归属于政府和企业内参工作序列。现在我国人力资源和社会保障部已将网络舆情分析师作为一门新兴职业，正式纳入职业培训序列。

网络舆情分析师的工作职责在于从互联网海量信息中采撷精粹，还原社会真实的矛盾构成，成为互联网时代下社会组织与民众进行良性沟通的桥梁。网络舆情工作者通常需要具备以下四个层面的知识和能力：

一是掌握一定的理论基础，如新闻传播学、社会学、逻辑学、统计学、情报学、经济学等理论；二是具备一定的计算机网络技术，如计算机应用技术、通信技术、网络技术、数据库技术、信息安全技术等;三是拥有一定的法律法规及政策素养,如熟悉国家在互联网管理、信息安全等方面的政策法规;四是具备分析问题、解决问题的能力,理解网络传播的规律与社会发展的动向。

(三)网络舆情工作的客体

网络舆情工作的客体包含以下两层含义:一是网络舆情的载体,即网络舆情信息。在不同视角下,网络舆情信息有着不同含义。比如,从传播的角度来看,网络舆情信息的要素主要包括传者、受者、内容、传播渠道、传播效果。从政治研究的角度看,网络舆情信息的属性主要是其背后隐含在互联网舆论场和现实舆论场之中的权力。从社会研究的视角看,网络舆情信息的属性则是其本身的结构以及在外在结构中所处的位置。对于网络舆情工作的实际操作而言,信息多重属性的意义在于网络舆情工作的主体,即网络舆情分析师需要明确网络舆情工作是关于何种目的,继而明确采取何种方式来展开工作。

二是网络舆情信息的产生原因及相关经验、教训、启示。如果网络舆情工作仅仅停留在对网络舆情信息的关注上,就很可能陷入表面化、简单化的窠臼,变成"消解舆情就万事大吉"。事实上,网络舆情工作不仅需要引导和化解舆论,还需要帮助社会公共治理和社会组织行为的决策者不断优化决策,才能真正作为一种社会职业发挥正向作用。

二、网络舆情监测与分析

(一)网络舆情监测与分析的概念

网络舆情监测与分析,是指通过人工方式和自动方式,对网络舆情的现状、原因、趋势等进行观察、梳理和判断,形成不同形式的报告、图表等分析结果,满足掌握网络舆情和新闻追踪等信息需求的活动。

网络舆情监测的人工方式,主要是利用搜索引擎对信息来源进行人工监测,或对信息来源进行浏览选择。这种方式的优点在于能发挥工作人员的经验和主观能动性,但由于网络舆情信息量巨大、更新速度快、传播扩散快,单纯依靠人工开展工作,往往面临信息采集和对已采集信息进一步分析处理的困难,监测效率低,对突发舆情事件的反应速度慢。

网络舆情监测的自动方式,主要是整合互联网信息采集技术及信息智能处理技术,对互联网海量信息进行自动抓取、自动分类聚类、话题识别与跟踪、文本情感分析等多种操作。这种方式的优点在于能够提高舆情监测的全面性、及时性，降低舆情监测成本，但受制于技术水平限制，有时监测结果会包含大量干扰信息或无效信息。

事实上，网络舆情监测与分析是一项高度人机合一的工作，既需要扎实的系统数据与广泛的监测来源作为基础，也需要网络舆情工作者以客观视角进行观察和发掘。只有将二者的优势融合，才能保证网络舆情监测的效果。

（二）网络舆情监测与分析的步骤

通常来说，网络舆情监测与分析的主要步骤包括：选题—确定信息源—获取数据抽样—建立时空坐标系—信息分析—基础研判—数据挖掘—形成报告。

网络舆情选题需要在建立选题标准的情况下，从新闻事件、公众话题、热点现象等多方面入手确定，一般来说，选题标准取决于网络舆情工作服务对象的需求，如政务网络舆情，就需要在考虑政府工作职权范围、决策调整优化空间、是否涉及公众利益等问题的基础上进行选题。（选题）

网络舆情监测的信息源包括搜索引擎、传统媒体网络版、门户网站、微博、微信、论坛、博客、即时通讯工具等。根据选题的特点选择监测信息源后，对信息进行概率或非概率的抽样，获取数据。（确定信息源—获取数据抽样）

在网络舆情监测分析阶段，首先需要确定分析的时间维度与空间向度，如明确舆情的发生期、发酵期、发展期、高涨期、回落期和反复期等阶段，（建立时空坐标系）然后确定政治取向、经济价值、社会观念等分析角度。（信息分析）

在分析过程中，网络舆情工作者会生成多种包含文字、图表等要素在内的分析报告。一般来说，报告既可以按照篇幅来分类，如简报、单篇信息、综述、专题等；也可以按照频率来分类，如日报、周报、月报、季报以及年度报告等。（基础研判）报告形式的选择取决于网络舆情的实际情况，如针对突发事件舆情，可在第一时间选择简报进行消息速报；针对某阶段内某经济领域的发展问题，则可选择专题报告进行梳理和深入分析。（数据挖掘—形成报告）

表1-1 不同网络舆情检测与分析报告的特点

	篇幅	时效性	深入度	编辑量
简报	短	强	浅	少
单篇信息	较短	一般	较浅	较少
综述	中	一般	较深	较多
专题	长	弱	深	多

三、网络舆情管理

（一）网络舆情管理的概念

网络舆情管理，是指特定组织在对网络舆情进行监测与分析的基础上，依据法律、法规以及相关工作规范，启动相应流程、调动协调有关资源对网络舆情进行处置，从而实现改善管理、解决实际问题的目的。在网络舆情管理过程中，一方面要按照网络舆情的规律对其进行处置，做好网络环境的引导；另一方面要促进解决网络舆情所反映的现实问题。既实现网络舆情的表里兼管，又完善健全了组织的内部管理。此外，广义上的网络舆情管理还包括了网络舆情工作体系建设的多个部分，如工作主体构建、工作制度建设、相关政策解读等。

随着互联网的普及，其对政治、经济、社会和文化生活产生的影响越来越显著，网络中所反映出来的社情民意也越来越多地得到政府、企业等多种社会机构组织的重视。它们在进行网络舆情管理时的态度、回应方式及管理效果，不仅关系到社会民众的切身利益，还关系到其形象的树立及其职能的实现。目前，我国各级政府和多数企业已经意识到对网络舆情进行有效管理的重要性，并已经开始尝试积极、有效的回应和引导。

（二）网络舆情管理的特点

管理对象的特点会很大程度影响管理活动的特征，从网络舆情的特点来看，网络舆情管理具备以下几个特征：

第一，综合性。在网络舆情管理的内容上，由于网络舆情纷繁复杂，涉及社会生活的方方面面，因此网络舆情管理所调整和干预的领域也相当广泛。当下热点网络舆情中所涵盖的官民关系、警民关系、医患关系、劳资关系等，都是网络舆情管理中容易触及的领域。在网络舆情管理的手段上，互联网技术的不断发展使得网络舆情的传播手段和形式呈现出多样化的特点，相应地，网络舆情管理手段也具备多样性与综合性。如对网络舆情传播渠道借助数字信息技术进行管制，对虚假信息的发布和传播进行法律制度的规范，对网络舆情的走向运用政府发言人等制度来引导等。

第二，日常性。网络信息发布的即时性使得网民可以在第一时间获知并发布言论和看法；网络信息传播的便捷性又使得这种言论和看法得以在短时间内迅速广泛地扩散。因此，网络舆情的发生和发展往往难以预测，而且这种发生和发展也往往是随时随地正在发生的。因此，网络舆情管理也成为一种常态化的管理活动，它不完全因某一热点网络舆情的发生而开始，也不因该热点网络舆情的消散而终止。网络舆情管理活动不仅体现在网络舆情产生、发展、高潮、回落、平静直至消亡的过程中，更是一种无时无刻都在进行着的管理活动。比如政府对网络舆情的监测，就是一种时时刻刻进行着的日常性管理活动。

第三，引导性。基于互联网传播的开放性特点，网络舆情生长与发展的前提是互联网舆论参与各方交互的结果。这就为网络舆情管理提供了契机，即在恰当的时刻介入这一过程和空间。通过采取一定的管理方式，引导网络舆情的发展方向。正是网络舆情的群体交互性特点，使得网络舆情管理活动的引导作用成为可能。

第四，价值性。网络信息的发布方便快捷，相较传统媒体少了很多审查的环节和程序，因此网络上的错误、虚假信息比比皆是。同时，互联网上人人都可以发表言论和见解，有些观点和态度并非中立客观，而是带有强烈的个人感情色彩，片面偏激，甚至是不符实际、不负责任或仅仅是为了满足某种利益需求。此时就需要进行网络舆情管理，纠正网络舆情偏差和疏导非理性情感，也就使得网络舆情管理拥有价值属性[10]。

第二章 新媒体与网络舆情

新媒体的崛起对政府网络舆情应对与引导的影响十分巨大,可以说网络舆情与新媒体关系密切,互联网技术的强大攻势,使得网络舆情急剧增加,给整个社会带来了翻天覆地的变化,人们通过互联网、手机等新媒体紧密联系在一起,在信息传播过程中政府、新媒体、公众的位置发生了变化,新媒体的传播特征使得网络舆情的传播"如鱼得水",给政府网络舆情应对与引导带来了更多的挑战和新的机遇。

第一节 新媒体传播的特点

一、新媒体传播的社会化

人人可参与,人人可发布。即时注册,即可以运用自媒体。这是第二次伟大的OTT(通过互联网向用户提供各种应用服务)。这种新兴的媒介,这种通讯工具、移动即时信息工具,它越过了三大电信通讯商,发信息、发图片既快捷、又免费。

但是第二次的OTT,一个显著的标志就是微信公众号的诞生,你有兴趣、有意愿、有能力,认为自己有料、有思想,愿意去影响自己身边或者自己所研究或活动的某一个领域的群体,那么注册微信公众号后,可以有个性化的归类,舆情观察、新闻播报、新闻解读,媒介政策解读等等。第二次的OTT的公众刺激点在于把官方对于媒介的管制完全突破了。2014年6月,三部委联合整治微信,500万个自媒体、500万个电台、自由之声发布的视频,国家互联网信息办公室召开新闻发布会发布《即时通信工具公众信息服务发展管理暂行规定》(微信十条),要求"即时通信工具服务使用者注册账号时,应当与即时通信工具服务提供者签订协议,承诺遵守法律法规、社会主义制度、国家利益、公民合法权益、公共秩序、社会道德风尚和信息真实性等'七条底线'"。在整治之前,各种历史虚无主义,还有反制主义、谣言、抹黑英雄、篡改历史，欲亡其国先亡其史，舆论场上一片混乱，不得不治。2018年4月20日至21日，习近平在全国网络安全和信息化工作会议上降到：要研究制定网信领域人才发展整体规划，推动人才发展体制机制改革，让人才的创造活力竞相迸发、聪明才智充分涌流。

二、新媒体传播渠道的多样化

网络传播的渠道可以是手机，也可以是PAD，甚至各种可穿戴设备。除了渠道多样化，还有表达的去中心化。以前媒体信息表达的中心是党和政府。国家机关的一些重大决策、重要理论探讨，都是经过严格的把关、修改、征求意见之后发出来的，因为它会影响整个国民的意识形态，会改变国民的思想。但现在，微博是以自我为中心的产品，角度、成长经历、学识修养、观察事物的能力高与低、综合全面或者片面、意识形态当中看待问题或左或右或中立客观、年龄等因素可能都对发布信息产生巨大的影响。所以在微博之上人声鼎沸，各式各样的声音，这是表达的去中心化，导致舆论场非常复杂。

微博发布有碎片化、呈现视听化、信息爆炸、即时性抵达、移动式阅读、裂变式传播等特点。目前无论是微博还是其他的媒介，都有它自己优势功能的一些媒介来视听化。在信息爆炸的时代，互联网上每时、每分、每秒都在生成信息。裂变式地传播在微博上体现得最为突出。一传十，十传百，一级传播，二级传播，粉丝的粉丝，粉丝的粉丝的粉丝，瞬间，一键转发，立体交互，传播过程像原子的核裂变一样，在层级往下传播。在这种裂变式的传播过程当中，会迅速酝酿出一种娱乐，一些负面的信息和观点，带来舆论的危机。在传播过程中固然会涌现一些有见地的声音，视角犀利的声音。基于弱关系互动是微博舆论场带来巨大能量的最核心的问题。如果一个微博转发一千万，但是每个人只表达赞同或反对的意见，这种传播就毫无意义。因此，网民在转评过程当中，有了自己独立的、对原创微博的见地和观点，这就是超越了普通裂变式转发的聚合式聚变。因为有了这些信息，才导致了网民更加愿意去在一块交互、传播、裂变，聚变是裂变的基础。

私密性的串联是微信朋友圈的一个显著特征。不在这个圈子里面，看不到发布的微博；不在这个圈子里面，不知道这个圈子里所获取的独家的信息，私密性的串联在组织动员方面有强大的优势，同时存在巨大的隐患。若私密性的串联应用到蛊惑犯罪领域，移动互联网就会影响国家安全，危及执政安全，执政党的政权危机。因为外界不知道他们在什么时间、什么地点召集，暗流涌动，私密性的和串联式地组织动员，等到内容公开，已经酿成大的群体性事件，想预警和管控为时已晚。

三、新媒体传播带来的挑战

在新媒体环境下,各级党政机关的信息发布、舆情应对和议程设置等方面也有了新标准和新要求。在新媒体时代,整个体制、机制必须优化,加大授权,加大投入。PS(图像处理)、视频制作、录音、剪辑等多媒体技巧都是未来的互联网信息工作人员的必修课。如何在新媒体环境下打造有竞争力的发布平台,需要从理念、思维到技术技能、人力、物力、硬件等方面全面地布局。如近期在全世界范围内流行的冰桶挑战赛,像击鼓传花一样,这就是一种新兴的组织动员方式,好玩、有趣,要么完成冰桶挑战,要么捐100美金,即时拍摄,上传网络,产生了围观效应。未来信息采集关键是基于移动互联网,从采集到制作到发布到传播,同步传播完成。

媒介融合带来微传播的改变。面对这么一种改变,各级党政机关必须有一些压力和动力。心灵鸡汤、生活小百科已经不可能满足社会公众对于突发事件舆情信息需求。如果官方不能提供这些诉求、需求的满足,那么肯定会有其他团体去占领这种资讯需求的市场,提供虚假信息,杜撰的错误信息,误导公众,谣翻中国。

第二节 新媒体对大众舆论的影响

新媒体发展到现在,从政务微博到政务微信,再到现在的独立 APP,已经有十几种。这媒介一直在不断地推陈出新。与大众传媒的巨传播相反,微传播是由众多微小力量进行的微小信息的传播,其传播效果的决定性因素不是传播媒介,而是信息的关键词的价值,价值越大,传播范围和深度越大。新浪上的政务微博已经有 10 多万之众,其中包括了两万多公务人员的实名微博。在目前的互联网环境之下,十万微博大军是否能够及时、准确、快捷地去发出声音,能够抢占舆论制高点,能够在第一时间回应社会的关切,引领舆论发现真相,让社会的情绪呈现出一种平稳、平复的格局。目前的党政机关对网上舆情应对状态还不理想,尤其是基层领导干部,不会用、不敢用、不会说、不敢说,甚至于不愿意说,以至于在社会热点、社会焦点事件的舆论面前,一次次地被动和挨打。谣言已经跑遍了全球,真相还没有系好鞋带。

一、社会监督

今天,因为有了移动互联网,3G、4G 普及,5G 正在部署,未来的无线高速网络无死角地遍布城乡。再加之现在移动终端、智能手机的价格和资费全面调整，千元左右的智能机也正在城乡普及运用。按照如此快速的趋势发展，未来一定是一个360度无死角的社会监督的局面。2012年8月26号陕西高速公路上的特大交通事故，网民记住了杨达才，从"微笑哥"到"表哥"，到最后落马，到审判完毕，现正在服刑，如此迅速。由此可以看出，在移动互联网的环境之下，必须敬畏媒体，敬畏微博，因为这种社会监督无时不在，无孔不入。过去穿着制服去执法、去调解的公权力优势让公职人员产生自信，但在当前的这种媒介环境之下，可能随时随地都在受到互联网的监督。所以说要有镜头感，或者说要有一种媒体意识，时刻意识到自己的一言一行、一举一动正在被社会监督。

新媒体语境下，任何人在任何时间，通过任何方式在任何地点都可以向任何人进行新闻发布。在以前的日常生活当中，街头巷尾的邻居、大伯、大妈扎堆去讨论国家大事的时候，开场白一般是："我刚从报纸上看到，昨天晚上我从电视上看到，今天早上我从收音机里听到。"现在的开场白改成了："微博上又曝出了一个什么事，某某朋友圈里刚刚又说了某一个省的正部级、正国级官员刚被抓了。"信息源的改变说明整个传播环境的改变。打开手机上的微博，发送一条微博140字，门槛很低，相当于一条手机短信，还可以发图片、视频、定位的地理位置信息、评论、秒拍微视频，配合定时删除等辅助功能，功能非常强大。另外还有长微博，不仅仅是140字短、平、快，甚至一万字的长文字，一篇论文都可以发上去。习总书记在全国宣传思想工作会议讲话时提出："如果迈不过互联网这个门槛，可能就迈不过长期执政的门槛。"所以，现在的互联网舆论引导是一项极端重要的工作，其重要性怎么强调都不过分。

二、政府执政方式

公共舆论不仅是一个政治现象，同时也是一个社会现象。微博等社交网络在一定程度上满足了社会舆情开放性的需求，从而和舆论的表达和传播紧密结合，成为一个前所未有的舆情集散平台，使得舆情摆脱了过去意见领袖、网络精英、媒体偏向一言独大的舆情类型。微博在中国的发展时间不长，从2009年以来，新浪微博的内测版发布，才真正标志着微博平台在中国的扎根。

高覆盖率的用户群体，和各种移动终端提供的便利上网条件，再加上低门槛的发布规则，使得新浪微博成为日常生活叙事的首要平台，这些日常生活的事情不仅仅包含了积极正面的方面，同样也包含各种敏感信息。相比传统的媒体，微博信息在内容方面更加自由，没有传统的制约条例，同时，微博还突破了传统媒体信息容量有限，关注大事不关注小事的缺陷，传统媒体难以形成日常小微舆情的发现、累计、传播和形成，微博在小微舆情的萌发方面有突破性的发展，微博小微舆情通过新的形式裂变式发展，更多的信息得到扩散、消费和再加工。因此，各级政府部门在互联网舆情的冲击下，对互联网有了更深刻的了解，从以前的不懂网，不用网，到怕上网，到现在的懂得利用互联网作宣传。2011年的四川凉山自治州会理县领导"悬浮照"事件中，政府工作人员通过诙谐幽默地和网民互动，有效化解了舆情危机，成为了地区品牌打造的经典案例。2013年10月的余姚水灾背干部和2014年6月的贵溪水灾背干部事件被放在网上，瞬间引起了网友的关注和吐槽，迫于网络舆论的压力，两名干部事后都受到严厉的处罚。2014年6月，浙江台州警察海报模仿港剧走红，充分说明现在各级党政机关越来越倾向于以网民喜于接受的方式来引导网上舆论。

三、公共管理

网络舆情在一定程度上很好地起到了对公共关系管理的监督作用，通过监督，促使公共政策制定机构做出正确决策。在公共关系管理政治学角度上，公共政策制定和执行机构是有限的，这种有限性需要通过公众的舆论监督来得以限制。这就是网络舆情存在的意义。因此，当公众能够更加快捷方便地讨论公共政策，在网上表达对公共政策的情绪倾向，这是公共政策是否科学，公众能够接受的重要过程。但是微博作为网络舆情萌发和传播的新平台，其强大的信息加工、发展、传播能力对公共政策制定会产生巨大的干扰。例如，近年来，在厦门、宁波、九江、昆明、茂名等地的PX项目中，由于民众在微博上强烈反对，进而发展成为在网上组织线下游行抗议活动，导致部分地区的PX项目搁置甚至停止。西方学者也认为微博是新的公共舆情集散地，微博的互动性很好地弥补了传统媒体与市民观点无法双向流通的缺点。作为公众舆情平台，微博在一定程度上弥补了中国公共政策领域的不成熟情况，使公共政策制定机构和公众之间的沟通联系途径变得更加通畅。现阶段看来，微博的兴起，不仅有利于公众诉求的解决，同时也有利于公众政策制定和执行机构在公共管理过程中的发展和进步。

第三节 新媒体时代网络舆情的特点

随着互联网的不断发展，网络舆情成为一种社会舆情的主要表现形式，网上舆论与线下舆论形成了密切的互变关系，网下舆情为追求更加广泛的影响力，变成网上舆情，而网上舆情又反过来从另一种渠道影响着非网络受众的所思所想，成为网下舆情。因此，虽然网络舆情由于本身的特性定位于网络上，但其存在的空间有无限扩展的可能，如今，网络舆情已经成为由网民倒逼管理者科学管理的有效工具。

一、新时代网络舆情的发展

（一）社交网络是互联网发展的里程碑

社交网络是 web1.0 到 web2.0 跨越的标志性产物。在互联网的挑战下，传统媒体报纸、广播、电视纷纷进入互联网行业，开始进行媒体融合，而从 web 1.0 到 web2.0 的过程中，传统媒体及各大网络媒体开微博又成为了网络的另一发展趋势，例如，现在新浪微博中，新华网、人民网、各地报业集团均开通了官方微博，以一个平等的身份在网上和网友交流。近年来，网络舆情在维护社会和谐稳定、国家安定团结方面的影响力越来越大，民众通过使用微博进行社会监督、评说公共服务方面的意识越来越强。因此，地方政府也越来越意识到，在应对网络舆情的过程中，如果稍有处理不当，就很可能引发网民的激烈情绪和不信任感，对于政府公信力造成损伤，形成较为严重的后果。

微博作为一种 web2.0 的经典代表，社交网络在中国的重要发展成果，最直接、最快捷的新网络传播模式，已成为民众表达舆情的重要渠道。网络舆情的特征和网络传播方式等特征息息相关。网络舆情有很强的自由性和控制性，相比其他传统网络平台来说，微博的主要传播特点是点对点的聚变式传播。而正因为这种独特的传播特点，使得现在的网络信息传播的自由度更高，传播轨迹难以捕抓。但是在网络环境进化十分完善的时代，网络舆情信息应该具有控制性特点。网络舆情信息发展空间在无限自由化的同时，也受政治和经济的发展现状所控制。网络舆情信息自由化应该是在法律、条规、制度的兼顾和约束下发展的，必须具备具体的行为责任意识。网络舆情信息是社会的产物，是社会个体、群体在网上的反应，因此网络舆情信息必须符合现实社会中的规律，而不能无限地自由化扩展。网络舆情的有限控制性对社会安定团结、国家公共安全和人民文化信仰等方面具有十分重要的作用。

（二）新时期网络舆情具有互动性和即时性的特点

从微博的信息传播方式上来看，网络舆情的互动性远远强于传统网络媒体，在微博上，信息传播主要是靠网友的评论和转载，而传播的过程就是互动的过程，网络舆情的传播，并非传统网络媒体方式单一、灌输式的传播，而是一种多点互通的传播模式。微博不仅提供了一个信息的集散平台，同时也是一个信息加工互动的主要平台。而在信息互动上，微博平台的话语权平等特性又拉近了政府、网民和网络媒体各网络节点的距离，让网络讨论更加自由便利、畅所欲言。同时，网络舆情的主要价值并不是单单体现在互动性，网络舆情的信息时效性也是其价值所在。由于手机移动客户端和微博网络的高效结合，网下信息随时、随地可以通过微博发送到网上，并辅以照片图片作为强有力的佐证材料，因此，网络舆情信息具有时效性更强，内容更真实的特点。如宜黄拆迁自焚事件中，当事人就是在厕所通过手机发微博向记者寻求帮助；在2014年的香港占中事件中，网上舆论场也有很大一部分集中在Twitter、Facebook和微博上。由于高互动、高传播，公众更乐意在微博发声，特别是公众人员，喜欢用微博来掌控话语权。

（三）新时期网络舆情内容具有丰富性与多元性的特点

网络舆情主要是现实社会在微博网络上的映射反应，因此，网络舆情是民意、思想和意识的汇集，具有丰富的社会参考价值。网络舆情信息在内容丰富的同时，表现形式、传播方式、发生领域呈现多元化的特点。在各自的生活空间、社会领域内，网民可以针对相关社会问题、社会现象、社会热点发表观点、建议、意见、看法等。这些不同的意见在不同的网络群体之间辐射式相互传播、相互采纳、相互排斥、相互融合。西方的思维模式、政治制度和文化思想等不同意识形态的思维渗透甚至泛滥在微博和网络上，并有很大一部分精英、草根等各阶层的网民热衷于对其进行追捧，再加上境外势力的推波助澜，使得舆论导向岌岌可危，网络舆情的多元化发展，加大了地方政府舆情应对的难度，给地方政府的网络舆情管控带来新的课题、新的考验。

（四）新时期网络舆情具有隐匿性与外显性的特点

以微博为例，微博的主要构成是以网民为主要节点，在微博上，大部分用户都用虚拟身份登陆，进行网上意见表达。多年来，微博一直力推实名制认证系统，但在实际的操作中，仍有大量的虚假身份通过了认证。因此，至目前为止，微博还是一个较为隐匿的信息发布平台，在微博上发布信息在一定的范围内具有不可追踪性，或者是普通网民无法利用正常手段进行追踪的特性。网络舆情的外显性与隐匿性形成巨大的反差。网民一方面通过虚拟身份进行意见表达，不希望将虚拟网络与现实社会相关联，另一方面，网民又希望通过虚拟网络发表意见来影响其他网友，甚至在现实社会中造成强烈的影响力。因此，网络舆情信息的外显性是基础属性，网友在现实生活中的各种思想、观念、意见、建议等因为现实压力而无法在现实生活中表达，因而在微博网络上宣泄是网络舆情信息的外显性表达。美国学者凯斯·桑斯坦提出"群体极化"的概念，团体成员一开始即有某些偏向，在商议后，人们朝偏向的方向继续移动，最后形成极端的观点，这种群体极化现象尤其在网上具有鲜明的表现形式。

网络舆情的发生有多种表现形式，有的舆情较为单一，一事一舆情，而有的舆情存在较大的依附性，容易在某个主流事件的激励下诱发。网络舆情的爆发周期很短，有些舆情在较小的时间段内，经由权威媒体、微博报道或知名大V转发，可以迅速升温，进而形成全社会热点。

在一定的条件下，微博网络上的舆情信息热点是具有相互关联度的特性，在几个类似信息的相互作用下，网络舆情信息进行相互融合、热点演变，形成一个更大范围内的多舆情叠加，具有更大影响力的新的舆情。同时，在网络舆情中，因为网民的关注能力和参与程度有限，网络上某些热点问题由于另一热点问题的出现，网民注意力转移，可能急剧降温，被新的热点问题所取代。

二、新媒体时代网络舆情的特点及定位

（一）网络舆情的日益频繁、复杂、激烈

网络热点事件多发、高发。目前国内四大门户网站及其他社区论坛的信息，其实都是在后台经过编辑层层把关和审核的，经过了一定的风险控制。有些网站社区，每天的发贴量在一百万，但是放出来的帖子顶多不超过三十万，另外那七十万就是非常恶劣、非常敏感的信息，都被压在后台或者第一时间删除了，所以在网上看到的应该说只是这些网络热点事件的皮毛或者冰山一角。普通人虽然不能直接观察社会矛盾的存在，但由于人们生活在共同社会中，社会矛盾作用于人们的意识，常常引起多数人的共鸣，社会舆论正是这种共鸣的显示。在互联网上，比较容易形成舆情热点的事件主要有灾害事故、公共卫生类、"三公"部门等类的舆情。随着现实社会中的群体性事件明显增多，现在民众一言不合就上街围攻政府，比如出租车群体、农民工群体，还有政府的一些事业单位由于某些问题，马上就形成一个队伍，在政府门口静坐示威，对党和政府的舆情管控和突发事件处理能力提出新的挑战。

矛盾冲突更加激烈，看点更多。以前老百姓维权顶多跟政府吵吵架，现在一言不合就是打、砸、抢、烧，要么就自焚，要么就跳楼，其程度非常激烈、惨烈，一旦搬到互联网上，马上就会成为热点事件。首先，针对某一些特定群体的系列恶性事件增多，比如说城管，从2008年的湖北天门城管打人致死事件一直到2013年陕西延安的城管踩人事件，几乎城管一旦出事，那在

网上都是绝对性的热点事件，把这个群体批得体无完肤，甚至有网友调侃说"借我三千城管，我去给你收复台湾"，把城管这个群体污蔑化，对其公信力造成巨大损失。网民的力量充分显示，诉求方式多样而且有效。其次，针对基层党和政府的冲突出现并增多。因为基层党和政府很多职能部门是直接跟老百姓打交道的，所以他们出现的冲突是最多的，很多在国内非常不起眼的地方，却成为全国的舆论风暴中心。

（二）网络舆情是新时期的执政工具

早在2011年，《人民日报》以评论部的名义发表题为《"媒介素养"体现执政水平》的文章，称媒介是政府与公众交流沟通的平台，对待媒体的态度，也就是对待公众的态度。其观点表明舆情不是敌情，舆情是社会的预警器，它是对热点问题、敏感问题的反映和关注。短期来看，或许会让地方政府一时难堪，但是从长远的角度来说，对维护人民群众利益和推动社会的进步是利莫大焉。网络媒体不仅是民情民意表达的场所，更是沟通政府与公众的一种方式。2016年7月，《人民日报》发表文章《触网"三种心态"要不得》，指出各级党政机关和领导干部要以习近平总书记在网络安全和信息化工作座谈会上的讲话为指导，学会通过网络走群众路线，经常上网看看，了解群众所思所愿，收集好想法好建议，积极回应网民关切、解疑释惑。

习近平总书记明确提出：维权才是维稳，只有把老百姓维权的事处理好，社会才会稳定。中央领导也认为网络舆情是"新的执政工具"，重视网上舆情，把握舆情，有助于政府领导干部提高科学决策的能力和快速响应突发事件的能力，有效化解社会矛盾，占据舆论的主动权。

近年的舆情态势的发展，已经使社会结构的形势发生了很大的变化，主要表现在三个方面：第一，传统的等级制的权力结构在被打破，在流动与海量信息的面前，这种政治权力有时候无能为力，一种新的网络权力已经形成。第二，传统的金字塔式的社会组织管理模式在逐渐被消减，原有的社会管理模式在失效，甚至说在失灵。第三，这种传统的自上而下的信息传递模式在改变，新的社会动员方式在形成。比如说这几年全国各地搞的PX项目，因为先前政府的信息不透明，老百姓没有知情权，好多网友在网上开始造谣生事，说PX项目污染怎么怎么样，在网上动员、号召，马上市民就上街来抵制PX项目，这点在互联网上体现得非常激烈。因此，有学者认为，中国由高度政治化的社会结构向现代民主社会转型时期，政府与公民个体之间需要一个市民社会作为缓冲，即强势的行政力量与弱势的公民个体之间需要一个成熟的缓冲地带。而网络虚拟社团，有可能成为这样一种缓冲地带。

三、新媒体时代网络舆论环境的重新认知

（一）新时代环境下网络发展和社会管理失衡

近几年，网民上网门槛儿越来越低。1994年4月，我国接入互联网，到现在才20多年。在二十世纪九十年代初，要上互联网，必须要有一定的经济条件支持，才能买得起电脑和支付宽带费用。当时的互联网操作知识并不普及，上互联网，相对来说对个人的文化素质和接受能力有较高的要求，要不然在互联网上都不知道怎么操作，随着现代互联网基础知识的普及，现在大部分网民第一次接触互联网都是直接通过手机上网。这几年，国家也出台了网络向基层普及的政策，比如说家电下乡，个人电脑村村通等。

现在基层干部不了解网络或者网民的力量，仍然我行我素，横行霸道，酿成祸端的现象依然层出不穷。政府做不好本职工作，其他一切"包装"都是徒劳的，公众也不会满意，对政府的影响固然也好不到哪里去。以前的网络事件都出现在大城市，比如一、二线城市。这两年的网络热点风波大部分发生在县级或者县以下的乡镇，有的地方过去从来没有听说过。比如说前几年发生的湖北邓玉娇事件，在恩施下面的一个叫野三关的小镇上，名不见经传，结果一个邓玉娇事件就让这个地方声名远扬了。另外，一些基层的官员，对互联网的舆情知识知之甚少，舆情袭来，措手不及，也无法有效应对，导致一些原本可以及时化解的局部性纠纷，被网络无限放大，最后演变为席卷全国的风波和事件。

（二）新时代环境下的网络舆情危机凸显

新时代环境下的网络舆情危机凸显，主要体现在网络媒体对政府监督力度加大。十八大以来，中央政府明确提出网络反腐、网络舆论监督，这对现在各个地方政府的压力非常大。现在很多的地方政府不怕老百姓上访，也不怕你上告，因为你上访上告都是在我体制的途径内转圈圈，怕什么？就怕老百姓上网或者上报，一旦这个事被捅到互联网上，一旦被传统媒体再跟进报道，那对当地政府就会造成非常大的舆论压力。公民参与是信息时代政治社会生活不可或缺的一部分，是政府和公共管理者必须面对的环境和情形。

政府信息公开条例督促政府公开。现在经常有一个现象，就是律师给地方政府发函，要求政府公开这个，公开那个。以前的政府觉得没有那个习惯，也没有那个义务公开政务信息，但现在，网民民主权利在觉醒。在这种情况下，每一个公民、市民都要求政府，按照政府信息条例来公开情况，可能以前所谓的秘密，在将来都不会是秘密了，不但要公开，还要第一时间公开。

再加上现在这个阶段，政府不依法办事的现象还是比较严重，应对网络失当。尤其是一些基层政府经常不按照游戏规则办事，不按照法律约束办事，而是按照体制内盛行了几十年的潜规则来办事，不把法律当作一回事，引起公众不满，然后上网宣泄。在一定程度上来说，网民自觉运用网络媒体的能力是显著提高了。现在的网民都不仅精于电脑网络应用，同时更精通移动网络的应用，手机客户端的开发，使得手机的功能日益强大，甚至有超过电脑的趋势。在手机中，应用摄像头、录音功能等就能把所有场景的一切元素、一切信息马上搬到互联网上，要么微信要么微博，要么直接发到论坛，所以网民这种互联网素养在明显提升。在互联网上已经有大量组织或曝光各类群体性事件的案例，这些由某些社会矛盾引发，特定群体或不特定多数人聚合临时形成的偶合群体，以人民内部矛盾的形式，通过没有合法依据的规模性聚集，对社会造成负面影响的群体活动，发生多数人间语言行为或肢体行为上的冲突等群体行为的方式，或表达诉求和主张，或直接争取和维护自身利益，或发泄不满、施加影响，对社会秩序和社会稳定造成深远且不可挽回的负面影响。

（三）新时代的政务发布

政务发布3.0时代已经来临。利用这些新媒体、快媒体、秒媒体，服务于政务传播、新闻发布和舆论引导是大势所趋。2003年的非典疫情迫使全国各地全面开启了新闻发言人这个制度，即时通报疫情防控进展。但当时政府的新闻官方网站刚开始建立起来，依然是一种被动状态。到了2008年，随着网络以及搜索引擎技术的发展，尤其是重大事件，比如奥运，官方需要的宣传效果是如何让世界更多地、更详细地了解真实的中国，但在国外有很多舆论场传递多家外国元首拒绝参加出席北京奥运会开幕式的信息，那时的舆论氛围是非常糟糕的，这才认识到要主动传播，主动地说，全面地去说，因此，2008年中国政府新闻发布会爆棚，延续到现在，从被动到主动的观念已经完全植入党政和公众媒体思维中。2013年12月，国务院815号文件提出如何进一步地加强政府信息公开，回应社会关切，提升政府公信力。其中，多达七处明确提出要重视、善用、保障政务微博，利用政务微博来加强发挥好它的互动性和社会民众之间的沟通交流，及时发布官方的信息，引导社会舆论。作为政府发布的互联网主要表达形式，政务微博是作为政民之间的桥梁、纽带，发挥到了非常重要的功能和作用。到了2019年5月15日，《中华人民共和国政府信息公开条例》也正式实施，此条例对保障公民、法人和其他组织依法获取政府信息，提高政府工作的透明度，建设法治政府，充分发挥政府信息对人民群众生产、生活和经济社会活动的服务作用，起到重要作用。

四、善用新媒体进行舆情危机处置

（一）新媒体产品颠覆了传统的发布流程

新媒体产品在舆论场影响最深刻的是微博，微博颠覆了出版的流程。传统媒体、党媒、央媒都是选题、组稿、写稿、三审、九校，到最后铅版印刷、出版发行，这是一个标准流程。微博则完全不同，先出版再加工，如有不实再校正。目前，传播环境处正处于第一眼的真相这种状态，无处不在、无时不在的新媒体、微博自媒体，正在日益决定着政府的公众形象、声誉和公信力。在突发事件面前，微博的草根爆料后，普通网友会第一时间根据地名去搜索官方的微博有没有权威信息发布，如果没有，普通网友很容易形成惯性思维，认为第一眼看到的就是真像，在这种情况下，当官方新闻发布出来后，就已经不是新闻发布了，而是辟谣。因此，自媒体、公民媒体对于社会政治的参与越来越深入，他们往往第一时间在现场，而官方发布到达现场时，时差、距离、授权，都会造成权威发布信息的严重滞后。

（二）新媒体环境下的民意直达上层

在舆情产生的过程当中，网络媒体和传统媒体基本上都是从微博上来找信息源。重点重大的事件、热点的事件基本上在24小时可以搬到平面媒体，48小时可以搬到电台、电视台。随后，传统媒体出版的报纸扫描、拍照、电子版的截屏回挂到微博，引起了微博网友新一轮的点评，推动舆论发展到新的高潮。交互式的传播，一浪推一浪，是复杂的微博舆论场危机演变的一个机理。

通过开通政务微博，在网上倾听网民的诉求，互动交流，答疑解惑，使信息能够更快地直接抵达受众，能够回应社会的关切，提升政府的公信力，从而通过一种正常的积极的传播，促使问题解决，形成正能量，实现中国梦。这个理念很好，但很多政务微博单位是叶公好龙。政府微博好，领导重视，编辑团队善于卖萌、善于创新，但只发布不行，把微博的2.0平台双向传播，依然作为报纸、网站的一种单向传播是非常过时的思想。在web3.0时代，互动也是一种重要的发布形式。衙门未开，开了之后又陷入了自说自话、缺乏互动，久而久之就是政绩工程。若说开通微博是适应移动互联网的发展需要的政府作为，那无互动的微博就是一种伪作为，政务微博作为公信力的平台沦为失信平台，脚步已经迈进了21世纪的大门门槛，但是思维还没有跟上来。

政务微博开设后，大量的民意涌现，其中包含不少民怨、民愤，如不能有效地梳理、疏导，积恶如堰塞湖般，形成危机隐患。现在的政务微博发布，主要是在党委宣传部，但是微博上老百姓所投诉、举报、咨询的具体问题却大量存在于政府口。当这些民意涌到政务微博时，一没职权，二不在业务范围内，所以大部门政务微博选择装死。而百姓认为政务微博代表了整个党政机关，不回应、不解决就是公信力的缺失。银川政务微博"问政银川"就很好地解决了这个问题，微博网友有任何问题，发牢骚、拍照片，只要@问政银川，马上就进入到了一种线下的督办、批复，让老百姓的民意诉求回应无死角。

（三）网民在时刻监督政务发布

舆情就是"社、情、民、意"。舆情是一个非常中立、客观的词，它不带褒或者贬色彩。现实当中对民生的关注不到位，公共管理不作为、乱作为、慢作为、胡作非为等现象放到微博上，放到网络上来，变成了舆情。

网民是政府信息的需求者，同时也可能是信息监督员。在政务微博方面，微博粉丝虽然是接受信息的群体，但同时也可能是出于监督的目的，出于研究的目的。2011年沈阳西岗公安分局微博发了几千条，粉丝过万，但是只关注一个苍井空老师，引起了全体网友的嘲笑。粉丝多是好事，但是同时带来的是一种责任，不能出错。粉丝是以媒体的角度来关注你的，并不是每个粉丝进来之后都是点赞。粉丝越多，媒介环境越复杂，有可能很多关注者不懂传播、断章取义、叫好、起哄，发布一些尖锐信息，删、回两难，在这种网络监督环境下，政务微博的运营需要很高的媒体素养和责任意识。网友的批评是有限度的。基于事实，言词可能会激烈一些，但是在习近平总书记到深圳视察的事情上，网友已经开始忍不住点赞了："习总有空长来哟""习大大有空常来看看哟"等亲和力网络语言标题频繁在传统媒体出现。以往的传播是领导走了再发新闻，这是最基本的常识。走了之后发不发还不一定，到来之前早早一个月清场。在网络高度发达的今天、微博秒传播之下，网友客观的报道了习近平总书记深圳出行事件，依然成为了网上热点。

第四节 新媒体下网络舆情的应对原则及困境

新媒体时代，人类的生活发生了翻天覆地的变化，网络的发展使得民众可以足不出户，知晓天下事，"天涯若比邻"，这给政府网络舆情应对与引导带来了新难题。各种新媒体媒介的发展，使得政府无法继续沿用"技术封""源头控"来主导舆情信息，新媒体凭借其独有的特性，增强了信息传播的速度和广度，而且降低了信息传播成本，任何人都是"中继器"，可以搜索自己需要的信息,并通过各种新媒体媒介传播信息,人人"为自己代言"。

新媒体对危机信息传播模式的改变,给政府网络舆情应对与引导工作带来了巨大挑战。政府应对网络舆情的时间被大大缩短,丧失了对舆情信息的垄断能力。因此,探讨新媒体时代政府网络舆情应对与引导能力提升的有效途径,具有极其现实的重要意义。

一、新媒体下网络舆情的应对原则

(一)快速反应原则

在网络舆情发生的同时,最先做出反应的是新媒体,那么就要求地方政府结合那些主流媒体在第一时间发声,在应对网络舆情的黄金时间,减少谣言的传播,把网络舆情对政府的负面影响降到最低。与此同时,要求地方政府要及时并大量收集相关信息,进行调查和整合后,协同相关部门如政府门户网站、商业网站、网络技术安全等,采取有效的手段进行快速的应对。

(二)信息公开原则

信息公开或者是有选择性的信息公开在网络舆情中发挥着重要的作用。因为信息公开能够终止谣言,相应的也就减少了舆情危机爆发的可能性,在牢牢掌握舆论进展的同时,提升地方政府的公信力。在网络舆情发生后,地方政府应在快速反应的同时,结合主流媒体发布相关公告等,向社会通报网络事件的处置情况和最新进展。

(三)积极引导原则

积极体现的是地方政府的应对态度,主动为群众解决问题的态度;引导则是合理的手段,目的是使得网络舆论能够"健康"地发展。在积极引导的同时,对网络事件的信息进行大量收集、整合、分析,要坚决制止影响社会稳定的不良信息的发生,约束传播不良信息的谣言者的行为,使得网民能够正常发表意见,反映民意。因此应对网络舆情,在拿出态度的同时,做好对事件的约束和引导。

二、新媒体下网络舆情的应对困境

新媒体环境下政府应对网络舆情存在着很多问题,比如处理问题简单、时机把握滞后、处理结果不能得到大众认可等。而这些问题恰恰会给政府处理网络舆情增加压力,不免会造成降低政府公信力等不良影响,而导致这些问题最主要的原因是应对主体和应对机制上。

(一)相关的法律法规未形成体系

目前各级政府应对新媒体环境下网络舆情的法律和法规都不那么完善，可以说是相关法律法规尚未形成完整体系。因此我国应结合国外处理网络舆情的成功经验，结合我们自身的条件，来制定和完善我们的法律法规。用完整的法律法规来制约新媒体环境下网络舆情可能会出现的危机，引导和规范网络舆情的传播，并结合软性管制手段，比如媒体引导、行业自律等。

(二)缺乏检测和预警机制

首先，互联网技术在近些年蓬勃发展，互联网对部分地方政府来说可能是新生事物，因为他们不熟悉网络舆情演变阶段，甚至是不了解互联网这个大环境等。认识的不足或者说是主体的认识不足，直接造成不能够找到合理的方式来进行网络舆情的检测和预警。现今，我们的技术手段不够多，我们地方政府针对网络舆情的监测和预警，无非是敏感词汇的禁用和识别，对一些不正规的网站进行封杀等，而缺乏了对网络舆情的信息采集、过滤、分析等机制。其次，部分地方政府对网络舆情的监测和预警重视程度不够，每当一个事件被大范围扩散后，才会有所回应。被动地对网络舆情做出回应，无疑会让政府工作被动，公信力下降。就目前来看，大部分政府门户网站和商业网站都不具备比较完善的监测指标和监测系统。

(三)缺乏预防和处置措施

没有法律法规的约束和限制，很大程度上也造成没有完善的、制度化的处置网络舆情的措施。目前，相当大一部分地方政府在应对网络舆情上缺乏经验，不能正确把握好处理的时机、应对方法上简单粗暴。通常，当某一事件在互联网发展成为热点后，首先会引起网民的激烈探讨，然而面对种种质疑声，政府却没能首先做出回应，往往是一些主流媒体在解剖事件的真相，引导事件的发展方向，一旦某些事件长时间受到关注，且波及范围越来越大时，政府才会被动地做出回应、澄清等。虽然政府的某些部门像宣传部门、网络技术部等，拥有信息处理权和媒体指挥权，但是就目前而言，特别是舆情事件发生后，这些部门往往做事相对强硬，采取的措施简单、粗暴，如用一定技术把负面的留言统统删掉、强迫网站取消相关贴吧、封杀留言者的账号等。同时，在应对的过程中，往往采取的方式是"重处置、轻引导"，回应的语言多是模棱两可来搪塞人们。

在网络舆情的预防上，部分地方政府总是不能有效处置，往往采取的方式简单直接，孰不知造成网络舆情最根本的原因就是信息公开不充分、宣传或表达机制的缺失和相应法律不完善。虽然地方政府甚至是很多相关的部门，拥有很多权利，在某些事件在网上迸发后，但是地方政府没能够体恤网民的情绪，使得网民继续发泄自己不满的情绪，再加上处置和引导的不合理，很有可能造成输入超载或网络舆论危机。

（四）缺乏利用新媒体应对网络舆情的能力

网络舆论能够在很短的事件内造成极大范围的影响，所以在某些网络事件发生后，再发展成为舆论、热点的过程中，政府在处置网络舆论的时间点就相对难以把握，比如对网络事件的信息收集是否及时且完整，什么时间对网络事件进行干预和引导，对有误的网络信息进行及时的澄清和解决等。每一个阶段的时间点的处置方式都显得尤为重要。往往地方政府处理时机都会滞后，最终让政府陷入不利的局面。另外，新媒体是网络舆论的起点，那么合理的利用新媒体这个工具来限制网络舆情的发展，也是政府处置能力的体现，毕竟，就目前而言，很难打破新媒体对网络舆情引导的地位。如果地方政府能够处理好与新媒体和网络舆论的关系，那么对网络舆情的处置和预防就会更好的把控。

（五）部分地方政府网站的舆情引导功能不突出

就目前而言，各大主流媒体都是进入新媒体最早的平台，无论是从网络事件的起源，到网络事件的终结这个过程，他们都是最先挖掘这些事件，并通过互联网广泛传播，往往这些主流媒体在主动挖掘和引导网民的情绪与讨论，当网民提出质疑后，这些媒体成为最先做出回应的平台。反观部分地方政府的网络平台，相对还不完善，即使有网络信息的技术平台，却不能够做到像主流媒体在新媒体环境中对网络舆论的快速引导、快速回应。

第三章 网络舆情研究的重要性

新时期网络舆情的发展表明,目前中国处在社会转型期,民众在现实当中具有强烈的利益诉求和表达意愿,同时,社交网络和移动网络的快速发展使得参与意见表达、网络问政的渠道更加畅通,成本更低,方式更简单,因此在新时期,网络舆情的复杂程度比传统的网络舆情更加难以掌控,发展也更加频繁,因此造成各级政府疲于应对网络舆情。新时期网络舆情的现场上网、快速传播、全网发酵等新特点也使得政府部门应对乏力,再加之在目前网民参政议政的倾向愈加明显,有着强烈的政治意愿表达,而体制内的信息流转和应对处置渠道不畅,对于民意把握不够,导致一些比较恶性的群体性事件从网上发起,最终折射在现实社会中,倒逼改革。因此,网络舆情的研究工作就显得尤为重要。

第一节 网络舆情与政治稳定

英国学者戴维·巴勒特(D.Barrat)在《媒介社会学》中强调媒介的重要性时,如此说"传播媒介通过文字或形象表达的统治思想意识是掌权者维护其地位的主要手段。它提供了自由的假象,像一条拴在长皮带上的狗,掩盖了约束的现实。"

一、网络舆情与政府形象

(一)网民政府形象认知

1. 政府形象

政府形象作为政府的无形资产,是政府影响力的重要组成部分,也是政府赢得公众信任、支持的必要条件。但是近年来,国内群体性事件频发,政府未能及时处置,给我国政府形象带来冲击。随着互联网的普及,尤其是微博、微信、论坛、新闻点评等互动方式的兴起,人们对政府形象有了新的认知,政府的网络形象建设也日益受到重视。

政府形象指公众基于政府的综合认识后给出的一种总体印象和评价,其中,有社会公众通过自身实践评价和认知政府,也有通过公众舆论来认知政府。公众一般从理论和实践两个层面对政府的形象进行认知与评价。理论层面,主要是指政府倡导的理想、信念、核心价值观等。实践层面主要表现为政府在执行各种管理活动过程中表现出来的方法、手段等。政府形象是公众经过不断的认知后形成的。政府形象的好坏影响政府的执政能力,是构建和谐社会重要内容。

2. 网民政府形象认知

网民对政府形象的认知主要从以下几个方面获得:

(1) 网民通过参加政府活动接受政府工作人员的服务

在这个过程中,根据政府工作人员的言论、行为和态度,网民形成自己的判断,产生对政府形象的自我认知。比如,现在很多政府服务场所有满意度评价,政府想用这种评价制度,约束政府工作人员,改变网民对政府形象的刻板印象。网民还通过社区座谈会、民意听证会、新闻发布会等,了解政府活动和政府行为。

(2) 通过主流媒体对政府的宣传报道

在现实社会中,公众不可能长期深入到政府工作内部去了解政府行为和政府活动,公众更多的是根据媒体报道、日常生活中所见所闻,借助间接经验对政府行为形成认知和评价。媒体在每年的"两会"、重大党政活动,会从多个侧面报道党和政府的发展目标、方针、政策、未来的施政规划。

(3) 通过一些知名网站和论坛的留言功能体现

网络传播技术的快速发展,网民可以借助网络平台在强国论坛、新浪、天涯、知乎、果壳等网络社群上发表自己的观点和评论。通过网络电台、弹幕、网络直播、网络字幕组等直接表达自己对政府决策的看法与见解。目前,在时政类议题上,类似于"知乎""果壳"等网络社区,聚集了一批专业人士,对问题的分析较为专业,对网民政府形象认知有很大影响。在论坛上,网民会讨论某项政府的政策是否符合民意?政策制定的过程是否科学、民主?政策的稳定性、连续性如何?这些问题都是公众评价政府时所关注的问题,网民在互联网平台上通过评论和留言发表自己对政府的看法,对政府形象产生着重大影响,尤其是发生突发性事件时,讨论尤其热烈,网民们在上面的发言、留言直接表明对政府的态度。

(二) 政务微博与政府形象

1. 政务微博的内涵

为了更好地服务社会,让社会公众了解政府的工作,政府机构和政府官员开通了用于处理政务的微博。政务微博是我国党政部门，广义上也包括党政干部个人，用于治理公共事务的微博账户。2009年11月，我国首家政务微博"桃源网"诞生，它由湖南桃源县政府开通。2011年11月，"北京微博发布厅"上线，是我国第一个城市政务微博群。该微博群将北京的所有重要政府部门汇聚一起，打破部门机构单一化局面，方便部门间的信息沟通与协调，标志着政务微博集群时代的到来。截止2018年底，经过认证的政务微博达到17.6万个，影响力继续扩大，阅读量达3800多亿。在信息公开方面，政务微博进一步形成科学的网络舆情引导机制，主动、及时、公开、高效地反馈舆情进展情况，提升信息时效性和便捷性，充分彰显了对公民的尊重和平等的对话态度，不断巩固自身公信力。在政务服务方面，政务微博继续提升矩阵联动能力，加强了线上线下紧密联系，高效地发挥联动政务处理效率。运营能力方面，政务微博从内容到形式灵活地、多样化地开展线上宣传活动，打破以往中规中矩的模式和固有的思想，以更加生动形象的方式推广话题，进一步地朝新媒体多样化发展。

政务微博是政府机关对新媒体的应用和实践，具有一般微博"零把关"下的实时传播、"内容再造"、裂变式传播、内容碎片化等共性，同时又不同于其他企业、个人微博，具有如下特点：

（1）传播主体具有权威性

政务微博的运营主体就是政府，其发布的信息具有官方性，可信度更高。政府一方面为其他大众传媒提供消息来源，满足大众传媒的报道权和社会公众的知情权，改善与其他大众传媒的关系，另一方面，权威性信息的及时发布能够有效遏制网络谣言的产生和传播，克服了网络信息缺少把关给政府形象带来的消极影响。十八大以来，党和政府在回应公众关注的"三公"问题时，敢于对社会公众"说真话""交实底"。对政府行政管理运行，采取公开的方式，让群众及时通过政务微博了解进展；对政府出台的政策进行解读。比如，公众关心的养老保险、个人所得税、延长退休、小微企业减税等政策，发布权威解读，对社会上不实信息进行澄清。但如果表现不当，对公众的问题敷衍了事，在政务微博上发布信息不严谨，就会影响政府公信力，损害政府形象。

（2）传播的信息内容具有实时性

随着互联网技术的高速发展，我们进入了一个信息时代，每天都会有数以亿计的信息产生。如何在微博平台铺天盖地的信息海洋中将信息送达给公众，考验着每一个政务微博的运营管理能力。政务微博弥补了以往发布信息滞后的问题，能在第一时间回答公众的质疑，发布信息。比如，G20召开前夕,在杭州出现了许多谣言,如餐饮店、菜场、副食品店、药店要停业,无通行证不得进杭州等,浙江省委、市公安系统及其他部门通过多个途径快速做出回应,澄清谣言。所以,作为政务微博的运营者,在面对重大社会问题或者突发事件时,只有积极及时应对,才能将事件引向正确的轨道上,消除公众的疑虑和不良情绪。

(3) 传播的信息内容具有独占性

政府在长期的行政管理过程中,积累了大量数据。这些数据一般由政府占有,对没有涉及国家政治安全、个人隐私和商业秘密的数据,政府可以通过政府网站向社会公开。比如浙江省近五年来就归档了交通、卫生等部门的数据库文件247.3TB,政务微博可以成为发布信息的主要渠道,为政府信息公开提高保障。这些信息一经发布,由于其信息源的唯一性,只能由政府进行解读,其他媒体机构、组织和个人只能依据政务微博发布的信息,进行辅助性解释。

(4) 传播受众的互动性

互动是微博一大特点,政务微博发布信息的优越性就在于能及时给予回应,尤其在危机性事件预警和处置上,对于社会公众的疑虑,能在第一时间给予答复。政府通过政务微博,抢占信息发布权,快速、准确,与公众坦诚交流,及时更新事件进展,充分利用政务微博的互动性特征,及时回馈公众的合理诉求,掌握舆论的主动权,避免流言、谣言的发生和扩散,密切关注"粉丝"的围观、评论等行为。及时疏导网民的不满情绪,引导舆情向积极、有利的方向发展。

2. 政务微博对政府形象的影响

政务微博的出现,改变了与公众的沟通、交流模式,提高了与公众的互动交流,成为宣传政府形象的新平台,为政府形象的塑造带了新的机遇。

(1) "双向互动"传播模式,利于政府形象的塑造和修正

政务微博版面形式简单,信息内容简洁、人性化,一目了然。比如,北京市公安局官方微博"交通安全课"一张图教你:识别车上指示灯,用形象图示告诉公众如何识别指示灯;哪些劝酒行为要担责等,信息内容贴近生活,通过私信、评论和转发功能,公众与政府工作人员可以面对面地对话交流,互动程度高,切实解决公众的实际问题,公众的参与热情也随之提高。通过政务微博平台不仅能够把网民的意见传递给政府,而且能实现对政府的监督,而政府通过政务微博收集信息,及时调整相关政策或对群众的质疑及时予以解释,通过与公众不断互动,亲民政府的形象建立,政府的公信力慢慢提高,同时也可以修正或提高政府的形象。

（2）公众直接参与政府管理，扩宽政府形象传播范围

经过近几年的不断发展和改进，政务微博从开始主要是宣传和发布政务信息的功能，发展成为社情民意的讨论交流平台，公众也将其从单纯的获取信息到直接参与政府管理，增加了公众感知政府形象的渠道。公众通过微博获取信息，借助微博即时性、互动性、裂变式传播等特性解决问题和争议，微博施政能够将政府部门的决策过程和施政过程置于人民群众的监督之下，赢得人民的信任和支持，又能够借助人民群众无穷的智慧和力量，使政府的施政行为顺利执行和落实。比如2011的微博打拐活动，就是由中国社科院学者于建嵘教授发起的，而后各地公安机关关注支持，积极回应，各界知名人士纷纷响应，老百姓也加入"随手拍照解救乞讨儿童"，最后形成一场全面打拐行动。

（3）弥补政府在舆论场中的弱势，增强舆论引导力

在传统主流媒体主导舆论监督环境中，社会公众向政府表达自己声音的途径有限，而政务微博给公众提供了便捷的发言渠道，在家里就能对政府政策提意见建议，政府也可及时将政策制定的目的意义、主要内容与社会大众沟通，弥补政府在微博舆论场中的缺席。政务微博作为一种新时代的执政理念，改变了政府的执政方式和行政行为，增强了政府的舆论引导能力。

3. 政务微博塑造政府形象的困境

在现实生活中，政务微博为政府形象的重塑和修正发挥了很多的作用，但"僵尸微博""应付微博""官腔微博"的存在，弱化了其在构建政府形象方面的作用。

（1）僵尸微博

一些政府部门和机构并没有很好地领会民主执政、服务为民的执政理念，把开通微博作为向上级交差、完成既定任务、宣传政绩的一部分，觉得别人都在做，也跟着"图新鲜""赶时髦"。在政务微博开通后，微博处于只"开"不"公"的状态，柳州市新闻出版局的官方认证微博2013年就从未发过一条微博，郑州多家单位半年只发一条微博，广东清远市有35家市直部门单位官方微博曾经一个月未更新，没有真正发挥其及时发布政务信息、引导民众的功能，反而让政府公信力失分。

（2）应付微博

有些地方政府还存在着一些草草了事的"应付微博"。不同于僵尸微博，应付微博发布信息时内容随意。事先不去核实信息真相，如果出现偏差，事后不予解释。不管网友如何评论，哪怕私信也不予回复，责任心不强，陷入形式主义。比如三亚市官方微博回应游客被宰事件，官方微博发布了"食品

卫生、诚信经营等方面没有接到一个投诉、举报电话,说明整个旅游市场秩序稳定、良好"的博文,其内容明显与实际情况有偏差,引发网友近20000条转发和14000多条评论,被大多数网友嘲笑和反对。该类应付微博不仅不能提高政府形象,反而会导致社会矛盾激化,从而损害政府公信力。

（3）官腔微博

政务微博要避免说官话、套话,不打官腔。比如一些政务微博在重大事故处理中,经常出现领导高度重视、亲自过问、现场指挥、积极、及时、立即、确保等套话,一些政务微博一开口就是"公文"和"通报",让民众觉得无实质内容,纷纷遭到吐槽;有的内容让民众觉得高不可攀,只能敬而远之。政务微博要做到亲民务实,注意文风问题,采用网民喜闻乐见的形式,比如,外交部官方微博平台"外交小灵通"用"淘宝体"发布招聘信息,效果喜人。要坦诚面对网民的批评和建议,对暂时做不到不要用套话,要及时说明原因,避免言辞不当,祸从口出,反而激化矛盾。

二、网络舆情与民主政治

（一）网络舆情促进社会民主政治的发展

1. 网络舆情信息培养网民民主意识,引导公众参与政治生活

首先,网络舆情信息的丰富性,给网民参政议政提供了政治资源。公民社会的崛起与网络社会的崛起密不可分,在向利益主体多元化的转型进程中,通过网络表达各种利益诉求已经成为我国公民参与社会生活和公共事务的重要组成部分。互联网时代,舆情信息不同于传统的报纸、电台、电视等媒体,为部分权威机构所控制,绝大多数民众只能通过传统媒体所报道的内容来获取有限的信息,而这部分有限的信息资源,也已经被把关过了。如今,通过网络平台,民众可以获得大量的信息资源,正如有学者指出,网络舆情信息"改变了过去单一的信息传输渠道,建立了全方位、多层次、多形式的传输渠道"。

其次,网络舆情信息的开放性打破了话语权的限制。公民政治参与的一个基本条件是平等、自由。在互联网上,开放的网络超越了现实生活中的等级限制,一个普通的社会民众,可以通过政务微博等其他网络问政平台,与政府工作人员进行沟通、交流。对政府将要制定的政策、措施等,任何拥有网络设备及联网的用户都可以利用互联网进行投票、发表看法和参与讨论,网络上的政治参与活动是向所有人开放的,为网民行使民主权利提供了机会。越来越多民众选择网络平台作为表达他们利益的基本途径,网络平台为我国

公民带来更多的话语自主权，他们尝试借助网络的力量来影响政府，特别是影响政府公共决策。

最后，网络舆情主体的匿名性，为网民提供了畅所欲言的机会。现实生活中公众发言时会有许多顾虑，往往会言不由衷。而在互联网上，一般情况下，只要公众的言论符合国家法律，就不要担心自己的身份被暴露，可以真实地行使公民的表达权和言论自由。

民主政治的核心之一是公民的政治参与，网络舆情信息的特性激发了公众参与政治生活的热情。回顾网络舆情热点事件，温州动车事件、佘祥林事件、雾霾事件、皮革奶事件、躲猫猫事件、"天价香烟"事件等，网络舆情借助互联网，使公众充分行使知情权、监督权等权利，见证了公民通过有序参与，实质性地参与国家政治生活，提高了公众在国家政治生活中的主体地位，形成合力博弈滥权、遏制腐败。

2. 网络舆情聚合民意，促进公共决策的科学化

传统媒介时代，社会公众表达自己真实想法的渠道缺乏，只能被迫接受政府部门的决策，表现出来的舆情并不代表真正的民意，如果因为决策者的失误，当矛盾积累到一定的程度，就容易引起质变，从而对社会造成巨大的危害。比如厦门PX（对二甲苯）化工项目，该投资项目得到厦门市委、市政府大力支持，被纳入国家"十一五"产业规划，因为政府前期项目论证信息不公开，公众没参与，当厦门PX事件进入公众视野时，就引起当地市民集体抵制，引发大规模的抗议和游行。

社会的不断发展变化，要求政府就相应的公共政策及时做出调整，由于受到各种局限的影响，决策者做出的决策不一定都是正确的，即使在当时是对的，时过境迁以后也可能存在不合理的地方。对这种不合理部分的修正，需要决策者自身的认识和反省，但更多的是要广开言路，虚心倾听民意。网络舆情能大容量和长时效地跟踪某一件事，可以收集到一手的民意，政府部门通过网络可以及时回应公众，同时由于网络舆情主体的匿名性，使得舆情主体敢于表达自己的真实心声，是"原汁原味"的民意，决策者较容易捕捉到真实的社会舆情，为决策提供依据和指导，在此基础上政府才能做出顺乎民意、合乎现实的正确决策。比如2011年，《凤凰周刊》发起的贫困学童"免费午餐"活动，最终引起教育部、财政部的关注，为农村义务教育阶段学生提供膳食补助政策的出台提供了决策支持。

3. 网络舆情有效监督政府行为，有利于政府廉政建设

哈贝马斯曾经说："个人意见通过公众批判而变成公共舆论时，公共性才能实现。"网络舆情监督主要表现为公民利用网络平台进行的监督形式。它

有别于大众媒介时代的舆情监督，每个人都是潜在的信息发布者，他们可以用言语、音频等信息对事件、个人进行监督。网络开辟了一条新的监督渠道，扩大了民主监督的对象和范围，发挥了公众民主监督的主体地位。在网络民主中，并非所有的个体表达的意志都能上升为群体的共同意志，只有在海量的信息中保持强大生命力的观点，才能得到社会公众的认可，才能形成群体的力量，实现对政府及工作人员的监督。而政府部门通过收集网络舆情信息，可以准确了解绝大多数公众的观点和意见，也可以从舆情信息中判断当前社会热点发展趋势。因此，网络舆论监督，作为区别于制度监督的一种民间力量，弥补现实制度监督的缺陷，具有很强的政治意义。

由于传统反腐手段往往需要实名举报，有时候还需要彼此当面对质，有的检举人因为害怕报复选择放弃，有的因为人情有所保留，有的怕举报信息被封杀而举报无门，种种原因使人们举报腐败行为积极性降低。而网络反腐，通过网上自由沟通信息，对当事者进行举报，整个过程不会泄露身份，保证了举报人的安全。网络反腐一般有两种方式，一是民间网络举报。主要是在网络公共空间，举报人将图文并茂的举报信贴在网上发布，并四处发帖，引起更多网民的关注，变成舆论焦点，政府介入调查。另一种是官方网络反腐。2005年中央纪委推出网上举报中心，2013年中央纪委监察部网站开通了举报专区，让群众举报腐败和违规违纪行为更加方便，为网络反腐提供了更为便捷的渠道。从2013年"表哥杨达才事件"中单纯地利用网络平台表达公众态度，到2015年"虐童案"中网络舆论要求加强立法，到雷政富不雅视频，再到2017年北京某区长"情妇门"等，都证明了网络反腐的巨大力量。

（二）网络舆情对民主政治的负面影响

1. 网络舆情使网络民主无序化

互联网为公众的话语表达提供便捷的通道，公众的政治参与热情被激发，但是，并不是所有的网民在网络空间都能理性表达自己利益诉求，由于目前网络社区缺乏相应制度规范，网民在网络空间的政治参与，往往会带来政治非理性，也会导致主流价值取向的偏差。网络舆情信息的丰富性导致信息内容无所不包，庸俗化和灰色的舆论随处可见，西方意识形态的渗透无处不在。网络舆情复杂性，网络舆情信息权威性、导向性不够，某种程度上呈现混乱、无序状态。网络空间的自由性和个人表达的无障碍性，使得一些网站故意炒作，煽动网民情绪。某些博主为了吸引眼球，故意夸大其词，危言耸听。种种现象导致网络舆情信息难控性。政府可能在各种利益关系一时难以有效协调时，为了避免出现无序状态，就会加强对网络舆情的各方面监控。另一方面，信息技术进步带来了海量的知识，当人们面对信息过剩的问题时，大量的信息就可能会束缚人们独立思考的能力，人变成电脑的奴隶，对信息的分析和判断过多地依靠互联网，让人形成思考惰性，甚至丧失以往的社会活动能力。对某些事情的看法，并不是其个人的观点，而是人云亦云，最终使网络民主无序化。

2. 网络舆情使公众话语权倾向社会精英阶层

网络社会从理论上为人们提供了一个自由的说话平台，公众可以摆脱现实中的身份限制发表意见，打破"沉默的螺旋"，发表与主流声音不同的观点，只要有电脑或手机等，都可以在网络上发表自己的观点，看似每个人都拥有无限的话语权，都在积极地参与政治和社会公共事务的讨论。但事实上网络上也隐藏着不平等的特质，拥有话语权并不等于能够说话。很多人在网络上的发言并不是自己的意见，很多都是把他人的评论选取作为自己的观点参与讨论。互联网上的话语权实际上相对集中在某些精英手中，这些人在某种程度上往往左右着网络舆情的发展态势。尤其是发生社会热点事件的时候，大多数的人并不是发表自己观点，而是一个传声筒，甚至是战场上的棋子，他们的态度常常跟随网络精英阶层态度。

3. 舆情主体缺陷限制民主参与的广泛性

我们一般意义上的民主在于民主参与主体的平等性和广泛性，要形成"多数人的民主"，参与主体必须具有广泛性才能形成。网络媒介从理论上给我们提供了一种新的民主参与形式。但是事实上，因为技术和经济原因，还不可能人人都可以在网络上表达自己的意见。在不同的区域，不同的人群，相比较网络信息的富有者来说，"数字鸿沟"依然存在，在一定程度上不利于民主的发展。据统计，我国目前网络舆情的主体具有年轻化、知识化、城市化的特征。年轻化使网民更富有激情、冲劲、创造力，但是理性却不足，很容易被煽动性、夸张性、偏激性的信息吸引。比如网络上我们常听说的"人肉搜索"这一网络监督方式的出现，很容易造成网络暴力，扰乱当事人的正常生活。

4. 舆情的群体极化影响意见共识的达成

美国学者凯斯·桑斯坦认为："群体极化是指群体成员中原已存在的倾向性通过群体的作用而得到加强，使一种观点或态度从原来的群体平均水平，加强到具有支配性地位的现象。"人们在表达自己的观点时，总是会带有个人情绪化色彩，尤其是网络公共空间里绝大多数网络平台不需要实名，容易摆脱现实身份的困扰，除了在自己的网络空间抒发个人的情感、态度等，还可以搜索自己感兴趣的信息内容。在网络空间中，哪怕是小众，网民也能找到

"志同道合"言论或者观点,固定讨论的圈子就会慢慢形成。当出现不同的观点的时候,经过不断讨论,很多人原先个人的看法往往会改变。在这个意见圈里,如果少数人有不同的意见,由于从众的心理影响,在主流观点的压力下,往往会隐藏自己的真实想法。此时,主流观点进一步被强化,少数人不同的意见进一步被弱化,极端化的因子就此埋下,对民主共识的达成形成一定的威胁。

5. 网络舆情与真实民意存在偏差性

在网络舆情形成过程中,最初的事实在传播过程中可能会出现信息的保真、衰减或变形等不同结果。究其原因,网站或网民可能出于自己的主观需要,对信息进行编辑处理。如果是原文转发,可以实现信息保真。如果对某些细节进行了删减,信息就会发生衰减。如果对内容进行一定的修改,则会出现信息的变形,事实容易被扭曲,舆情导向会被误导。同时,网上意见的传播会出现群体极化,处于劣势的意见逐渐被淹没。意见弱势、沉默的一方会不断助长声音强烈的一方,不管其观点对错与否。

还有广大非网民很多时候是沉默的、不发声的,他们往往是社会弱势群体和社会底层人员,他们的利益诉求往往缺少表达的渠道。即使在网民群体中,绝大多数网民多数时候是充当围观者,在网上基本不发声。此外,网络空间里,网络水军的存在会产生大量虚假舆情,不是真实民意,增加了社会治理成本。互联网赋予每一个人自由地发出声音的权利,但是究竟有多少能够被吸纳、被倾听?基于这些现状,网络舆情与真实民意存在一定的偏差,有时甚至裹挟真实民意,误导决策,导致社会动荡,影响社会和谐。

三、网络舆情政府治理

(一)完善法律法规,提高依法治理能力

不以规矩,不能成方圆,构建和谐的网络舆情空间,必须有健全的法律保障。每一位公民都有充分利用网络的权利和自由,但任何自由都有界限。为了促进互联网健康、有序、快速发展,我国政府也在不断摸索网络舆情治理之路。

为了规范互联网行业,对网络服务商的服务、网民在网上的表达行为及内容等先后制定了一系列规则,既有全国性法规,也有地方性规章。比较重要的全国性法规有:1994年《中华人民共和国计算机信息系统安全保护条例》;2000年《全国人民代表大会常务委员会关于维护互联网安全的决定》;2006年的《信息网络传播权保护条例》;2009年《中华人民共和国侵权责任

法》、《互联网站从事登载新闻业务管理暂行规定》、《互联网新闻信息服务管理规定》、2014年中央网信办《关于印发<2014年国家网络安全检查工作方案>的通知》等。还有一些地方性法规，如《北京市微博客发展管理若干规定》、《广东省计算机信息系统安全保护条例》等。这些不同层次的规范，为保障互联网信息安全提供了法律依据，对促进我国互联网健康发展具有重大意义。

但现行相关规定也存在一些问题，如，多为行政法规，由国务院及部门发布，法律体系层级较低，实施效力低；管理主体混乱；一些管制内容的规定不够合理，针对性较差；有关法规的内容偏重于对网民群体的管理，对个体表达自由的保障体现不够；对于网络侵权行为的追究机制目前也并不完善。因此，总体来看，我国互联网管理方式与法规文件还不适应互联网发展需要，法律制定和实施滞后于实践的发展。

《中华人民共和国网络安全法》在注重信息安全管理的同时，比较全面地规定了政府、企业和个人在网络安全方面应当履行的义务和职责，提出了解决网络安全问题的基本思路。为了加强用户个人信息保护，在"网络信息安全部分"提出了建立和完善用户信息保护制度，为现实生活中的网络暴力之一"人肉搜索"提供惩处依据。为了加强网络安全监测，在"监测预警与应急处置"部分，明确了部门职责：建立网络监测预警和信息通报制度，明确了协调各部门应急工作的主体——国家网信部门，在发生网络安全事件时，一般根据安全级别，按照发布预警、发布警示信息和对网络通信采取临时限制等措施。

国家在制定网络舆情治理相关法律时，要更加积极地引导公众参加，听取公众意见，加深公众对法律的理解，促进法律的实施，使公众、政府部门等自觉遵守法律，理性地在网上参与政治，充分发挥法律对政府、公众的硬约束力。

（二）建立网络舆情监测预警系统

科赛曾在《社会冲突的功能》中提出社会安全阀理论，他认为，"一个社会的结构愈是僵化，或愈是不容许对立的要求和主张表露出来，蓄积危险的、敌对的情绪便愈多，也就愈需要社会安全阀制度"。网络舆情正好给网民提供了一个发泄内心不满的社会安全阀，起到为社会减压的作用。作为一种排解公民不良情绪、缓解社会正面冲突的有效路径，网络舆情也是政府了解社会公众心理、反观自身管理行为和公众满意度的一面镜子。网络舆情监测预警系统主要包括四个方面，如图3-1所示。

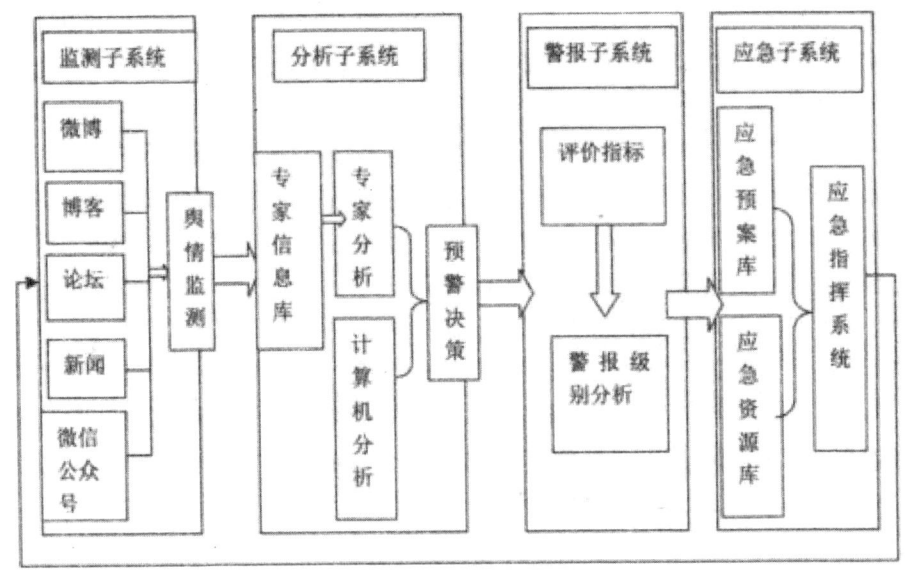

图 3-1 网络舆情监测预警系统

1. 监测子系统

利用计算机技术和人工排查相结合的方式，计算机技术一般采用内容的自动采集、敏感词过滤、主题检测、专题聚焦等方式，也可以限定网络舆情收集范围，如，为收集某地民情民意，可以确定一些当地主要政府网站、新闻网站、网易、新浪等开展信息监测收集工作。

2. 分析子系统

该系统主要是对监测收集到的信息进行分析和评估。为了充分分析舆情信息，政府要建立专家信息库，专家由从事舆情研究的学者和有实际分析经验的工作人员组成。相关专家要围绕各类网络论坛、留言栏、群众来信和来访等信息，对带有苗头性、倾向性或群体性的问题进行分析。结合计算机分析，对已经出现的负面舆情事件，及时进行评估，对事件发展趋势、如何应对等做出预测、判断，为决策提供充分依据。

3. 警报子系统

参照《国家突发公共事件总体应急预案》，根据网络舆情危机程度从重到轻分为四级，分别用红、橙、黄、蓝四种颜色表示，针对每一种危机程度，制订网络舆情预案，以便危机发生时，及时确定相关部门的职责，建立起一套社会危机应急联动机制，充分发挥网络舆情引导在化解社会危机中的积极作用。

4. 应急子系统

该系统主要是采取必要措施以防止负面舆情扩散。系统里预先存储预案库和应急资源库,预先设计紧急应对系统,随时做好应对准备。同时,还要建立应急指挥系统,主要应对出现负面舆情警报时启动危机处理。

(三)建立舆情信息公开和及时回应制度

为了提高政府工作的透明度,2008年《中华人民共和国政府信息公开条例》制定实施,要求政府及时公开公众需要知晓的相关信息,为舆情信息公开提供依据。根据研究,一般突发事件舆情,如果要成功处置,最初发生的4个小时非常关键。网络技术的进步,人们只要复制、粘贴就可以转发,而且网络论坛、微博、微信等渠道多样,非常便捷,事件发生4小时就有可能已被大量转发,一天之内就能成为舆情焦点。目前,各类舆情事件频发、多发,不管这件事与自己有关与否,出于好奇心等各种八卦心理,公众对事件发生的原因、进展、牵涉的人员等会提出各种疑问与猜测。此时,如果政府部门遮遮掩掩,不及时披露相关信息,各种谣传就会满天飞,引发进一步的舆情危机,从而危及社会稳定。

设立网络舆情信息公开的制度。对公众关切问题回答要公开,网上投诉处理结果要公开,对公众建议的书面回复要公开,政府处置舆情工作流程、工作内容要公开,形成一套信息透明、反应迅速的回应机制。及时公开网络舆情处理进展。要定期通报网络舆情的办理工作,虚心接受社会公众和各界的监督。政府对职能部门舆情信息的处理,要提出明确时限要求,建立首问负责制,对社会公众的咨询、投诉、意见和建议,涉及职责范围的,都要给群众一个满意的答复,并要求在规定时限内解决,不能按时解决需延长时限办理的,应及时在网上做出说明。

完善新闻发言人制度。随着信息技术的发展,建立灵活的网络新闻发言人机制。新闻发布可以采取多种形式,借助多种媒体灵活进行,如召开现场发布会,接受电视、报纸等传统媒介采访,可以通过网络在线与网民实时对话沟通等,可以把网络新闻发言人和网络信息发布设立为常态的制度。

第二节 网络舆情与经济发展

人类社会按照农业社会、工业社会、信息社会的脉络发展——这是目前一个被普遍接受的观点。在农业社会和工业社会中,物质和能源是主要资源,所从事的是大规模的物质生产活动。而在信息社会中,信息成为比物质和能源更为重要的资源。没有物质的世界，是虚无的；没有能源的世界，是死寂的；没有信息的世界，是混乱的。进入21世纪以来，以开发和利用信息资源为目的的信息经济活动迅速扩大，逐渐取代工业生产活动而成为国民经济活动的主要内容。另一个与信息社会紧密相关的是后工业社会。信息社会与后工业社会的概念并没有什么原则性的区别，如果一定要区分二者，可以用信息化的程度来区分。信息社会也称信息化社会，是脱离工业化社会以后，信息起主要作用的社会。后工业社会可以视为信息化进程中的社会形态。信息化的概念，是用来描述人类社会由工业社会向信息社会过渡的社会化过程。信息化的萌芽时期是20世纪60年代，以计算机信息技术的产业化为标志。

目前信息化正席卷全球，成为推动世界经济和社会全面发展的关键因素。在信息社会中，信息、知识成为重要的生产力要素，和物质、能量一起构成社会赖以生存的三大资源。信息社会的经济是以信息经济、知识经济为主导的经济，它有别于以农业经济为主导的农业社会、以工业经济为主导的工业社会。一个国家的信息化程度，决定着这个国家在新时期生存与发展的实力和地位，是21世纪综合国力较量的制高点。首先，世界经济和贸易发展更大程度上依赖于信息技术和信息产业，物质型经济逐渐向信息型经济转变，这一人类有史以来从未有过的最广泛、最深刻的转变，远远超过"工业革命"所产生的影响。其次，全球性的数字化网络将成为人类各种政治、经济、文化、社会活动的基础设施，人类之间的交流形式彻底改变，人们的生活习惯、工作方式、价值观念及思维方式等全面转变，娴熟的互联网素养是人类现代化的标志。网络舆情本质而言是一种信息，也是一种能够产生经济效益的资源。

一、大数据时代网络舆情的经济效益

（一）网络舆情与大数据

在日益激烈的市场竞争中，信息资源的开发利用显得尤为重要，越来越多的人已经意识到信息是一种潜在的生产力。开发信息资源所产生的经济效益，已逐渐引起越来越多的人的关注。随着大数据时代的到来，数据开始转变成为一种基础性资源，开发信息资源的主要方向日益变成管理和挖掘大数据。研究者指出，在大数据时代，纷繁复杂的数据实时可得，整个社会经济产生了根本的变化。大数据在宏观经济分析中得到广泛而活跃的应用，尤其是在四个最重要的领域：宏观经济数据挖掘、宏观经济预测、宏观经济分析技术和宏观经济政策。对于企业而言，大数据时代的消费模式、产业发展、商业模式等方面都受到巨大冲击。如大数据导致市场要素离散化、信息壁垒数据化、经济关系网格化、交易模式平台化。

目前业界广泛认可大数据的特征为 4V 特征，即大量 (Volume)、多样 (Variety)、高速 (Velocity)、价值 (Value)。通过对目前网络舆情状况的观察可以看出，互联网的开放性使网民可在网上更为方便地发表自己的意见，导致网络舆情的数据量急剧增长。尤其是在移动互联网舆论场，以个人为基本单位的传播能力被激活，个人利用社交媒体自主接触、搜集和传播信息的便利性极大提高，由此使得网络舆情呈现"大量"的特征。其次，多媒体的发展使网络舆情的数据形态呈现出多媒体性的特征。网站、APP、朋友圈、微信公众号、直播平台……各种自媒体平台都成为网络舆情传播的集散地。网民表达意见、传播观点的手法，已经不限于在论坛发帖、在微博发文这种单一的文字表现形式，图片、动漫、音频、短视频的传播影响力这些年迅速发展，网络舆情的信息形态日趋多样。再次，现代社会价值观念多元化，各家观点争鸣，舆论不断变化，导致网络舆情快速变化。同时，互联网基础设施不断完善与优化，网络舆情信息传播的渠道不断拓宽、延长与加深，信息传播的速度甚至可以用极速来形容。最后，随着 80 后、90 后登上历史舞台，网络原住民成为掌控互联网世界的主导力量，网络舆情成为当代网民的鲜活体征，它代表着时代的思潮和社会的脉动，它能够引领潮流、牵动关注、形成趋势，它的价值不容忽视。正是由于以上各种因素的共同作用，使得网络舆情数据越来越呈现出大数据的特征。用大数据的方法与理念去分析网络舆情，挖掘有效信息，将产生事半功倍的经济效益。

（二）网络舆情与经济效益

与经济效益紧密相关的是消费者和市场。消费者的需求与体验，是产生经济效益的源头；市场行情，是产生经济效益的基础。网络舆情信息，通常直接涵盖目标消费者的数据，所以通过对网络舆情的数据挖掘，可以直接产生经济效益。对网络舆情所反映的网民行为倾向与消费偏好，往往集结着消费者行为的大数据。对这些网络舆情数据进行大数据处理与分析，可以影响企业的营销管理系统。企业的营销管理系统由管理、营销和信息三个子系统组成，如图 3-2 所示。

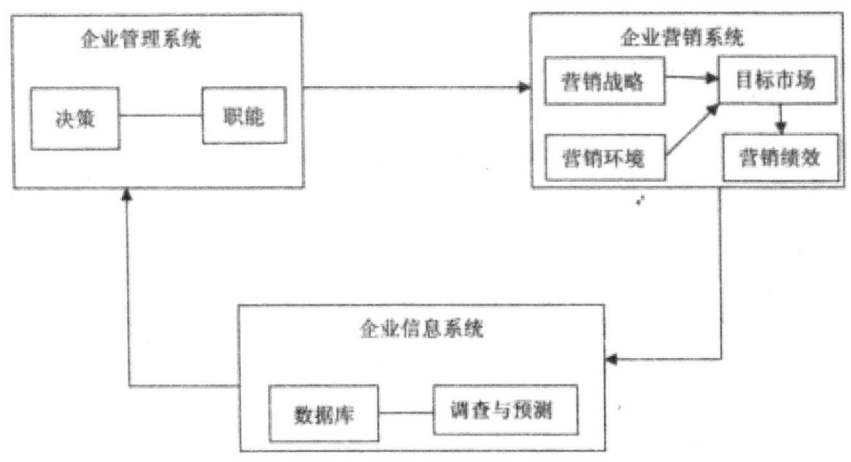

图 3-2 企业的营销管理系统

企业的信息系统是企业营销管理系统的子系统，由数据库、市场调查与预测两个部分组成。企业的信息系统，介于企业营销系统与企业管理系统之间，主要功能是对企业的科学决策提供智力支持。在企业信息系统中，如果运用大数据的方法进行数据库的管理与维护、市场调查与预测，将能够提供高质量的市场信息来帮助企业管理者做出科学决策，从而发挥高效的管理职能，制定高端的营销战略，掌控全面的营销环境，采取有力的营销战术，并对营销绩效进行科学分析。网络舆情信息带来的直接经济效益，主要是利用大数据分析方法，对市场信息尤其消费者信息进行挖掘与处理，从而采取有针对性的市场营销战术。目前，网络舆情信息已成为消费者信息搜集的主要渠道之一。

另外，具有大数据特征的网络舆情信息，还能带来间接的经济效益。价格总是围绕价值上下波动，某些网络舆情传播热点事件，可以影响普通消费者对某商品的需求，从而造成商品价格的跌宕起伏。如网络上出现的"豆你玩""油他去""蒜你狠""姜你军""苹什么""鸽你肉"等网络热词，看起来只是网络流行语，其实质是游资炒作信号。豆价疯涨"豆你玩"，与人为恶意改变供需关系和网络炒作有直接关联。

（三）网络舆情监测成为热门产业

关于网络舆情与经济效益的关联，不能不提的是网络舆情监测服务业的产生与发展。在网络舆情影响力不断走强的趋势下，舆情监测市场逐渐浮出水面，网络舆情监测服务业也成为一项朝阳产业，在近几年迅速发展壮大起来。舆情监测市场在 2008 年之前处于孕育与诞生阶段，因为这一阶段的前期是互联网刚开始进入中国人日常生活的时期，这一阶段的后期才是网络舆情传播开始产生影响力的时期。在2008年至2013年间，伴随着互联网对社会全方位的渗透，舆情行业进入市场培育期，互联网作为舆情平台产生了巨大的市场需求，从事舆情监测业务的服务公司在这一阶段如雨后春笋般纷纷冒出。与快速发展相伴的总是泥沙俱下、鱼龙混杂。在市场培育期，不少舆情服务业务被打上了"网络删帖""水军造势""危机公关"的印记。2013年开始，国家展开了"打击网络谣言""净化网络环境"等专项治理行动，网络舆情产品同质化、污名化的状况有所改善，网络舆情市场环境开始好转，网络舆情监测服务业进入升级换代阶段。2015年8月29日，历经三次审议和多次修改后，刑法修正案（九）获全国人大常委会表决通过，《刑法修正案（九）》在第291条中增加一款规定：编造虚假的险情、疫情、灾情、警情，在信息网络或者其他媒体上传播，或者明知是上述虚假信息，故意在信息网络或者其他媒体上传播，严重扰乱社会秩序的，处3年以下有期徒刑、拘役或者管制；造成严重后果的，处3年以上7年以下有期徒刑。网络舆情治理开始进入法律阶段。

在大数据的浪潮中，互联网思维改变了企业的经营模式与管理理念。网络舆情监测服务业，也开始挖掘舆情数据的价值，服务内容从简单应对，向深度研判和危机预警转变，近年来逐渐进入发展壮大期。由于我国幅员辽阔，社会发展存在地域差异，就全国范围而言网络舆情监测服务产业，从无到有、从小到大、从粗放到规范的过程正在同时进行。在互联网发展迅猛的东部地区，基于大数据产业链和业务链的分工与完善，附加更多、更高智力因素的网络舆情产品和服务形态正在出现。网络舆情监测是以高端技术为核心竞争力的产业，经过孕育期、培育期，在今天的发展壮大期，已然形成了行业壁垒与资质和品牌。目前网络舆情主要监测的对象可以涵盖微博、网络音视频、新闻评论、BBS论坛、博客、新闻跟帖及转帖等。值得一提的是，微信朋友圈的舆情监测尚基本处于空白状态。

目前我国从事网络舆情监测业务的，主要有三类不同性质的主体：第一类是公关公司，主要从危机公关角度从事舆情业务；第二类是软件技术公司，主要从事网络舆情信息挖掘、分析软件的研发；第三类是科研院所，主要从学术研究的角度关注网络舆情。就其业务模式而言，舆情监测公司分成两类：一类以技术服务为主，主要依靠销售相关监测软件或搭建监测系统获得收入；另一类以分析、研究和提供应对策略为主要特色，技术服务不是其强项，提供分析报告与方案建议是其强项，这是目前国内许多公关公司的主营业务。我国不少网络舆情监测服务机构是上述三者的"结合体"。相应地，目前国内舆情分析师岗位招聘也大致分为三个方向：技术方向，主要是担任软件开发工程师，通常要求具有互联网信息采集、检索、分析及中文自然语言处理软件研发或算法研究经验，精通数据库优化；分析方向，为企业提供舆情监测与分析，一般要求为新闻传播专业人才，需要熟悉互联网信息传播特性，能把握社会热点；公关方向，主要为企业提供有效的推广和发展建议，帮助企业及时处理负面信息。由于网络舆情监测服务成为热门产业，舆情分析师也成为一个新兴职业。网络舆情分析要求从业者具有对社会舆论敏锐的洞察力、数理统计能力及细分领域的专业分析能力。2013年9月，人民网与人力资源和社会保障部合作推出"网络舆情分析师"培训；2014年4月，新华网与工业和信息化部开始推出"网络舆情管理师"培训。这两种职业资格培训不仅标志着网络舆情分析成为一项具有专业技能的新兴职业，而且也意味着网络舆情分析的专业化程度不断提升，正从具体实操经验向体系化、专业化的知识与技能转变。2019年1月出版的《2019年中国社会形势分析与预测》，就是相关网络舆情师李培林、陈光金等分析了2018年中国经济社会发展的形势，指出在2019年经济社会发展格局总体稳定的同时也面临诸多难题和挑战，对社会的发展具有一定的指导意义。

就行业格局而言，网络舆情监测产业目前有五大背景：政府、媒体、教育科研、技术软件和商业开发。关于"政府"这一背景，源于网络问政、网络反腐、信息公开的浪潮。在互联网的冲击下，我国各级党政机关依托党政宣传思想工作系统，下设职能部门或企事业舆情服务机构，开展舆情信息汇集和分析。这些机构或部门进行社情民意调查，为政府决策提供参考，行业报告、舆情报告是其典型的网络舆情产品。教育科研系统围绕网络舆情与社会治理，特别关注网络舆情传播的群体性事件、突发性事件，并对网络舆情信息传播的规律、原理进行实证研究。技术软件与商业开发则不断推动网络舆情监测服务业的应用范围。目前对于网络舆情监测市场规模的猜测，众说纷纭，如：舆情软件市场可达10亿元，舆情信息服务业超过100亿，莫衷一是。大量网络舆情软件公司和市场调查公司高速发展，如北京拓尔思信息技术股份有限公司、方正集团、安徽博约信息科技股份有限公司、邦富软件公司、军犬舆情等，以技术研发与服务见长，善于抓取网络舆情数据，成为舆情服务业重要的技术型方阵。2011年，北京拓尔思信息技术股份有限公司进入资本市场，登陆深圳证券交易所创业板上市。该公司提出要"像预报天气一样预报网络舆情"。媒体类舆情服务机构，借助自身信息传播的行业优势，为党政部门、企业和社会团体组建舆情监测队伍提供专业培训、应对网络舆情危机提供实用指南，成为网络舆情服务业中的佼佼者。在众多开展网络舆情监测业务的媒体机构中，以人民网、新华网最为抢眼。2009年2月注册成立的北京人民在线网络有限公司，隶属于人民网股份有限公司。之后新华网于2011年下半年推出"舆情在线"，并成立了网络舆情监测分析中心。网络舆情监测服务，成为媒体离主业最近而又能有所赢利的新兴业务。我国的传统媒体一直在商业属性与公共属性之间挣扎——要兼顾社会责任与经济利益。近些年又遭遇到互联网排山倒海的追击，传统媒体可谓四面楚歌。对传统媒体来说，网络舆情业务既具有社会效益，又有经济效益，可谓是开辟了一条媒体转型的路径。就社会责任而言，媒体的舆情业务与传统报道业务往往相互交叉，网络舆情服务业务可被视为传统媒体"耳目喉舌"职能的延续和拓展。例如人民网舆情刊物《网络舆情》的定位即为"帮领导干部读网"的内参读物，而新华网推出的《网络舆情参考》则定位于"以网络舆情研判为基础、供领导干部参阅的智库类分析报告"。就经济效益而言，在这个移动互联时代传统媒体的市场蛋糕日渐缩小，开展网络舆情业务为传统媒体开辟了一条新的营收渠道。如2013年成立舆情部门的红网，舆情业务已经确立为红网的重点发展方向。无独有偶，"智谷趋势"这个由传统媒体人创办的舆情分析公司，主要运用大数据方法对政经动向、新闻信息进行深入分析，该机构从2013年创办以来发展速度超出预期。网络舆情产品及相关业务，成为传统媒体一个可能的转型发展方向。

二、网络舆情与企业品牌形象管理

（一）网络舆情与品牌塑造

品牌是企业为满足消费者需要、培养消费者忠诚、用于市场竞争，而为其生产的商品或劳务确定的名称、图案、文字、象征、设计或其互相协调的组合。树立品牌是每一个企业的目标与愿景。企业品牌塑造包括三个层面：品牌定位、品牌营销、品牌延伸。定位意味着锁定目标消费者；营销意味着面对目标消费者；延伸意味着走近目标消费者。这三个环节是依次递进、互相促进的关系，核心都是围绕目标消费者的需求与偏好进行品牌信息的传播。

基于网络舆情的品牌定位，强调要加强市场调查与预测。通过网络舆情的分析，可以更广泛全面地了解消费者需求的特点和需求的变化，从而提升市场调查与预测的效度。网络舆情传播的演变过程中，往往体现出消费者的价值观和生活方式，通过对相关数据的挖掘与解读，可以使企业品牌与消费者需求保持高度一致，促使重复购买行为发生，从而维持品牌忠诚度。基于网络舆情的品牌营销，强调企业要改变单一的广告传播策略，重视整合营销传播与网络传播的有机结合。在互联网营销中，充分展开关系营销和精准营销的理念，不断有效传播企业的品牌信息，树立良好的企业品牌。基于网络舆情的品牌延伸，是指在互联网时代企业可以依托传统品牌的基础，展网络品牌形象。即充分利用互联网的各种优势和资源，以最低的成本投入获得最大的品牌网络扩展。具体而言，包括建立自己的品牌网站、打造综合性网络品牌平台、创建品牌社区、建立品牌消费者社群等，通过主动发布客观中性的舆情信息，对品牌进行全方位展示，将市场调查、品牌定位、品牌推广传播、品牌更新等传统品牌营销方法与互联网有机结合，在消费者广泛参与品牌相关网络活动的过程中主动挖掘、监测、分析舆情信息，不断调整、完善自己的服务或者产品，从而维系广泛而深远的品牌忠诚关系。

（二）网络舆情与品牌声誉

品牌声誉是对能够反映企业总体价值的历史行为和未来发展的感知性描述。对一个企业来说，品牌声誉是品牌资产的有机组成部分，良好的品牌声誉能够增加品牌资产，反之则会对品牌资产产生不利影响。品牌声誉是影响一个企业生存与发展的重要因素，但品牌声誉自身具备不稳定性，因为它是通过长时间品牌运作活动积累而成的无形资产。然而一次品牌危机，往往足以毁掉企业长久以来建立的品牌声誉。在互联网蓬勃发展的时代背景下，诸多企业开始利用互联网进行品牌声誉的塑造与管理。但是，与互联网发展相伴而生的网络舆情，也使得企业品牌声誉管理工作的难度剧增。特别是微信、微博、论坛、贴吧、博客、视频网站等社会化媒体产生的大量用户原创内容（User Generated Content，UGC），为大规模、强力度的网络舆情传播，提供了高速、便捷、通畅的传播环境，大大增加了品牌危机事件和突发事件发生的概率。一件丑闻或者一个污点，马上就能传遍整个互联网，因此网络危机公关很重要，它能使事件的破坏力降到最低。伴随着互联网对社会日常生活的渗透，可以预见舆情监测服务的市场将越来越大。因为大多数企业品牌商还没有掌握有效技术与方法，无法在第一时间掌握舆情走向，并分析其对品牌的影响趋势。他们通常是在舆情发布后，才能根据事态状况做出应对，这导致涉事企业经常处于舆情发生的被动地位。

网络舆情传播是互联网世界无可避免的现实产物，这种事物本身无关对错，纯粹是网民个人的情绪、态度、意见的综合体现。互联网的飞速发展提升了舆情传播的速度、宽度、广度、力度，同时也带来了舆情传播在深度与精度方面的模糊与杂乱。这对企业品牌的塑造与管理来说，着实是一把锋利的双刃剑——机遇与挑战并存，机会与危机同在。如何在危机来临之前做好防范，在挑战到来之际做好应对，做到化危为机、转危为安，是现代企业品牌商都必须思考的问题。

由此可见，网络舆情与企业品牌声誉息息相关。企业要有针对性地研判舆情、利用舆情、掌控舆情。正面舆情要充分利用，来增加消费者对品牌的关注度和美誉度、提高品牌价值；中性舆情要积极引导，丰富企业品牌的内涵、关注潜在消费者；负面舆情需要科学应对，坚持公开、公正、透明、真实的原则，最高效率地找到问题所在，及时化解危机，让企业摆脱窘境。

（三）网络舆情与品牌维护

品牌维护是指企业针对外部环境的变化给品牌带来的影响，进行一系列的活动来维护品牌形象、保持品牌的市场地位及品牌价值。要做好品牌维护，需要企业针对具体问题采取不同的对策。基于网络舆情的品牌维护，包含对品牌形象的维护及对品牌精神的维护。

对品牌形象的维护，主要强调在企业面对网络舆情危机时，消除消费者对品牌的负面印象，扭转消费者对企业的负面情绪。如企业在面对品牌质量问题的网络负面舆情时，应立即调查真相并通过媒体公开道歉，同时，召回有问题的产品，并进行相应的赔偿，赢得消费者的信任。还可以通过第三方权威机构为品牌正名，因为负面网络舆情信息一旦传播开来，企业就很难单靠自身的力量扭转公众的看法与眼光，此时邀请并配合第三方权威机构对产品检验检测，并及时公布检验检测结果，最后再对消费者认知做出调查与分析，这才是完整的品牌形象维护之道。

"农夫山泉，有点甜"是家喻户晓的广告语。农夫山泉取自国家一级水体——千岛湖，不经任何处理即可达到饮用水标准，深得消费者喜爱。但2009年6月，一篇网文援引国家环境监测总站的报告，声称千岛湖水质受到污染，只能做工业用水，不能和人体接触，之后千岛湖水质问题众说纷纭。以农夫山泉为首的淳安28家饮用水生产企业陷入消费信任危机。农夫山泉迅速开始品牌维护行动，首先搬出多因子评价体系，然后到环保部门请专家调查论证得出千岛湖水饮用安全的结论，最后请网友"亲历千岛湖"，直面事实真相，让顾虑在消费者的亲见中彻底烟消云散。随着媒体的跟踪报道，迷雾消散，农夫山泉消费者支持率不降反升。

对品牌精神的维护，主要是指在负面网络舆情使消费者认知与品牌精神内涵发生较大的冲突，影响了品牌形象与精神内涵的关联，削弱品牌价值的状况出现后，企业要展开有序、有效的品牌维护活动，树立品牌精神。如果是产品的质量出现问题，就要针对具体的问题进行整改，无论是改善生产流程，还是处理责任人，抑或是召回产品进行赔偿，这些实际行动和有效举措不仅可以证明企业勇于承担责任，同时，更能使企业品牌精神重新充实和丰满起来。在度过网络舆情危机之后，企业可以通过参加公益活动来强化品牌形象，进一步提升企业品牌的社会价值，从而提高消费者对品牌的自豪感和荣誉感。

三、网络舆情危机与企业公关

（一）企业危机公关管理与网络舆情信息工作

企业危机公关管理，在公共关系学与管理学视野下，有两种不同的解读。在公共关系学中，企业危机公关管理主要指当企业遇到信任危机或形象危机之时，通过公关活动来获得消费者和社会公众的谅解，维护企业品牌和声誉的一项工作。在管理学中，企业危机公共管理着眼点在于由企业管理不善、同行竞争、外界影响等带来的危机，企业针对危机所采取的一系列自救、补救、挽回及重建行动。简单来说，企业危机公关管理，就是有组织、有计划地制定和实施一系列管理策略和应对措施，来规避、控制、解决企业危机事件。根据危机发生的时间节点，企业危机公关管理包括危机预警、危机管理及后期的企业形象重建。

企业在生存、发展的过程中，由于产品或服务存在缺陷、管理漏洞或缺陷、不正当竞争行为、突发性公共事件、领导或员工不当言行等现象或多或少都会出现：当与此相关的事件借助于互联网广泛传播并引发关注以后，往往令涉事企业陷入舆情危机之中。网络舆情危机不仅影响着企业的日常生产与运营，严重时还会威胁到企业的生存与发展。网络环境下企业舆情危机的来源往往难以预测，危机信息常常与传统传播方式结合、交互影响，增加了企业经营与管理的难度与成本。一个企业如果没有危机公关管理部门，在网络时代对舆情危机的处理就容易滞后或者延误，可能会导致企业受到重创，甚至面临破产危机。近年来，随着传播技术与网络技术的发展和普及，网民发布观点的途径越来越多样，发布言论的门槛越来越低，发布消息的内容越来越丰富，发布信息的行为越来越自由，这使得像"可口可乐含氯门""三鹿奶粉""双汇""味千拉面"等企业面临危机，甚至最终破产。当然企业的命运主要是由企业自身存在的问题导致，但不能否认网络舆情推波助澜的作用。企业舆情危机事件往往受到网民的广泛关注、热烈讨论，在社会上都产生了巨大的影响。这些企业危机事件的信息扩散之快、影响之大，都给应急管理及相关网络舆情态势研判带来了严峻的挑战。因此企业对于舆情危机事件的公关处理，把握网络舆情态势愈发重要。

在目前这个日新月异的互联网时代，企业的公共关系管理工作也出现了新的要求与任务，重视企业网络舆情信息工作，进行舆情危机的预警与应对，俨然成为诸多企业不容忽视的重要工作。日常的企业网络舆情信息工作，是指企业按照网络民众对企业存在和发展所持有的看法和行为倾向等发展规律，运用网络方法收集、加工、整理、分析、报送舆情信息，为决策层提供决策依据，并向有关机构和人员及时反馈相关决策的工作。在突发性事件爆发或者网络舆情危机出现的时候，企业的公共关系管理工作，要特别处理好媒体关系与危机传播。

（二）媒体关系与舆情危机传播管理

"媒体关系(media relations)是指社会组织或个人为营造和维护良好的社会形象，尊重新闻媒体的运营规律，主动与新闻媒体开展交流互动、以期获得有利于自己的报道的行为。媒体关系的主体既可以是社会组织，如企业、非政府组织、政府乃至国家，也可以是个体的人。"媒体关系催生了现代公共关系，而且在大众传媒资讯高度发达的今天，媒体关系在公共关系中更居核心地位。所以，媒体关系操作也是公共关系活动中最常见的内容之一，以至于至今还有很多人用"媒体关系"来指代"公共关系"。在危机传播过程中，媒体关系更是一个组织处理危机事件的关键因素。我国学者总结了企业危机公关管理原则，如图3-3所示。

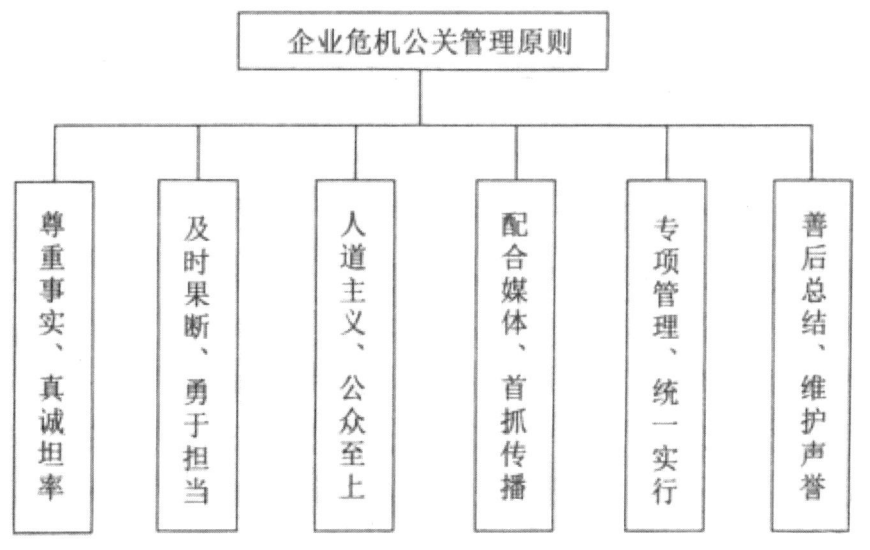

图3-3 企业危机公关管理原则

可以发现，在企业危机公关管理过程中，"配合媒体、首抓传播"是关键一环。在当今经济全球化的大背景下，伴随着传播技术的发展，公众权利意识的觉醒，组织机构的扩张与延伸，危机与风险日益增多。一个社会组织，只有全方位掌握媒体关系状态与媒体关系策略，才能做好危机事件的预防及预案，迅速进行危机的确认、应对与控制，从而做到转危为安，甚至转危为机。

关于危机传播，有不少研究集中于探讨私人企业集团如何渡过危机，保持利润。而国有经济部门、政府资助的企事业组织、社会经济的公有部分所属机构的危机传播研究较少。因此有学者试图检验是否国家或政府所设机构在危机传播过程中有特殊的需求或局限。对107个国家或政府所设机构进行了调查统计，以了解在危机传播过程中政府所做出的努力。调查结果揭示，尽管国家或政府所设机构先天享有积极的媒体关系，但他们面对媒体时却少有前瞻性，并且只有不到一半的机构有危机传播备选方案。调查结果发现，组织的规模、危机事件中的角色、媒体关系、危机传播预案之间有重大的关联。是否进行过个案研究及是否评估过危机传播资源，决定了这些组织能否对危机做出有效反应。最后提出了一个危机传播过程的综合理论模型。该模型包括五个彼此联通的阶段。

（1）持续的公关成果，即成功的危机传播计划开始于危机事件出现以前。此所谓有备无患，做到未雨绸缪。

（2）鉴别并备战潜在的危机。即以攻为守，时刻蓄势待发。

（3）内部的培训与演练。即通过预演，做到知己知彼。

（4）处理危机事件。要临危不乱，步步为营。

（5）评估、改进公关成果。旨在亡羊补牢或锦上添花。

以上五个环环相扣的阶段构成危机传播的整个流程。该流程是循环不断的，每一步都是上一步的结束和下一步的开始，如图3-4所示。一个组织或机构的公关部门，只有将该流程贯彻为常规工作，在突发事件来临之时，才能做到临危不乱、转危为安，最终转危为机。

图 3-4 危机传播的理论模型

在上述五个阶段,利用或联合媒体来改善沟通状况和传播效果,是成功处理整个危机传播的关键。具体策略有如下几点:

(1) 换位思考,必须了解媒体在危机传播过程中最需要什么

在常态下,媒体都有追寻奇闻轶事的特性;在非常态的情况下,媒体与组织之间容易形成敌对局面。因为掩盖过失、丑闻或困难是人之常情,而媒体却以曝光、揭露、挖掘为己任。要渡过危机传播离不开媒体的合作,因此要反客为主,投其所好。

(2) 在处理媒体关系时,不可用的方法

传播自私自利的信息资料、做不切题的比较并对潜在风险轻描淡写、用行话传播、使用不可靠不合适的资源、采用对抗式的姿态、阻碍议程并难以接近、忽视公众关注的事。

(3) 谨记"危害"往往是"头条"

因为有这样三句指导记者如何发现新闻价值的格言:稀奇的危害比普通危害有价值、新生危害比旧有危害有价值、戏剧性变化的危害比习以为常的危害有价值。当涉及有危害性的问题时,否认或逃避只能火上浇油。

(4) 明白"见多识广的媒体 = 无所不知的公民"

新闻记者报道一则有关危机的新闻时,一般分三步程序:忽视你组织中的专家,而听信于政府或激进组织的专家,尤其是他们已经认识的人;记者常常缺乏对相关事件过去 5W 的知识,不能从整体上去了解事情的来龙去脉;记者倾向于将与危机相关的故事个人化、拟人化。

(5) 面对媒体采访的具体策略

心理上要认识到风险或危机是常规工作的一部分,并懂得一切均在政治、权力与辩论的基础上展开;最安全的发言是发展外界的专家队伍,使他们成为记者的"新闻来源";态度要积极,在记者发问之前,就呈送相关问题的可靠事实与数据；要为目标受众着想，明白形式上是回答记者，其实是与广大受众交流；了解媒体如何能够帮助本组织进行有效传播，做到诚恳、友善。

在互联网时代，加强媒体关系管理，合理运用舆情信息传播，强化企业的公共管理能力，塑造企业品牌形象是大势所趋。企业舆情危机的有效管理，需要建立在对媒体运作机制的充分把握和对公众权益的充分尊重之上，核心是尊重舆情信息工作规律，适当利用传播技巧。信息社会以知识化、信息化、网络化为特征，在公关活动中要化解矛盾、争取社会舆论、建立良好信誉和形象，媒体关系发挥着举足轻重的作用。在企业处理舆情危机的过程中，争取大众媒体的理解和支持特别重要。首先，要有专业机构、专业人员做处理媒体关系这件事。因为与媒体沟通主动化、建立与媒体多层次对话机制、建立公共型媒体资源数据库等工作，需要由具备专业知识的人完成。其次，这个机构及工作人员要有正确的工作理念：站在媒体的角度来进行公关策划，建立完善的新闻发布与传播渠道，加强媒体关系传播的计划管理，要认识、了解并理解媒体。最后，要注意工作技巧：不要忽略了网络媒体；必须把握最佳媒体传播时机；必须提供"增值服务"；进行必要的媒体传播监控。

任何组织或机构，要想在危机传播过程中不至于失利或损失太大，这些处理媒体关系时操作性较强的细则都具有重要作用。

（1）选择一个发言人。任何媒体关系策略的一个基本部分都是挑选一个新闻发言人。

（2）牢记一个事实。有两个层次的媒体需要应对。其一也是最主要的是当地的新闻媒体，其二是行业内的媒体。

（3）接受采访的技巧。首先是主动选择一个主题——你最想传达的主题，然后用不同方法不断强调。其次声音要自然、清晰，表达要流畅，避免说"不知道"。此外要注意仪表，注意肢体语言，不要直对镜头，避免正面、绝对的回答。在作答过程中，要学会从防御到进攻。善于提问、敢于打断、懂得抑制、不要被动作答。

（4）做好接受采访的后续工作。要及时总结、反省、沟通。

（三）企业网络公关异化现象及其危害

企业网络公关是随着现代互联网技术和传播技术的发展和应用而诞生的。公共关系是一种特殊的经营管理实践活动和传播活动，在欧美各国风行半个世纪之后，于20世纪60年代传入我国香港和台湾地区。20世纪80年代初，伴随着中国"改革开放"的春风，公关关系开始系统地进入我国企业经营与管理的实践之中。随着互联网的飞速发展，公共关系从现实世界步入了网络空间，网络公关成为企业公关管理工作的重中之重。企业的网络公关是指企业借助互联网塑造企业形象、维护企业品牌、维系客户关系、传递企业文化。进入21世纪以来，互联网在中国迅速普及，与之相伴的网络公关也受到企业的追捧。随着互联网产业的蓬勃发展，以互联网为传播媒介的网络公关成为一种新兴的营销方式，其价值已被大多数社会组织认同。

但是公关关系进入我国只有30年左右的时间，相对来说，我国企业在这方面的理论与实践都较为薄弱。2000年7月1日，劳动和社会保障部实施公关从业人员持证上岗制度，公关职业才被国家正式认可，进入职业分类大典。时至今日，公关行业的职业规范与职业道德的建设工作依然任重而道远。对于新世纪才兴起的"网络公关"来说，相关的行业规范更为滞后。2010年3月16日，中国国际公共关系协会发布《网络公关服务规范》(指导意见)，这是我国针对网络公关业务的首份行业性标准文件。然而，这一职业准则主要是针对协会内部成员，其执行更多的是依靠自律。至于他律，当前我国的网络监督管理机构涉及宣传、电信、文化、公安、工商等部门，多重管理部门并存、职能交叉、管理标准和措施多样化和差异化的现状，导致我国网络公关管理监管成本上升，监管效率不高。与此同时，就传播媒介与用户素养而言，我国网络媒介传播的现状也呈现令人担忧的态势。首先是我国互联网用户的信息素养、媒介素养普遍不高，信息甄别能力、选择能力、批判能力弱。其次网络媒介的开放性、交互性、匿名性、虚拟性，将信息传播的成本降到极致，同时也将信息传播的速度提升到空前状态，这助长了虚假网络舆情信息的扩散。在这种情况下，企业急功近利，违背公关本质，通过实施不良网络公关行为来逐利的现象愈演愈烈。

综观近年来，我国不少网络公关机构的具体作为都涉嫌无良网络公关，包括打着网络事件策划、网络舆论引导、网络危机公关处理、网络舆情监控的旗号，以口碑营销、论坛营销、微博营销、搜索引擎营销等所谓的整合营销策略为名义，在背弃公关业真实诚信基本准则的情况下，营造虚假口碑和打击竞争对手。有研究者指出：在网络公关迅速发展的同时，网络公关异化现象频繁出现并发展成为一条不健康的灰色利益链。网络公关异化是指网络公关的发起者借助于互联网技术，通过夸大、捏造、散布虚假信息来操纵网络舆论，误导消费者，从而达到不正当目的的一系列网络公关行为。目前企业网络公关异化具有杜撰口碑、歪曲事实、操纵舆论、暴力营销等具体现象。在这个灰色利益链中，大量商业网站、广告公司、公关公司以网络舆情监测业务为名义，提供"网络删帖"服务，并雇佣"网络水军"或者"网络打手"进行恶意炒作。这种网络公关异化行为，给消费者、涉事企业、市场秩序及公关生态环境都带来了严重危害。

网络公关异化行为得以兴风作浪，是因为整个社会的互联网认知水平及法治观念还不成熟。网络舆情监测公司成为网络公关异化的主要推手，也是整个网络舆情监测产业初期发展过程的产物。随着我国行政、司法的信息公开及法治建设工作的推进，随着80后、90后网络原住民、网络新生代走向历史舞台，整个互联网络空间的规范化与成熟度都会大幅提升。此时网络公关和网络舆情监测的专业化和品质化程度都会大大提高。目前网络舆情危机公关服务链应包括搜集与预警、分析与研判、处理与引导、评估与反馈四个环节构成的完整的、系统的流程。但很多人把某一个环节或几个环节当成网络舆情公关服务工作的全部。导致的结果是舆情危机管理工作只是平息网络舆情危机事件，而非平息舆情本身，没有完成公关工作的实质性职责。企业危机公关管理，既包括网络空间危机事件的解决，也包括线下问题的根治，否则就是头疼医头，脚痛医脚，治标不治本。网络公关公司和网络舆情监测公司，目前处于胶合状态，但其业务定位还是有所不同。前者重在危机处理，后者重在数据分析；前者以服务为主，后者以技术为主。由于目前泛滥的网络公关异化行为，伤害了整个网络舆情生态环境，破坏了网络公关公司和网络舆情监测公司的形象与口碑，也使外界对相关行业形成很多误解。因此，推动网络公关和舆情监测行业的转型升级与改良换代，是亟待解决的重大问题。

四、网络舆情挖掘与企业商业模式创新

对于商业模式这个概念，不同的人有不同的理解，不同的时代有不同的解读。有人认为商业模式是关于产品、服务和交易的架构；有人认为商业模式是用于解释厂商运行方式的故事；有人认为商业模式就是做生意的方法；有人认为商业模式包括在概念上、文本和图形、所有相关的核心构建、合作，从资本上考虑一个组织当前、未来的发展规划及所提供的或将提供的核心产品或服务还有人认为商业模式就是盈利模式。在这个移动互联时代，商业模式需要创新，好的商业模式源于创业者的创意，而商业创意来自于机会的丰富和逻辑化。其形成逻辑可以这样解释：机会是经由创造性资源组合而成的，能够传递更明确的市场需求，同时这些资源又是未被利用的。尽管商业模式这一概念第一次出现在20世纪50年代，但直到20世纪90年代才开始被广泛使用和传播。如今已经成为挂在创业者和风险投资者嘴边的一个名词。

对于一个企业来说，有一个好的商业模式，成功就有了一半的保证。80%的失败企业都是商业模式出现了问题。在某种意义上商业模式可以简化成公司通过什么途径或方式来赚钱的问题。随着市场需求日益清晰及资源日

益得到准确界定，商业机会将超脱其基本形式，逐渐演变成为创意。商业创意包括如何满足市场需求或者如何配置资源等核心计划，由此形成一个企业的商业模式。在这个移动互联时代商业模式变得更加复杂，包括产品、服务概念、市场概念、供应链、营销、运作概念，进而这些准确并差异化的创意逐渐成熟，最终演变为完善的商业模式，其结果是形成一个将市场需求与资源结合起来的系统。

通俗地讲，商业模式描述了公司所能为客户提供的价值及公司的内部结构、合作伙伴网络和关系资本等用以实现这一价值并产生可持续盈利收入的要素。简言之，商业模式就是包含一系列能够实现商业价值的要素。在使用商业模式这一名词的时候，人们往往有两种误解：一种是用它来代表公司如何从事商业的具体方法和途径，另一种是强调模型方面的意义。前者泛指一个公司从事商业活动的方式，后者指的是这种方式的概念化与理论化。如果从时间的维度看，商业模式是一个动态系统，且这个动态系统在移动互联网时代，结构与理念发生了巨大的改变。在互联网的冲击下以往的商业模式被颠覆，传统意义上可依托的壁垒纷纷被打破。黑莓、诺基亚、东芝、柯达、摩托罗拉等多家国外著名老牌企业，近些年或被兼并或倒闭。与此同时苹果公司成为世界上市值最高的公司。北京小米科技有限责任公司成立4年市值就超百亿美元。无数例子说明，当代的商业模式需要创新。所以，无须再争论商业模式的定义到底是什么。了解商业模式中发生改变的要素，掌握其发展趋势，探讨其优化的方法，对分析当今的商业模式更有意义。

商业模式的核心要素通常有四个：价值主张、业务系统、核心竞争力、盈利及分配模式。当今，随着互联网技术与计算机技术日新月异的变化，这四大要素也在发生变化。传统的商业模式中，价值主张即定位是确定企业的产品或服务，回答"做什么，为谁做"的问题；业务系统是回答"如何做"的问题；核心竞争力是解决"为什么别人不会超越你"这个问题；盈利及分配模式则是回答"如何持续盈利"的问题。而在互联网时代，这四大要素要解决的问题都发生了改变。定位是要我们找到"做什么更好"这样的问题答案；业务系统是要解决"基于互联网该如何做"这样的问题；核心竞争力存在于"与竞争者共同取得突破"的能力之中；盈利及分配模式则要关注"共赢"的问题。

（一）基于舆情分析的价值主张创新

企业的价值主张是指企业所提供的产品或服务能为消费者所带来的价值。简单说，就是一个企业要确切回答"要做什么产品或提供什么服务"的问题。

由于当代互联网能够渗透到消费者日常生活的任一角落，互联网舆情信息的传播中渗透、隐藏甚至凸显着消费者的需求。直接面向消费者的公司，一直致力于对消费者用数据进行分析和定位。而多数消费者内心的真实需求，往往难以发现且复杂易变。在舆情信息中，各类数据可以从客户的细微行为上体现出来，并可挖掘出他们的真实想法。比如客户在上网过程中的留言内容、网页浏览频率等，都能够看出他们的消费偏好及意愿。人们的兴趣、爱好、价值观、生活方式、沟通方式等都可以在舆情信息数据中进行分析。如2017年《战狼2》上映前，影片先以爱国主义、民族情怀已发网民共鸣，其次各位主演利用微博与粉丝互动，并利用"李达康书记加盟战狼""女一号临时加价被替换""张翰拍摄现场耍大牌""吴京买房拍电影"等吸引眼球的争议性新闻，吸引了大批影迷的关注，因此，电影上映后，票房一路高升。

通过网络舆情信息分析，除了能够对消费者需求进行准确把握，还可以对产品进行准确定位。企业的产品在流向市场前，需要预测产品能否满足客户真实需求，从而圈定其适宜的客户群。如在零售业，在线零售商利用精准、实时的数据进行商品推广已十分常见，零售业巨头沃尔玛公司建立了全球最大数据库中心，而且不断改善其数据收集技术，从最初的条形码扫描，到通过卫星系统完成双向数据传递，公司无时无刻不在数据的大环境中运转。"啤酒与尿布"的故事，就产生于20世纪90年代的美国沃尔玛超市对消费数据的深耕精挖之中——沃尔玛的超市管理人员分析销售数据时，发现了一个令人难以理解的现象：在某些特定的情况下，啤酒与尿不湿两件看上去毫无关系的商品会经常出现在同一个购物篮中。经过进一步调查研究，发现原来喜欢看足球赛的父亲们，在来超市买尿不湿的时候，通常会给自己买几瓶啤酒。于是在超市中，就出现了尿不湿与啤酒相邻摆放的场景。

（二）基于舆情分析的客户细分创新

在商业模式中，价值主张是回答"做什么"的问题，客户细分是回答"为谁做"的问题。传统的消费者细分方式往往是按照消费者的人口统计学属性，如地理位置、年龄结构等为细分依据，而网络舆情信息分析为消费者细分提供了更为广阔的方式：一是细分标准更抽象化。如今人们的行为方式及兴趣爱好都可能通过上网行为表现出来，而这种抽象化特征的表象为消费者细分提供了一种标准。二是细分市场更加微型化。互联网正逐渐迈入小微市场，不同的消费者有不同的消费偏好、消费需求，每位消费者都可以被看作是一个细分市场。利用网络舆情信息分析把握客户消费的真实需求，再根据其真实需求进行客户细分，能科学准确区分企业最重要客户，进而向这些客户细分群体提供产品或服务，实现企业价值主张。通过舆情分析获得精准数据而采取营销策略的过程，成本往往比传统营销决策低。如特易购(Tesco)——英国超级市场巨头，通过分析其会员卡数据，了解其客户"身份"，如单身、全职母亲、速食者等，按不同身份人群把促销产品以邮件的形式个性化、针对性地发放出去，提高其商品的流通速率。这种做法为其带来了巨大的商业利益，仅仅在市场宣传方面，每年都可以节约3亿多英镑的宣传费用。

（三）基于舆情分析的关键业务创新

在商业模式中，价值主张是回答"做什么"的问题，客户细分是回答"为谁做"的问题，核心业务则是回答"如何做"的问题。基于舆情分析的核心业务，需要进行创新与突破。一是优化企业业务流程再造，以大舆情分析技术为基础，数据信息流为线路代替原来的传统业务流程再造模式，以提高关键业务流程处理速度。如企业运用GPS定位或无线电频率识别传感器追踪商品或货物运输车，根据数据分析整合优化交通线路，节约运输成本。二是改变企业传统经营模式，以大数据活动更替原商业流程。如电子商务的交易模式代替了传统的面对面交易流程。三是为新的价值创造寻找新的方向，将大数据活动植入企业价值创造流程，开辟新的路径去寻找企业新的价值增长点。比如，在制造业，大数据仿真、建模等技术为研究传统工业领域难以理清的复杂系统提供了新的解决思路。四是在某一关键业务流程中，把舆情分析数据引进作为解决问题的新思路，提高关键业务流程的效率。如在网站的贴吧和论坛中，挖掘热帖和热词，剖析网民的关注内容，从而策划图书选题，出版具有市场前景的书籍。2013年，网易的金牌原创栏目"每日轻松一刻"上线了打赏小编的功能。通过这一功能用户可用"金币"和"钻石"打赏。金币可在用户参与投票、发表评论后免费获得，钻石需要购买，一元一颗。"每日轻松一刻"是网易新闻客户端受众多、口碑好的王牌栏目，日均回帖量达到两万多条。栏目小编和读者经常是高频互动、实时交流。由于用于打赏的金币用户可以轻松免费获得，因此用户打赏栏目小编的意愿比较积极。在打赏小编功能上线两周内，共计收到了多达500万金币。获得良好用户反应后，网易新闻"每日轻松一刻"发起众筹项目——"众筹出版《每日轻松一刻》印刷版"，短期内成功筹集142261元。这说明新闻客户端积累的大量原创内容在未来有更多出版的可能性。

（四）基于舆情分析的盈利模式创新

在商业模式中，价值主张是回答"做什么"的问题，客户细分是回答"为谁做"的问题，核心业务是回答"如何做"的问题，盈利模式是回答"如何持续盈利"的问题。现代商业企业，利用网络舆情数据进行盈利模式创新的案例越来越多。如上文提到的"打赏"，自2009年诞生以后，成为倍受瞩目的新型盈利模式。

2009年6月，起点中文网推出了打赏功能，读者可以通过表达对作品及作者的赞赏，并非使网站上所有作品都有接受打赏的资格，打赏的主要对象是所有A级签约、合作签约作品。"起点"此举保证了粉丝打赏的收入能够流入网站的利润，推进网站营业收入的增加，促进网站规模的扩大。之后其他网络文学网站纷纷效仿。不过不同的网站根据自己的运营策略，与作者之间的打赏收入分成也有所不同。起点中文网规定网站和作者五五分成，而纵横文学网则选择了网站和作者三七分成。打赏使用的金币也有所不同，起点中文网使用起点币、纵横中文网是纵横币。名字不同，不过虚拟金币和人民币换算的比例均为100：1。各网站打赏额度从每次1元至100元不等。根据打赏金额粉丝或用户获得相应的荣誉称号——从学徒一直到最高级别的盟主称号。其中粉丝要想获得盟主称号则需花费10万起点币(折合1000元)。

在传统出版中，长渠道营销使得信息交流不通畅，表现在作者与读者、出版社与读者、读者与读者、作者与作者等各方主体之间互动沟通都不便捷。这种情况导致出版物满足不了读者特定的阅读需求，大量库存和内容短缺同时存在。而依托于互联网的网络出版平台，依靠社交平台打通了作者、读者、出版服务商之间交流的渠道，为读者需求发掘、个性化出版、作品定制化等服务提供了可能性。网络文学、数字出版在关注读者留言、评论、投票、阅读习惯等重要特征的基础上，逐渐掌握了读者或用户偏好与需求，并由此生成的新的付费阅读模式，开辟了当代出版业迈出缺乏商业模式的一条道路。

第三节 网络舆情与文化传播

一、网络舆情与网络文化环境

（一）网络文化

文化自古就是一个叫人捉摸不透又现实存在的复杂的学术术语。学界大体上有三个角度的释义：第一个角度是就人类自身而言的"理想化"定义，认为"文化就是人类完善的某种状态或过程"，强调人在生产生活过程中进行创造和再生产的能力。第二个角度是与自然相对应的"文献式"定义，认为文化是智力或者想象力的作品，这些作品中详尽而丰富多彩地记录了人类的思想和经验。这是一种狭义的文化，仅仅将文化看作与物质文明相对的精神文明或精神财富。第三个角度是从人类社会历史发展的角度考查，把人类创造的物质财富和精神财富放在具体的社会历史背景下进行考量，认为"文化是对一种特定生活方式的描述，它不仅表现了艺术和知识中的某些价值和意义，还表现了制度和日常行为中的某些意义和价值"。

根据社会历史视角下的文化的定义，可以发现文化的内涵包括：器物／技术层面、行为层面、制度层面和精神层面。网络文化，作为21世纪蓬勃发展的文化新形态，也具有这四个层面的含义，不过有时这四个层面是单独出现，有时又会整体亮相。第一，网络文化诞生与发展依托于计算机技术、网络技术、通信技术的不断升级、研发、生产与应用，是新兴的传播科技改变了文化发生与存在的空间、改变了文化传播与表达的方式、改变了文化呈现与表征的状态。第二，网络文化集中体现在当代人的行为方式之中。自1994年互联网在中国出现以来，到2019年，已经有七成以上中国人是网民，且50%左右的中国网民每天上网时长超过3小时。尤其是在年轻人构成的网民群体中，"WIFI犹如空气，上网就像呼吸，在线代表活着"。中国网民的数量多年来一直呈现源源不断的增长态势。与不断成熟壮大的网民大军相对应的是如滚滚洪水般的网络文化。第三，伴随着互联网对社会发展的重塑作用，在制度层面对互联网的管理、运用、发展也日益被提上日程。喻国明教授指出：互联网不仅仅是一个传播工具，更是我们这个社会的操作系统。第四，人们在互联网这个特殊世界中进行工作、学习、交往、沟通、休闲、娱乐等社会实践活动，由此呈现出种种心理状态、思维方式、知识结构、道德修养、价值观念、审美情趣，这种精神层面的文化表现是网络文化的显在形态。

（二）网络文化环境

网络文化打破传统文化的线性结构，塑造了一种全新的文化，具有超时空性、虚拟性、自由开放性、平等性、交互性、共享性。所谓超时空性，是相对于传统文化而言，时空是具体的、可感知的、切实的。而网络世界中，任何地点、任何时间、任何事件中网民都可以以"在场"或"出场"的身份即时参与。即时性是互联网时间上的维度，全球性就是互联网空间上的维度。全球性从空间维度弥补了时间维度不能企及的范围，提升网民的生活效率和节奏。网络文化生来就是全球性的标志文化，从"地球村"到"信息高速公路"，网络文化逐步践行文化的全球化发展。网络文化是超越时空限制的媒介文化。所谓虚拟性，是指网民主体的匿名和飘荡状态。主体的虚拟性已经是活生生的无法阻挡的网络生存状态，以至于人们一方面不断沉浸于虚拟性带来的自由之中，另一方面也在忧虑虚拟性带来的危险。网络提供给网民的自由、开放环境，是传统媒介无法媲美的。互联网是迄今为止赋予民众最大权力的媒介。网络的准入门槛越来越低、互联网普及程度越来越高、网民上网成本越来越低，由此伴随的现象是网民的自由性和网络的开放性逐步提升。所谓平等性与交互性，是互联网先天的性格——秉承互联网创生之初的理念，互联网天生就是一个去中心的、平等的技术网络。在这里，没有贫富贵贱之分，没有等级权谋之分，没有职业好坏之分，没有文化高低之分，没有性别歧视，也没有年龄限制……权威不在，所谓的官方言论逐渐隐匿。所有人，只要遵守网络传播的规律进行网络活动，都是合法的，合情亦合理的。因为平等的实现，交互得以进一步实现。网民利用网络沟通和交流成为家常便饭一样简单的事情。这种格局打破了传统社会单一的"传—受"模式，颠覆了传统媒介几百年甚至几千年的信息传输方式，使信息的传递按照新的方式进行"互动"，从一对一、一对多发展到多对一、多对多的多级共动，涉及的环节和过程也异常复杂。网络文化开放性、平等性、交互性的技术架构，要求达到资源共享，最终使参与者都能便捷地各取所需，各展其能，这就是共享性。网络信息存储、流动的便利性和多渠道，使得海量的免费信息资源形成了网络的共享奇观。正是由于网络文化具有超时空性、虚拟性、自由开放性、平等性、交互性、共享性的特征，网络文化环境呈现出三大特点。

第一，网络文化与传统文化的相悖关系。从历史角度看，网络文化是伴随计算机技术出现而形成的文化，其全面发展不过20余年，传统文化是中华民族几千年文明的沉淀积聚，是人类思想精华的传承和演变。从本质上，作为数字文化的网络文化是一种多元化的异质文化，它受到西方文化的全面影响，充分体现自由、开放、平等、互动精神，这和我们的传统文化对于身份、地位、权力的高度认同存在差异。从属性上，中国传统文化属于少数人掌控的精英文化，体现的是自上而下、少数人统治多数人的金字塔结构，而网络文化则是原则上要求人人平等的大众文化，打破了少数人对文化的垄断。从时空观上，网络文化更新速度快，能真正实现信息的全球化传播，而传统文化发展相对缓慢且受制于一定的地域性。因此，在网络文化和传统文化的交互发展中，二者时时都面临冲突，在冲突中网络文化和传统文化相异化。从媒介发展史的角度来看，网络文化完成的是从精英文化到大众文化的范式转换；从网络文化和传统文化的关系来讲，网络文化完成的是从非主流向主流靠拢的过程。但目前网络文化是一直被视为新兴的、非主流的文化。这种相悖的状态，何时调和，何时融合，还需拭目以待。

第二，网络文化自身的异化状态。从文化的内在精神来讲，网络文化已经不同于传统文化的精神内核,在很大程度上发生了变异,甚至与传统文化相背离、相对立。这种变异表现在网络文化对西方文化、非主流文化等文化精神的凸显和在传统文化、主流文化等文化精神方面的缺失。如博客文化和播客文化中无限的开放性所表现出来的自我展示心理、狂欢化娱乐心理和身体表现欲望,以及隐藏在这些现象背后的急功近利、一朝成名的"网红"文化心理;在恶搞文化中极尽后现代表现手法的荒诞、滑稽对传统文化中博与雅的颠覆和冲击;在网络空间中无处不在的自我,用力夸大"求同存异""标新立异"的"审丑"癖好造成传统"审美"的扭曲与没落。异化的网络文化,表象是新旧文化碰撞产生的冲突问题,实质是社会心态、身份认同、价值取向等信仰层面产生了危机。

第三,网络文化与文化全球化互动关系。网络文化对全球化及文化全球化的影响和作用,是一个慢慢渗透的过程。文化全球化是一个争议较多的问题。对于中国学者,文化全球化更多的意味着超越本土文化的身份认同和文化认同问题。网络文化和文化全球化之间究竟存在怎样的关系?这是一个变动不居、难以厘清的问题。因为网络文化和文化全球化之间的关系有时互补、共促,有时又相悖、互抵。毋庸置疑的是网络文化与文化全球化都在不断深化、壮大。无法断言的是二者究竟是此消彼长还是携手共进。

(三)网络舆情传播与网络文化的关系

网络舆情传播与网络文化之间的关系,可以用"互为动因,互相影响"来概括。但目前国内研究者的主流观点或者说主要研究内容,主要有两个方面:一是网络舆情的文化性成因,二是网络舆情对网络文化的影响。即国内研究者关注的二者关系还是具有明确的指涉性,是单向的影响关系。尤其是在一些网络传播的热点现象中,网络舆情与网络文化之间的单向关系更为明显。

1. 网络舆情的文化性成因

互联网的迅速发展,使得网络媒体在短时间内成为"第四媒体",影响范围超过了报纸、广播与电视。如果说互联网设施是网络舆情传播的硬件环境,那么文化就是网络舆情传播的软件环境——文化规定着人们在互联网上的行为逻辑和举止规范。可以说文化以潜移默化的力量影响着网络舆情的形成,或者说网络舆情传播的热点事件,往往都有文化性成因。这些文化性成因,主要包括三个方面。

第一是思想意识因素。思想意识是人们精神文化的重要组成部分,也是人的意识形态的来源。互联网传播环境中,文化传播可以在很大程度上绕开政府的介入和官方的管理,所以各种携带文化渗透色彩的异域文化在我国的意识形态领域悄无声息地蔓延，特别是在青少年群体中，产生了深刻、深远的影响。而青少年是我国的新生代，如果其思想受到了负面影响，在遇到一些重大事件时，就很容易被煽动和利用，在网络舆情传播中发动互联网攻势，甚至会采取进一步的实际行动。这会对还原事件真相和进行正确的舆情引导带来困难，对于国家安全的影响更是难以估计。第二是民族文化因素。在我国这样一个多民族国家，民族凝聚力和向心力特别重要。但各个民族往往都有不同的民族信仰、生活方式、价值取向。涉及民族矛盾的网络舆情事件，会对我们国家的民族文化造成冲击，并使得网络舆情的引导难度增大。

　　在网络舆情传播的典型案例中，有一个特殊的网络舆情传播现象——网络热词上升为网络舆情，在这种现象中尤其能够发现网络舆情产生的文化性成因。网络热词本身是网民自主创建的议题方式之一，网民在公开表达对网络议题的看法时，使用网络热词可以彰显立场、表示关注，有时甚至具有体现年轻态的作用。近几年，族群类词语、重叠类词语这两类网络文化热词引起网络舆情的可能性越来越大。如"飞鱼族"指已在国内取得一定成就，为求进一步发展而到国外名校求学的中国留学生；"赖校族"指毕业后不愿意离开学校，或拖延着不肯如期毕业而继续在大学里学习、生活的人。"飞鱼族"所映射的是我国一部分年轻人崇洋媚外的社会现象；"赖校族"的出现，其实多为大学生面对就业问题的一种态度。这种族群类网络热词，表现出的是民众对社会问题的关切，这种社会问题不是一时能够解决的，因此这类词语不断涌现，以一种零散的个人或群体意愿表达的方式作用于网络媒介，并试图引起网络舆情而被社会所关注。重叠类网络热词的源头是"范跑跑"，之后"郭跳跳""洋跑跑""姚抄抄""何逛逛""躲猫猫"都在网上引起热议。重叠类词语多半表现出公众对社会道德问题的批评，流露出民众对于提高我国公民道德素质的强烈要求，这种要求使得网络舆论不断延伸，最终形成网络舆情传播热点事件。研究者总结到，以网络为载体的媒介语言，对网络媒介议题起到重要的作用。网络词语作为网络语言的"建筑材料"，也在网络语言的变化中产生不同的形式，并作用于网络媒介，因此，网络词语自然体现在网络媒介议题中。对网络文化词语进行考察和分析，是及时发现网络舆情并合理引导舆情走向的重要手段。

　　2. 网络舆情传播对网络文化的影响

　　从高远的层面来说，网络舆情传播不仅反映了整个中国文化的表层，而且正触动着中国文化的深层，甚至对我国的文化安全提出了挑战。就具体层面而言，网络舆情传播作为网络文化的组成部分，对于网络文化的表层结构即观念形态，以及深层结构即意识形态都有重大影响。

网络舆情传播对网络文化观念形态的影响有正面的积极作用，也有负面的消极影响。一方面网络舆情传播促进了网络文化的发展，拓宽了现实的社会交往领域——以往只有权势阶层、知识精英这样的上流人士拥有话语权，而今普通公众包括弱势群体、边缘群体也拥有了话语表达平台，网络舆情得到更加充分与全面的表达。互联网打破了过去人们社会交往阶层等级的社会限制，促使各种文化观念、思想意识在交汇、碰撞、竞争。在融合与汇流的过程中，新的价值观念和伦理精神延伸出来，如自主精神、权利意识、平等意识等。但另一方面，网络舆情传播产生的负面作用也不容忽视，特别是由于网络舆情传播所引发的观念领域的价值冲突。互联网络和虚拟技术提供的互动空间，无限宽广、高度自由、分外活跃的同时，也充斥着无序、无界与无知。不同的文化传统、价值理念及对行为规范的多样化评价，在互联网世界无孔不入，个体经常性地处于矛盾和相互冲突的价值选择之中，给个体健康人格的形成与发展造成强大的挤压。所以互联网世界中的人类行为常常令人无所适从。

网络舆情传播对于网络文化的深层结构即意识形态的影响，主要体现在对国家文化安全的威胁与挑战方面。网络空间的开放性为多元化思想的传播创造了前所未有的条件。任何思想观念都可以在网络中得到表达，代表不同思想观念的文化形态不论其属主流或异端都能够在网络中生存。网络空间的这种无政府状态在促进思想观念多元化的同时，对内而言给国家和社会的安定团结造成了一定的威胁，对外而言使国家与民族的国际地位与形象带了挑战。由网络舆情引发的文化安全问题，将在本章的第四节专门论述。

二、网络舆情与网络文化建设

（一）引领网络舆情传播，唱响网上主旋律

网络文化随着互联网的发展迅速成为引领时代主旋律的力量。网络文化已经成为人们社会生活中的重要组成部分，对于人们的日常生活学习，国家的政治经济发展及新时期中国特色社会主义文化的建设都产生了极为深刻的影响。而作为网络文化标杆的网络舆情传播，更是成为凝聚人心、鼓舞士气、团结民众的重要社会事件。在我国全面建设小康社会的时期，坚持中国特色社会主义文化方向，坚持对主流文化的坚守与自信，既顺应时代潮流又不迷失方向，推动社会主义文化大发展、大繁荣，促进中国特色社会主义网络文化的良好发展，是时代赋予每一个人的要求与责任。

中国特色社会主义网络文化是建立在中国特色社会主义制度之上的，因此必须坚持中国特色社会主义的发展方向，坚持马克思主义的指导原则，坚持社会注意核心价值体系。在建设社会主义特色网络文化时，对网络舆情加以引导和监督，大力倡导网络精神文明建设，在网络传播中贯彻马克思主义文化内涵，坚持社会主义方向，发展积极健康的中国特色社会主义网络文化，唱响社会主义核心价值观的主旋律。只有这样才能够为国家经济发展、社会稳定、人民安康提供良好的氛围与环境。建设中国特色社会主义网络文化，需要从中国特色社会主义事业的总体布局和整体发展战略着手。按照我们党建设先进文化的要求，要着力宣传科学理论、传播先进文化。同时对先进网络文化的建设，要坚持改革创新的时代精神，将网络文化与新科技紧密结合、将网络舆情监管与科学治理、将网络舆情引导与民主建设同时推进。中国特色社会主义网络文化建设，需要我们做到方法科学、方式得当、理念先进，从而保证标本兼治，以此来增强中华民族的向心力和凝聚力。

（二）加强文化阵地建设，净化网络舆情的传播空间

在互联网时代，文化全球化的效应给各个国家都带来了影响或者冲击。文化阵地建设，事关国家的文化安全与政治稳定。加强文化阵地建设，净化网络舆情的传播空间，是网络文化建设工作的重要内容。在移动互联时代，基于网络舆情引导的文化阵地建设，以下两个方面的工作尤为重要。

首先，要加大对传统媒体的重视，放大引导效应。传统媒体相对于网络媒体有着更强的权威性和公信力，发挥舆情主导作用的效果超过网络媒体。在网络舆情传播过程中，传统主流媒体的介入，往往对事件的走向具有重要影响。尤其是在网络群体性事件爆发的过程中，虽然网络媒体和草根网民在披露信息和曝光事件方面的优势明显，但是传统媒体对舆论的推动力量依然不可替代，缺少了传统媒体，尤其中央权威媒体的关注与参与，区域性的网络舆情事件就无法在全国范围内形成互动态势。所以"新老媒体互动"通常是作为网络舆情传播群体性事件爆发的关键因子。这个关键因子由两方面决定：一是传统媒体参与报道的最高级别是否达到中央级别，二是网络媒体互动是全国互动还是局限在一个区域互动。在网络舆情传播的演变过程中，如果传统主流媒体能够在关键时刻给予真相披露、进行权威解读、破解流言谣言，对于化解舆情危机、缓解社会矛盾、扭转网络舆情演变态势具有决定性作用。特别是在涉及公共安全的网络舆情热点事件中，对于涉事网民而言传统媒体的积极参与是众望所归。

其次，坚持文化阵地建设的多样化，保证网络舆情传播的通畅与多元，

也是文化阵地建设工作的重要内容。这项工作首先需要政府转变职能，改变应对网络舆情的观念，用互联网思维与服务民众的态度，对网络舆情不堵、不截、不压、不冷，而是坚持疏导、持续关注、及时互动、勇于担责。具体而言，在当今这个移动互联时代，要首先保障民众表达舆论、反映民情的渠道与平台通畅开放。这就要求政府在加大重点中文网站和电子政务建设力度的同时，应充分重视移动应用、智能手机等新技术、新媒体开拓文化宣传的新阵地。政务微博、政务微信等政务 APP 应用，日益成为政府与网民互动交流的全新平台。只有及时处理网民反映的问题，收集网民的意见，消除谣言、澄清事实，满足民众的信息需求和知情权，努力打造健康向上网络文化世界，才能避免网络群体性事件、突发性事件的恶性传播。

（三）重视高校网络文化建设，加强高校网络舆情引导力度

第 44 次《中国互联网络发展状况统计报告》显示，超过 60％的中国网民年龄在 10~29 岁。同时关于职业结构的统计数据显示，中国网民中最大的群体是学生，所占比例超过 25％。可见学生群体已经成为我国网民中最大的用户群体，学生群体的互联网普及率已达到很高比率。那么，在大学生网络舆情发生和发展的过程中，大学生群体的主体作用毋庸置疑。当代大学生往往会在全球范围内关注某一突发事件或焦点热点问题，并积极表述个人对该事件或问题的观点和看法，继而引发网络上的热烈讨论，并最终趋向于某一观点和看法，形成网络舆情。可以说，网络舆情为大学生表达思想、发表评论、参与社会事务提供了良好的平台。

从意识形态角度讲，网络舆情是意识形态的一个重要组成部分。当前高校意识形态的传统阵地传播效果减弱，互联网新媒体的影响力越来越强。高校网络舆情研究与思想政治教育的关系密切。思想政治教育是指一定的阶级、政党、社会群体遵循人们思想品德形成发展规律，用一定的思想观念、政治观点、道德规范，对其成员施加有目的、有计划、有组织的影响，使他们形成符合一定社会、一定阶级所需要的思想品德的社会实践活动。高校网络舆情与高校思想政治教育虽属不同的研究范畴，但在引导大学生树立正确价值观的层面却具有高度统一性。一方面，网络舆情研究为思想政治教育有效开展提供重要参考，能够提升教育的效果与高度。特别是高校网络舆情研究与分析的成果，往往能够揭示高校师生的思想动态、价值倾向。另一方面，思想政治教育为网络舆情研究提供全新视角与理论支撑，有利于对网络舆情的疏导，更符合社会舆论导向的要求。

三、网络舆情与文化治理

(一) 文化在网络舆情治理中的作用机理

网络舆情文化治理的含义,可形象地比喻为,以文化之"药",疗治网络舆情这个社会之"病"。文化治理是以文化的强大社会功能和天赋的柔性特质,对网络舆情施以预防、疏理、引导、化解、转化、调节及治后的社会肌体、社会心理的调理与康复,形成网络舆情文化治理的独特模式与理念。那么文化的作用具体体现在哪些方面呢?第一,文化铸就民族精神。文化是民族传承绵延的精神血脉和民族认同感和归属感的精神纽带,是孕育民族气质、民族品格的精神 DNA。民族文化越深厚、民族精神越先进,民族凝聚力和创造力就越强大。第二,文化提供了价值体系,它为社会系统的运行提供了指南和旗帜,为人们的日常实践建立了规范与标准。第三,文化引领时代风尚。每个时代的时尚与潮流都不同,人们的生产活动和生活方式因此而不同。实践活动是文化的组成部分,文化是改变人类行为的深层动因。第四,文化提升文明水平。文化是文明的基础,文明是文化的外在形态。文化推动文明的进步,社会主义文化蓬勃发展,促进了我国物质文明、精神文明、政治文明的全面提升。

以文化之"药"应对网络舆情这个社会之"病",其作用机理是文化在互联网载体上,借助网络传播的特点与优势产生以乘数效应倍增的文化张力,塑造网络世界中舆情信息传播的自我调节能力,进而对网络舆情发挥治理作用,这些作用包括消解负面舆情、化解舆情危机、控制舆情演变、营造利好舆情等。简言之,以文化的力量治理网络舆情,一方面是由文化的功能促使舆情信息传播自主调节,一方面是受文化作用的网民按照文化的指引并依托文化的力量主动参与、认知、评估网络舆情。对于网络舆情"病"而言,文化之"药"可算是重调理、讲养生、求平衡的中药。因为文化治理是一种基础,是通过文化对网民的教化作用而影响网络舆情传播。也可以说文化治理网络舆情的实质作用机理,是通过治理"人心"来实现的——文化就是人的良心。其次,文化治理主要是发挥舆论引导与舆情转化作用。在网络舆情传播突发性事件爆发以后,组织和调动网络文化的力量,可以调节网络极化情绪、阻断网络舆情突变的条件、降低网络舆情恶性事件发生概率。对负面网络舆情危机的出现,用文化去解析负面网络舆情的诱因与动因,有化消极因素为积极因素之效。同时可以依托网络文化孵化正面舆情,使文化回归本位、舆情回归主流。文化的柔性力量与温性效果,可以丰富主流舆论的内涵,增添正向舆论的风采,凝聚民心,启发民智,汇聚民力,集聚社会前进的力量。

透过网络文化的诠释，借力网络传播的优势与力量，可以使正面网络舆情升华为彰显社会道义与责任的核心价值观。最后，文化治理可以实现治后的康复作用。舆论是社会的皮肤，网络舆情危机好比是社会经历了一场病痛，此时社会肌体与社会心理都需要疗养与抚慰。文化治理的作用，此时就是促进社会整体的康复，这对于社会长足的稳定与发展而言特别重要。

（二）倡导文化治理模式，提升网络舆情治理效力

网络舆情文化治理，是在已知网络舆情属性与类型和文化作用的基础与前提下，对网络舆情以文化引导、化解、转化等主动干预，实现网络舆情的有效治理。这种模式，可称之为网络舆情预期管理。"预期理论"是经济学中的概念与理论，在经济学、金融学领域被广泛应用。其核心思想是，在不确定因素影响经济变化的情况下，凭借已知信息、知识、经验，预先对未来某时间的经济给出一个预期值，并在动态过程中修正预期值与现实值的偏差，继而提出新的预期，最终实现预期值与现实值误差为零。根据这一理论，可将网络舆情预期管理的定义表述为：以预期目标和主动干预而形成的管理机制与模式实施的对网络舆情的管理。它是"预期理论"的借鉴及其在网络舆情治理上的应用。它的含义包括：第一，它以确定性为前提，以预期目标做驱动，以网络舆情已知规律、已有信息、管理经验和知识为基础；第二，它以主动干预的策略，依靠文化教化的作用，寓管于教，以确定性因素化解、引导、干预不确定性因素，牢牢把控舆情沿着预期方向变化；第三，它以"预"为纲，化为预测、预评、预警、预案、预期，分布预期管理各环节，各尽其能；第四，它以动态和过程兼顾的管理，动态调整预期和干预力度，以实现预期目标与现实的一致。可以说，网络舆情预期管理，是对网络舆情文化治理的本质把握、科学概括与理论表述，它强烈反映了一种新的理念，即预期管理理念。

预期管理理念可推动和指导网络舆情治理模式、思路、机制、方法上的升级或创新。它提示网络舆情治理综合化的不可逆发展趋势，即网络舆情分类治理、动态治理、过程治理相结合的模式，是网络舆情治理的基本模式，强调舆情事前治理是重点，主动干预是关键，舆情预防是基础。在治理思路上，贯彻"预防为主，应急为辅；引导为主，治理为辅；建设为主，防治结合"的网络舆情治理思路，利于分清缓急轻重，兼顾当前与长远，利于建立和形成网络舆情治理的具体原则与策略，指导网络舆情治理实践。在治理机制上，实现现实世界与网络世界的互通，消除现实世界中管理者对虚拟世界认识的种种隔膜，管理者以实名或匿名现身于网络。尽管实名或匿名在网民

心理层面影响不同，但因为对话、交流、互动是平等的，淡化了身份反而容易促成服理服管，这是人性化管理的细节要求和柔性化管理的优点所在；网络舆情文化治理是人性化和全员参与的治理机制雏形，在预期管理理念看来，它还需要发展和完善。在治理方法上，网络舆情的文化治理体现了"以文防舆、以文化舆、以文治舆、以舆制舆"的治理方法，从方法论的角度而言，它无疑是体现预期管理理念的有力佐证。

四、网络舆情与文化安全

（一）网络舆情传播对文化安全的正面效应

提到文化安全，通常是指两个层面上的问题，一是指主权国家文化外界的现状不存在文化威胁，即文化保持独立性；二是指国人的文化心态、心理不存在恐慌、害怕、担心等问题，具有文化自豪感和影响力。前者是针对外来文化威胁而言，主要站在维护国家利益的立场上；后者是针对国内社会心态而言，主要是基于社会发展与稳定而提出。网络舆情传播是文化传播的一个重要组成部分，它打破了国家与地域的界限，在全球化与信息化的裹挟之中，给中国文化带来了机遇也带来了挑战。

第一，网络舆情加速各种关系到最广大人民切身利益的制度的完善。互联网的开放性、多元性、平等性、便捷性，使得网络舆情信息的传播愈发丰富、快捷、通畅。在网络舆情信息传播的过程中，特别是重大事件和突发性的新闻传播中，越来越多的民众可以参与对事件的评论，发表自己的意见，引导和影响社会舆情的发展。围观是一种力量，参与是一种关注。正是在大家进行广泛讨论的基础上，网络舆情把中国的法治与民主进程不断推向新高度。"孙志刚事件""躲猫猫事件""天津港爆炸编外消防员事件"等，都是通过网络舆论迅速扩散成为中国的热点问题，之后引起政府和司法部门的极大重视，从而促使相关法律法规或政策的调整与完善，同时也给广大国民进行了一次普法教育。

第二，网络舆情传播开辟了了解民意的通道，有利于和谐社会的建设。在传统媒体时代，下情上传的通道较为封闭，表达民意的门槛与成本过高。在移动互联时代，弱势群体、底层民众获得了媒介表达的充分资源，网络舆情成为政府倾听民声、了解民意的一个重要渠道。政府部门越来越重视网络舆情，越来越积极地探讨形成网民与政府的良j生互动的方法、措施。由于网络舆情与公共政策、政府形象、政府决策的关系越来越密切，目前网络舆情已经成为各级政府特别关注的领域。网络舆情能为政府科学决策提供依据。

同时由于通过网络舆情传播，网民反映的许多问题得到了较为妥善的处理和解决，这对于缓解社会矛盾，提高执政效率，构建和谐社会大有裨益。

第三，我国的网络舆情传播在反腐倡廉建设中发挥了积极作用。网络反腐是近几年中国网络传播史上浓重的一笔，曾几何时贪官"谈网色变"，因为网络舆情在督促政府工作中起了重要作用，不少贪污腐败、玩忽职守、以权谋私、尸位素餐的公职人员，在网民通过互联网锲而不舍的围追堵截下被绳之以法。网络舆情能促进对政府公职人员的监督提高社会执法与社会管理的透明度，有利于约束不良之风。网民参与的普遍性和便捷性及低风险性，使得网络舆情俨然一张群众监督的"无形法网"，使很多公共权力的运作被置于阳光之下，有利于促进政府的信息公开，这进一步调动和促进了广大群众参与反腐倡廉的积极性。近年来，全国先后有深圳"猥亵女童"局长林嘉祥、"一夫二妻"区委书记董锋、新余出国"考察门"、微笑表叔等案件，在网民不遗余力地揭露、举报、声讨、呼吁中真相大白、水落石出。这些贪污腐败分子无所遁形，相继落网，大快人心。多个网络反腐事例表明：网络监督已经成为一种新型监督，在党风廉政建设和反腐败斗争中发挥着不可替代的特殊而重要的作用。

（二）网络舆情传播对文化安全的负面效应

文化全球化背景下的中国文化矛盾，主要有本土文化与外来文化、传统文化与现代文化之间的矛盾。走后发型现代化道路的国家都存在文化风险问题，中国也不例外。这类国家文化不安全的表现是：迷失前进方向、主导价值观丢失、社会失范。本土文化与外来文化之间的矛盾，主要源于西方国家在文化的深层结构即意识形态领域给中国带来的挑战：第一，通过互联网有意识地传播其价值观及意识形态，不断对我国进行"西化""分化"，网上思想舆论阵地的争夺日趋激烈，网络已成为西方敌对势力对中国进行政治战、思想战、心理战的工具。以美国为首的西方大国，利用其网络传播的技术优势，开动巨大的宣传机器，企图在互联网上对中国进行渗透和颠覆。第二，传统的政治斗争手段在互联网上以新的高效方式再现，利用网络串联、造谣、煽动比在现实中容易得多，隐蔽得多，快速得多。所以各类人以互联网为主要工具，造谣污蔑、恶意炒作，煽动滋事，妄图挑起社会矛盾，破坏社会政治稳定。第三，借助互联网，西方腐朽的思想观念、生活方式、淫秽色情等有害信息源源不断传播到中国来，严重搅乱网民心态、污染网络环境、扰乱网上秩序。

反映西方意识形态的大量信息，带着强烈的政治色彩和意识形态色彩从发达国家流向发展中国家，从强国流向弱国，这一规律性的历史挑战摆在我国人民面前。这种"媒介帝国主义"或者说"文化帝国主义"造成的后果，是国家新闻传播的选择权、解释权都在发达国家的记者、编辑手中，写作角度、文章基调、表达方式、内容含义都是遵循发达国家的价值判断与国家利益，这种新闻信息最终将影响受众的认知与观念。由于信息是文化的一种形式的代言人，因此信息的侵略直接导致"文化侵略"。那些附着西方价值形态的信息大量流向中国，深受其害的首先是中国青少年。当代的中国青少年，越发远离传统文化，对其精粹一知半解。由于民族传统文化远未在青少年思想上扎根，因而在外来网络信息洪流的淹没中难以产生免疫力和识别力。为此在建设有中国特色的社会主义道路上，我们要特别警惕以美国为首的西方大国，对其充分利用其信息控制权和影响力保持警醒。以美国为首的西方大国极力向世界特别是仍坚持走社会主义道路的中国传输西方资产阶级的意识形态、政治制度、价值观念、文化思想，进行"文化扩张和文化侵略"，实现其"不战而胜""和平演变"之梦想的政治图谋，这种阴谋由来已久，并且一直虎视眈眈。携带西方意识形态色彩的网络信息一旦汇聚成网络舆情，往往对我国传统的价值观念和道德伦理带来冲击，从而威胁社会稳定。

此外，网络舆情对网络文化安全的负面效应，还有以下三个方面：第一是网络虚假、低俗信息泛滥影响了社会的进步和社会的稳定。由于绕过了传统媒体"议程设置""把关人"等功能程序，种种负面信息尤其涉及色情、暴力等低俗、恶俗消息充斥网络；流言、谣言、极端言论四处蔓延。长此以往会严重影响社会的进步和稳定。虚假信息和极端思想在互联网上聚集、发酵，网络舆情的信息来源千姿百态、良莠不齐，甚至莫名其妙，干扰了网民的正确判断，严重时扰乱了正常的社会秩序，对国家和社会的安定团结形成了一定的威胁。第二是网络枪手、水军的造势颠倒了是非曲直。这类网络寄生虫建立网站和专门机构雇用网络写手制造和利用网络谣言，对社会热点难点和敏感新闻进行炒作，引发网络舆情热点事件，严重误导网民思想，使网络舆情显得异常复杂。这些不合实际、不负责任、为个人私利的舆论造势，干扰了网民的正确判断，甚至于扰乱了正常的社会秩序。第三是网络舆情传播过程中触犯法规，侵犯他人隐私权的行为屡有发生。由于网络传播的匿名性与开放性并存，针对关系到个人利益的事件，可以随意发表和散布一些不合实际、不负责任、极端片面的个人主义色彩浓厚的言论。大多数网民在并不了解事情的真实过程、全面情况、因果关联的情况下，轻率出手、意气用事、草率判断、轻易介入的上网行为频发，其结果往往是置法律于不顾，随意进行个人道德审判。网民们往往通过"人肉搜索"公开成群结队肆意评论、妄加推论，导致铺天盖地的舆论暴力、网络谣言蔓延，甚至有网民通过各种方式侵入当事人的私生活，给当事人的生活和工作带来极大的困扰，超出了正常法律范畴。

(三)基于网络舆情的文化安全预警技术

在互联网世界，持不同政见者或反叛者可以在网络上攻击政府，进行颠覆政府的活动；邪教组织和恐怖主义利用网络媒介大肆宣传反社会和反人类的思想、进行各种反社会和反人类的活动；色情、传销、诈骗组织在网络中四处串联、不断翻新花样进行犯罪活动……这些现象短期内在互联网世界中还难以有效根治。与此同时，中国网络舆情传播实践活动中还存在一些特殊情况：一是中国由于经济发展不平衡，在欠发达的西部、边区、老区、少数民族聚居区，还处在相对封闭、落后的社会环境中，特别容易受到外来思想文化的冲击；二是目前中国正处于社会转型期，矛盾容易激发，社会不稳定因素较多；三是少数社会管理者对于舆论习惯于回避或堵塞，互联网治理水准不高。因此网络舆情这把锋利的"双刃剑"，对社会、经济、生活产生的影响越来越大。在互联网迅猛发展的今天，采取切实有效的网络文化安全传播策略，加强网络舆情与文化安全分析技术研究，是至关重要的。

要保障网络文化安全，实现全面、准确、深入、及时地掌握网络舆情，必须依靠科学的方法体系。在当代特别需要运用信息化手段，构建网络文化安全监管系统。其中，网络文化安全预警系统是重要组成部分。网络文化安全预警涉及多项技术的综合应用，包括搜索引擎技术、Web挖掘技术，尤其是文本挖掘、信息过滤技术及自然语言理解技术。网络文化安全问题已经逐渐被各个国家所重视。每个国家都开始逐步建立起自己的安全预警平台。网络安全预警平台是指通过监控网络信息，采集数据信息，并对其中敏感数据进行有效、合理分析，发现潜在的威胁，发出预警信号，为网络监管部门提供可靠的安全数据。大体上来说，网络文化安全预警系统自底向上主要可以分为五个层次：信息获取层；内容挖掘与理解层；倾向分析与隐患探测；统计分析层；文化安全评估层。主要实现功能包括：获取大量的网络数据，建立相关数据库；进行整理与深层挖掘，对获取的信息进行识别、分离和理解；对识别出来的内容分析其倾向与隐患；进行综合统计分析；根据预先设定好的指标，过滤出不健康信息、找出社会热点并做出相应的预测。

网络文化安全预警系统是由人、机和环境构成的人机系统，采用"人网结合、人机结合"的模式，将各行专家的经验、知识与先进的数据挖掘、检测与阻断、模式识别、趋势分析等处理技术结合起来，充分发挥各自优势，建立基于"专家群体+数据信息+计算机技术+专家经验知识"的系统应用模型。这种模型保证了对互联网海量信息监测的深度、广度、精度、力度和速度。网络文化安全预警系统是在现代传播科技的基础上，运用人工智能、数据挖掘等先进技术，对无序、海量、杂糅的网络舆情信息进行智能分析和智能决策。预警系统能够发现网络热点问题并实时跟踪，从而实现对网络文化安全态势的预报和对危机的快速反应，从而有效控制危机事件的发展态势。随着科学技术的不断完善与进步，网络文化安全监管系统的科学性、先进性、智能化程度都会提高，预警的准确率也会大幅度提升，届时恶性的突发性事件、群体性事件都能得到有效防控，从而实现网络虚拟世界与社会现实世界的长治久安。

第四节 网络舆情与社会变革

一、社会转型期网络舆情格局

塞缪尔·亨廷顿曾指出："现代化孕育着稳定，现代化过程中也滋生着动乱。"亨廷顿提出的命题在某种程度上反映了目前中国社会发展的现状。近几年我国频繁发生群体性事件，经过互联网的发酵，社会失序风险加大，治理难度增加，影响了我国和谐社会的构建。

（一）转型期的社会矛盾特征

转型是一个主动创新的过程，一般是指某种事物发展方式、结构形态根本性转变。对于社会转型，陆学艺、景天魁在《转型中的中国社会》一书中认为，社会转型"是从计划经济向市场经济转型；从农业社会向工业社会转型；从乡村社会向城市社会转型；从封闭半封闭社会向开放社会转型；从同质的单一性社会向异质的多样性社会转型；从伦理社会向法理社会转型"。该观点得到学界普遍赞同。

我国社会转型因为地域上面临城乡二元社会，东、中、西部差异较大，各自构成自己的发展模式，所以是以双重叠加、多元复合的形式促使社会发生变化。不同领域的改革形成复杂的互动，一起推进社会的转型，决定了转型期社会矛盾纠纷呈现出多元性、复杂性、群体性等特点，具体表现在：

1. 从社会矛盾的主体看，不同的利益群体相互博弈

改革开放带来巨大社会变迁，人口流动日益频繁，矛盾主体关系出现多元化。社会冲突的各主体在数量上逐年增长，流动频繁。各主体在现实生活中还表现出跨阶层、跨行业、跨地域、跨国境等特征。个人、组织、行业、

城镇、乡村、区域、境内外等之间的利益差距，既有自然人的表达诉求，也有法人、群体利益诉求；既有垄断行业引发的矛盾冲突，也有境内外主体、机构引发的矛盾。在社会转型期，各经济利益群体的分化不断加剧。如农民工群体，为了融入城市，由争取流动权向移民权努力，私营企业主群体在要求获得经济主体的同时，还要求政治参与，失地农民群体除了要求经济补偿外，要求更多的社会、就业保障等。这些群体之间形成了不同利益诉求、利益冲突，相互博弈，已成为一种普遍的社会现象。

2. 从社会矛盾的趋势看——群体性事件频发

在日常生活中，如果自发的、轻微的矛盾纠纷不能得到及时的、有效的解决，在互联网力量的作用下，很可能转化为有组织群体性对抗，演变为破坏社会正常秩序的群体性事件。据不完全统计，1993年我国群体性事件为0.87万起，2003年5.8万起，2007年逾10万起，中国官方在2008年之后不再公布具体数据。近几年数量略有下降，每年约达数万起。但群体性事件还是呈高发状态。目前，社会矛盾主要集中在在就业、收入分配、民间金融、社会管理等方面。从汕尾红海湾事件到乌坎、石首事件，从厦门、宁波、福建等地反对PX项目到江门核燃料棒项目搁置等事件，都反映部分矛盾主体容易冲动、不理性的特点。在表达利益诉求的过程中，往往故意采取过激手段，煽动不明真相主体，加剧矛盾冲突，力图通过引起轰动效应求得解决，严重破坏了社会的和谐稳定。

3. 从社会矛盾的焦点看——政府成为矛盾冲突的焦点

传统社会除阶级冲突和民族冲突外，民间冲突主要表现为婚姻家庭矛盾、邻里纠纷、民间债权债务等类型；而在我国现代化社会进程中，政府承担了过多的责任。在经济管理领域，既要考虑效益，又要考虑公平。在许多领域，政府既是裁判员，又是运动员。比如医疗纠纷，公益医院由国家创办，医疗事故鉴定组织一般由医学会组织，而医学会更多的时候有官方背景。现实生活中，在交通、城管、工商管理等行政管理和执法中滥用权力，存在乱收费、乱罚款等违规现象，个别地方甚至形成黑色"执法产业"，侵犯群众合法权益，严重伤害了群众感情，导致政府公信力下降，使政府成为社会矛盾的焦点。

4. 从社会矛盾的技术手段看——网络技术成为矛盾的催化剂

信息技术的进步，电脑、手机加网络使全球成为一个"村落"，同时也造成了信息的爆炸，大众从受众转变为传播者。网络给人们的信息交流提高了沟通、表达的平台，改变了人们的存在状态。在互联网上，相同或相似的价值观、利益的个体组成网络社群。在群体性事件发生时，矛盾冲突的双方都采用高新技术，运用网络进行动员，相互联络，发布各种各样的信息，真假参半,蛊惑人心,有的还故意制造谣言,线上线下联动。影响舆论,为矛盾冲突推波助澜。

(二)转型期网络舆情格局

随着微信、微博、SNS 等社交媒体高速发展,媒体形态格局发生很大变化,新老媒体融合趋势加快,移动互联网已成为网络舆情的新生力量,形成多元舆论格局。转型期网络舆情格局变化主要有:

1. 主流媒体舆论场弱化

约瑟夫·奈在《权力大未来》中指出:信息革命改变了权力的本质,加速权力的扩散,"网络权力"成为权力的新态势。当前我国的舆论表达格局是一种多元化格局,主要存在三种舆论场:主流媒体、民间和境外舆论场。以党报、电视台等为代表的主流媒体舆论场,表达的是主流的价值观和国家的意见。由于主流媒体报道时受到的限制较多,民众的声音未能及时反应,降低了其舆论监督作用。由社会化媒体组成的民间舆论场,空间相对宽松,主要由意见领袖和网民组成,尤其是微博、微信等自媒体的成长,民间舆论场正在逐渐主导社会舆论议程。

境外舆论场主要被西方发达国家操纵,对中国热点事件的解读通常是标签化、负面的,往往使我国在国际社会的形象受损。主流媒体舆论场正面临着民间舆论场、境外舆论场的"合围"。

2. 新媒体抢占舆论主场

随着微博、微信等自媒体的迅速崛起,我们面临着一个新的舆论生态。传统主流媒体不再垄断信息源,加上新闻报道受到限制较多,网络爆料成为网络新闻的一条重要途径,"两微一端"开始主导社会舆论。

网络时代的受众更加具有主观能动性和自主选择性,不仅成为了内容消费者,还成为了内容的生产者和提供者。另外,社交型新媒体便捷、互动性强,突出了受众的地位。比如 2016 年高考减招事件中,江苏、湖北出现的微信直播,由于微信社群信息流通的便捷性,迅速传递事件第一进展,不仅引起当地考生家长的强烈反应,还迅速引起全国关注。社交型新媒体打破了传统媒体的新闻壁垒,制造舆情话题已成为常态。

数据分析结果显示,主流媒体、政务和行业自媒体在舆论场上都具有较高的活跃度,但行业自媒体在微信平台日均文章阅读数、日均被点赞数都遥遥领先。

3. 政府与社会良性互动格局初步形成

随着互联网政务的不断发展,政府与社会的互动日益频繁,以往遭网民围观、吐槽被动局面正在改变。政务微博微信、主流媒体的"两微一端"和民间"网评员"在政府管理上逐渐改变了网民对政府和党媒固有的印象，政府与社会互动日益频繁，政府影响力和话语权重新得到提升。

2003年5月在山东开通第一个网络问政平台"网上民声"，2006年人民网《地方领导留言板》是全国的互联网官民互动平台，2008年人民网开办中央、部委领导留言板，网友可以通过留言方式反映情况。2003年1月，于幼军与网友"我为伊狂"的见面，开启了高官与网民对话的先河。截止2018年底，经过微博平台认证的政务微博达到17.6万个。其中政务机构官方微博13.8万个，公务人员微博4万个。政务微博的规模继续稳定增长，并朝矩阵化、专业化、垂直化的方向发展。

二、社会转型期网络舆情风险

（一）转型期网络舆情风险的表现

1948年，拉扎斯菲尔德和默顿发表了《大众传播、大众鉴赏力和有组织的社会行为》一文，指出："大众传媒作为一种工具，既可以为善服务，也可以为恶服务。如果不适当加以控制，为恶的可能性则会更大。"在社会转型期，舆情作为民意的晴雨表，逐渐成为人们判断社会、政府管理决策的重要参考。各种不同的利益主体，政府、企事业组织和公民在从事社会管理和经济活动的时候，同样面临来自社会和网络的各种虚假和负面信息，如果处理不当，可能会引发舆情危机，产生舆情风险。

网络舆情风险主要表现在以下五个方面：

1. 网络群体性事件威胁社会稳定

目前，官员腐败、劳资纠纷、食品安全、环境保护、校园暴力、医疗教育等属于网络群体性事件的多发区域，一有"导火索"，通过网络平台的不断论争和辩论，往往引发"群起而攻之""人肉搜索"和"人格辱骂"现象，有可能使个案演变成群体性事件。

当今社会，官民关系、贫富差距、仇富心态、医患矛盾、权益纠纷等社会矛盾依然是舆情压力的重要来源。特别是一些弱势群体，比如未成年人，尤其是留守儿童、失地农民、农民工群体很容易引起公众的同情，并引起舆论的关注。网络群体性事件的影响可以是正面，也可以负面。由于互联网的存在，其影响的深度都超过以往的一般群体性事件。如果对其处置不当，网上网下联动，很容易扩散成社会群体性事件，对政府和社会带来巨大冲击，影响社会稳定和谐。

2. 政治类谣言威胁国家安全

政治类谣言主要涉及政府官员、政府治理、政治制度、国家安全等，相比于其他网络谣言，更能够引起公众的共鸣。特别是敌对势力和反动分子为了他们的非法目的，煽动不明真相公众的不满情绪，将虚假消息、反动言论、政治谣言无限扩散和放大，公众受到其引导，会产生消极、抵制政府的情绪甚至是暴力行为，严重的会造成民族冲突，威胁社会安全。

由于社会公众普遍存在仇官、仇腐心态，网络上只要出现政府官员的腐败问题，很快就会被迅速放大。形成一边倒的舆论趋势，甚至被别有用心的人利用，引发政治风险。如"军车进京"、某某官员贪腐等严重影响国家政治形象。

部分利益团体利用国内外社交网站，传送虚假信息，甚至直接制造谣言，引发人们恐慌，导致社会动荡，威胁国家安全。2008年拉萨"3·14"事件发生之后，西方媒体歪曲事实报道，误导受众，丑化中国国家形象。2009年新疆暴力恐怖袭击事件，就是分裂分子通过境外网络，煽动网络舆论，制造动乱。

3. 网络虚假信息降低社会的公信力

随着自媒体的发展，部分自媒体平台已经成为了虚假信息的源头。尤其是微信朋友圈、公众号充斥大量虚假消息，某老人或小孩走失的求助陷阱让爱心受伤，酸性体质是万病之源等伪科学对人们日常生活进行误导，人贩子进京等邪恶信息制造恐慌，部分企业利用朋友圈虚假宣传等。这些事件不仅弄得人心惶惶，混淆视听，更损伤着网络媒体自身和社会的公信力。

少数新闻机构和记者为自己的利益或吸引眼球，放弃道德和责任的底线，不核实新闻源，直接加以报道，这是产生虚假新闻的一个途径。还有的新闻工作者为了名利，制造假新闻。在每年的"十大假新闻"中，都会出现媒体单位未核实消息新闻源的假新闻。如北京电视台《透明度》报道的纸包子事件，湖南"都市—时间"播出一则长沙股民炒股失败自杀的新闻，中国青年网报道一名上海游客因在欧洲留下"不文明游客"记录，十年美签被美海关官员作废。对"收彩礼超八万算买卖人口""3岁男童遭同学奶奶剪4颗门牙""沈阳废墟陈尸多具30警车到场"等虚假新闻，进行直接报道或转发。从而引发网络媒体的转载和社交媒体的讨论。新闻媒体不管什么原因制造虚假失实报道，其后果是必将失去人们对其的信任。

4. 网络舆情冲击社会价值观

网络媒介对社会管理最为深刻的影响，是加剧了社会整体价值观的分裂与冲突。网络给网民发出自己的声音提供了平台，通过网络社群的聚合，每一种声音都能很快找到自己的支持者，并吸纳彼此的意见，壮大自己的意见队伍。这意味着整合民意和达成共识的难度增大，网上多元价值观冲突加剧。其中较为常见的是"五毛""美狗"骂战和地域攻击。在一些具有倾向性的网站，如中国选举与治理网、大旗网等。各种思想流派的学者纷纷引经据典，发表自己的观点，尤其在发生重大事件的时候，不仅以网站、微博、公众号为阵地激烈地交锋，还频现微博约架，尤其是某些意见领袖，如果发表言论不当、过激，造成的负面影响更大。如孔庆东骂港事件，内地游客小孩在香港地铁进食，被当地乘客劝阻，双方展开骂战。他的言论引发港人的愤慨，部分港人响应Facebook的号召到中央人民政府驻香港特别行政区联络办公室抗议。思想和观点的对话与交锋，对于人们价值观的培养有重要的促进作用，但如果某些意见领袖言论过激，往往会激化现实矛盾，对主流价值观形成冲击。

5. 网络暴力侵犯道德与法律底线

网络暴力因"高跟鞋虐猫事件"开始广为人知，人肉搜索给虐猫女和视频制作者心理造成很大创伤。网络上热点事件往往会成为网络暴力的话题。当众多网民因为热点事件，搜索某个人信息时，该当事人的身份、学习工作单位、住所、电话、照片等隐私信息很快就会被公之于众，无所循形。"人肉搜索"虽然在打击腐败、遏制社会不良风气发挥了作用，但"人肉搜索"更多的是侵犯了个人隐私。另外，部分网民有的随意谩骂、人肉骚扰，容易造成误伤，在"人肉搜索"之下，很多人名声尽毁，有的因不能承受压力，选择自杀。2008年女白领死亡博客事件、2015年成都女司机被打事件、学生为女老师打伞事件、乌鲁木齐市棒打流浪狗等，网络舆论对当事人造成极大压力的同时，也改变了当事人的生活轨迹。网络暴力因网络的匿名性造成当事人维权困难，真正维权者成功的非常少。网络暴力已经成为互联网上的毒瘤，侵犯道德与法律底线。

（二）网络舆情风险产生原因分析

1. 网络舆情的泛娱乐化

媒体报道新闻事件，本质上应该是客观、真实再现事件真相。但是，有的网络新闻为了争夺公众有限的注意力资源，新闻表现故事化、煽情化，新闻内容刺激性、庸俗性。在新闻标题的选择上更是以吸引眼球为主，故意使用夸张幽默的词语或者善于使用感叹号、双引号等特殊符号来达到目的。如从"艳照门"以来都喜欢冠之以"门"的名义，如赵忠祥代言门、护士门、江南大学香蕉门、李刚门、苏州公交门事件等，尽力从严肃新闻中挖掘娱乐信息，部分媒体"戏说"过滥。从舆情焦点议题来看，议题通常具有消遣性和逃避性，无明显信息需求，如"微笑局长"照片被转发7万多次；哪怕是现实生活中一个令人痛彻心扉的事件，如车祸、地震的发生，生命的陨落，也只是让人们在一时的画面中酝酿眼泪，激扬情绪，画面过后依旧平静地浏览下一条信息。在碎片化阅读时代，人们更多地沉浸于身体感官的体验和享受，在各种舆情发生时，网络舆情的"娱乐化"大于"社会化"，许多人不去追求事实真相。网络在反映和记录这个世界的真实状态的同时，屏幕也会把这种真实过滤得更为短暂和轻松，导致网络舆情趋向泛娱乐化。

2. 网络舆情的过度情绪化

2016年5月5日，安徽《新安晚报》用了两个版面报道《我的右肾去哪了》，事实上，患者并没有真正"丢肾"，而是外伤后右肾萎缩。5月19日，一张医生瘫坐在地上喝葡萄糖的照片被转发。事实是该医生连续工作一整天没有来得及吃东西，靠喝葡萄糖补充体力。看到这种新闻，很多网友会看到医生压力大、资源短缺等问题，然而也会有"这葡萄糖哪来的？免费的还是患者的？""真会做秀，职责所在"。现实生活中，面对各种各样的网络新闻事件，理性的网民寻求事件真相，发出理智的声音。但也有一些非理性声音通过自媒体平台频频发声，更有甚者，理性的声音被淹没。网络舆情变成各方情绪化表达的产物，不再是揭示事件真相。利益诉求是过度情绪化表达产生的前提。各方利益主体站在自己的立场，追求自己以为的利益，政府表现为对社会责任的担当，媒体表现为监督的使命，当事者表达自己境遇的不满，意见领袖们认为追求公平正义。但由于过多情绪化掺杂其中，在表达时最终使事件偏离了正常的发展方向，导致合理利益诉求向不合理利益诉求转化。

在药家鑫案件中，李玫瑾教授认为药家鑫作案动机是激情杀人，受到了很大舆论压力。凡是跟政府官员、学者专家、知名富豪等有关的负面事件，都会引起人们的反对和批判，动辄使用"人肉搜索"，以情绪化的语言随意指责，给当事人带来伤害。万一搞错了，却无人承担责任。

3. 网络舆情的超前化

通过互联网，人们了解到许多的新鲜事物，更美好的生存环境，对理想生活方式的设想便在不自觉中进入了人心深处。特别是生活中发生食品类、环境类、贪污腐败、权力寻租相关舆情，人们就会不自觉地与理想状态的生活进行比较，会出现"一边倒"的倾向，认为外面的世界都是美好而值得推崇的，而眼前的生存状态却是不值得眷恋甚至是可恶的。当我们的生活中出现人们关心的社会民生舆情时，便会出现悲观情绪，甚至对现实生活、制度全盘否定。网络一旦报道出与政府相关的问题，传播和评论界面上马上以自由、民主为口号，指责政府无能与霸道、社会落后和堕落的声音，抱怨和讽刺此起彼伏。其实这是以一种拔苗助长的心态，没有考虑到我国具体国情。

如果任其延续，和谐社会就变得没有可能。我们是需要超前的目标和理想，但是如果不顾国家的实际情况，直接"拿来"主义，那会导致社会的动荡和不安，毁掉好不容易取得的成就。这种超前意识不仅是人们缺乏实践经验、非理性的表现，也是西方对我们进行意识形态渗透的结果。

4. 网络舆情的"群极化"

第44次《中国互联网络发展状况统计报告》指出，我国网民60%以上的为10至29岁，25%为30至39岁，整体来说相对较年轻，生理心理素质较为冲动，容易受群体极化现象影响。网络社会的形成则大大改变了之前的情形，这就致使群体极化现象开始凸显。每个网民不可能浏览和了解网络上海量的信息，大部分情况下人们都是根据既有的心理倾向和印象来过滤和选择自己所需要的信息。网民通过ID之间的结点进行沟通和互动，在网络社群里，彼此之间的信息传递和意见交流却使得原本孤立的个体逐步形成了统一性的话语体系，仿佛大家都成了知音。但是这种一致性的态度和情绪往往又是在彼此既定的、狭隘的世界观和人生观的基础上达成的，理性的推理及证据的认证往往被他们束之高阁，任由这种群体性的情感肆意蔓延，最终会走向认知判断和行为认可上的极端。

从当前中国公民社会建设的现状来看，部分民众对于公民的权利和义务观念认知不足，对于民主和自由的追求还只是停留在量的要求上，其自主和独立的人格并未发展成熟。在群体取向面前，个体意识往往处于弱势，大多数选择从众和随大流，放弃个体自我的反省，盲目崇拜权威，特别是极端的论坛群体中，这种趋势尤其明显。

5. 网络媒体的商业化

随着网络媒体经营意识不断增强，商业化给媒体带来了收益，是媒体做大做强的保证。合理的媒体商业化运行不但可以自负盈亏，还能造福社会。但过度的商业化使媒体失去"社会公器"的责任感，出现红包新闻、有偿新闻等。部分媒体对于容易引发舆情的突发事件的报道，为抓住观众的眼球，不顾突发事件的危害性，进行炒作。

6. 政府应对网络舆情的平庸化

一些地方政府面对网络舆情，应对不力，往往采用躲、拖、瞒、堵、压、粗暴应对，不仅不能化解危机，反而激化矛盾。网络时代，政府无法控制信息源，躲只会让真相变得扑朔迷离，给谣言滋生创造土壤，反而激起网民好奇心，导致质疑在网络蔓延、发酵，舆情危机也就在这个过程爆发。还有的政府对舆情危机是"拖"。危机事件发生，一些地方政府官员能拖就拖，实在拖不下去了，回应也是模模糊糊，非但没有解除危机，反而招来更多质疑和谣言。还有一些地方政府则表现得过分主动，不调查真相，而是果断处理，各种删帖，辟谣，打压舆论质疑，甚至形成恶性循环，引起公众逆反，矛盾激化，加速了危机爆发。究其采取这种处理方式的原因，一方面是由于政府官员思维还停留在传统媒体舆情应对方式阶段，缺乏新媒体时代应对危机的专业素养，同时缺乏敢做敢为精神，怕说了不该说的话，被追责；另一方面是政府公信力下降，社会公众不相信政府所说的真相。

三、网络舆情与社会治理

（一）网络社区自治

1. 网络社区

网络社区不同于传统的社区，对聚会时间及地点没有要求，不需要约定一个时间，不需要存在实际的场所，它是一个虚拟空间。其规模大小不受地域的限制。在这个虚拟空间里，有相同爱好的网民注册用户数达到一定数量的时候，就构成一个网络社区。社区用户进行社区活动的时候，比如发帖、回帖时要遵守社区的自治公约或规范。最早的网上社区是随着BBS的出现形成的，网络社区的发展一般来说分为四个阶段，如图3-5所示。

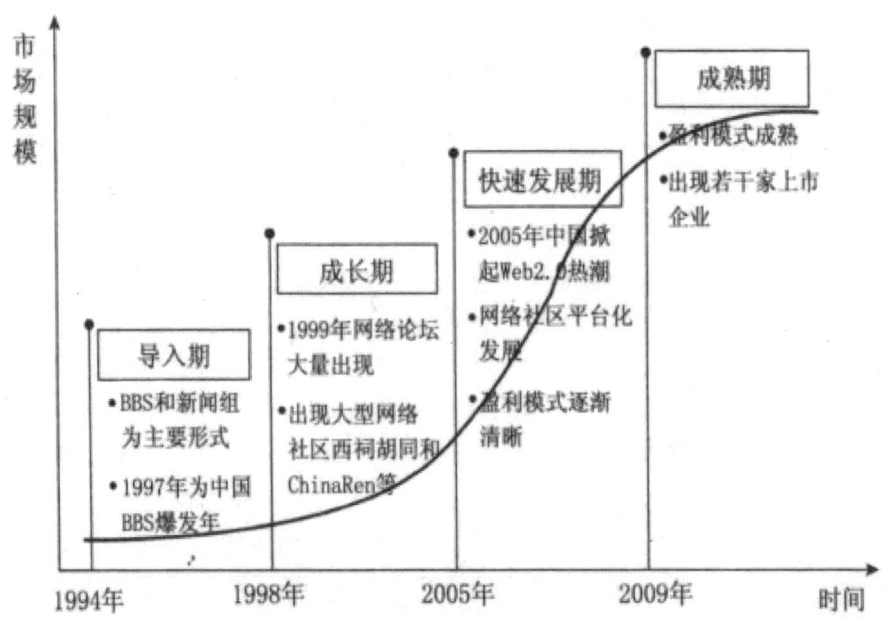

图3-5 网络社区发展的不同阶段

(1) 导入期

由 BBS 和新闻组起步，以老榕的"大连金州没有眼泪"为代表。

(2) 成长期

网络论坛不断涌现、细化。服务内容不再局限于新闻，能满足不同利益群体的需求。以西祠胡同、天涯和 ChinaRen 为代表。同时，大型的网络论坛出现，还出现了垂直类社区。

(3) 快速发展期

在 web 2.0 技术支持下，网络社区出现平台化趋势，盈利模式逐渐清晰。

(4) 成熟期

随着自媒体快速成长，互联网+社区盈利模式开启，实现线上线下互动频繁。2010 年微博，2011 微信的使用，使人与人之间的直接交流进入快速发展期。网络社区的数量非常庞大，截至 2019 年 6 月，网络社区超过 200 万个，微博、贴吧、微信的网民使用率更高，已成为人们了解信息的重要渠道，用户上网行为移动化趋势凸显。

网络社区自主管理通常包括网络管理员和网络用户两个方面。网络管理员自主管理主要是根据互联网使用规范和行业自律，对出现在社区、论坛里的不良信息进行删除或封号，网络用户自主管理是指让用户监督用户的方式，对他人账号上不良信息进行举报。网络论坛一般规定，网络居民的等级除了自身发文、发帖外，还可以举报他人的不良信息来提高。作为网民个人必须要遵守网络空间"七条底线"，维护网络空间的社会公共秩序。在不同的网络社区，还要遵守不同社区的自治模式。在我国一般采用社区自治管理模式，比如天涯社区制度、天涯社区公约。经注册成为天涯社区会员后，会员的言论除了遵守国家法律还要符合社区规则，如果恶意顶帖、灌水、违规发表言论的，社区公职人员有权删除或处罚。

2. 新浪微博自治模式

新浪微博自 2009 年开通以来，微博用户数量呈几何级增长，网络纠纷随之也逐年增加。为了构建健康的网络环境，新浪成立了国内首个微博社区自治公约——《新浪微博社区公约(试行)》。该《公约》规定网络用户，不管你在现实生活中身份如何，都应该尊重他人的安宁权、名誉权、知识产权，不得以各种方式骚扰和侵犯他人。用户应尊重事实，反对造谣和发布虚假信息。对于用户违规行为，建立了公开透明的违规处理机制。

新浪微博社区治理作为是一种新型的网络社区管理模式，强调"政府—企业—网民"共同民主治理。其中，媒体组织主要保障微博运营，社区基本秩序和社区治理由社区委员会负责；政府从宏观层面参与监管；网民根据公约进行自我约束。三种力量叠加，构成自治型的网络社区。

新浪网人民调解委员会是微博自治的一项新举措。于2014年3月筹建，是国内首家互联网领域的调解委员会，是微博争议解决的"绿色车道"。它采用"左手是微博纠纷、右手是网络调解"权利救济模式。运用调解中最常用的说服调解方法，最终引导双方当事人达成调解协议。

微博法庭是新浪管理网络社区的又一项创新。它参照现行的司法制度，借鉴英美法系的陪审团制度。新浪微博法庭的委员，无论是自主招募来的普通委员还是直接挑选的专家委员，其参与行为均为自觉自愿的公民个人行为，他们与新浪之间并非雇佣关系，也未曾被提供过任何有偿审判的机会，其行为完全属于志愿性质。法庭里的"法官"从热心微博网友中招募，负责"审判"。为保证公平、公正，系统自动过滤双方支持互粉数量。微博法庭的审理秉承公开的原则，参加旁听的网民，人数没有限制，不仅仅限于微博用户内部，举证、庭审环节公开。这为建立一个公民信赖的公正健康的公共领域提供了必要条件。微博法庭案件涉及的内容，一般都是用户在使用微博过程中出现的造谣、中伤、诋毁、传播虚假信息等现象，这些案件往往涉及企业、个人利益，有些会涉及社会民生问题，如果处理不当，不仅仅是微博内部纠纷，也会影响我们的社会生活。微博法庭几乎不受新浪官方的管控和干扰，新浪微博只负责根据处理结果对涉事方进行各种相应的处罚，如扣除信用积分、冻结账号或注销账户等。"微博法庭"运行后，对造谣、传谣现象有了一定的遏制。

（二）行业自律与社会参与

每个行业为了自身的发展，回应社会对本行业的道德要求，都会成立行业协会。行业协会作为一个民间组织，它的基本职能主要是协调行业内竞争者的利益。为了减少网络舆情负面作用，可以由政府及职能部门牵头，鼓励成立协会，参与对媒体内容和网民发布信息的管理，让行业协会成为政府与网民沟通的桥梁。比如，互联网协会就可以发挥对网络服务商的监管，运用协会的力量使网络服务商承担起自己的责任。还有通过《文明上网自律公约》，号召网民文明上网，自觉抵制网络不文明行为。2007年实施的《博客服务自律公约》，要求博客用户保证不传播违法、有害、侵犯知识产权和虚假信息等。深圳市网络媒体协会邀请多家网站、网民与学者座谈，探讨制止网络谣言传播的有效方式。这些由行业协会制定行业行动准则和公约，对网络舆情的负面传播起到一定道德约束作用。

对互联网媒体行业自律，还可以借鉴西方发达国家做法，采用激励措施。

美国政府为了支持网络媒体自律,直接采用经济措施,制定《互联网免税法》,规定如果网络媒体自律表现较好,国家将给予2年免征新税优惠。为了获得免税待遇,各个网络媒体都对自身的经营、对网民从技术上和管理上进行了约束。

(三)提高公民新媒体素养

媒介素养"是指人们面对媒体各种信息时的选择、理解、质疑、评估、创造和生产以及思辨和反应的能力。陈力丹教授指出。"构建和谐社会不仅是政府、传媒的事情,更是全体人民(包括各级党政干部)的事情,因而,若要传媒能够在构建和谐社会中发挥更大的作用,需要提升全体人民的媒介素养"……。从网络舆情的扩散来看,广大网民应该是最重要的传播环节,既是网络信息创造者,又是传播者,双重身份决定着网络舆情的治理与公民网络素养程度紧密相关。所谓新媒体素养,主要是网民对网络媒体上信息的使用、获取、辨析、解读能力。为提高社会公众的新媒体素养,增加对舆情信息的辨识能力,可以采取以下措施:

首先,提升社会公众的网络政治素养。将网络文化的内容建设作为推动力,以健康向上的正面效应激发网络文化的社会功能和政治功能,提高公众政治参与意识、参与能力,引导理性参与政治生活。政府要为公众的政治表达提供更多的机会和渠道,对网络意见认真研究及时反馈。

其次,需要加强社会公众对网络信息的认知能力、辨别能力和自主能力。有些网民认为,互联网是一个虚拟空间,在互联网上的发言,不必考证事实的真相,适度的恶搞无伤大雅,仅以能否引发关注为判断标准。所以,不文明上网,娱乐化的网络猎奇、非理性的恶意宣泄、哗众取宠等行为经常发生。为了提高网民的媒介素养,可以通过各种讲座,教育培养广大网民对媒介信息的分析与判断力,让人们对于舆情背后的真相有彻底的了解,从而拒绝去相信和接受谣言,从根本上切断谣言的传播。

第四章 新媒体在突发网络舆情中的作用

伴随信息技术飞速发展,社会舆论的形成流变、传播扩散方式乃至整体舆论格局均产生了巨大变化。作为新的舆论平台,以互联网、手机为代表的新兴媒体地位日趋显著,在推进民间舆情向公共议题转化、个体舆论向社会舆论转化的进程中发挥着重要作用。

第一节 突发网络舆情中新媒体传播的影响因素

突发事件作为一类重要的舆情主题,同样自发地倾向于依托低成本、高效率的新媒体路径进行传播,因此,互联网等成为突发事件舆情的主要发源地和交汇场。在"突发事件"和"网络"两重属性影响下,突发事件网络舆情具有一些引人注目的特征,更加难于预测掌控,影响深远甚至往往直接左右事件进程,特别是当中存在的非理性宣泄、"极化"猜度等负面舆情,经由新媒体平台广泛传播后,给社会的和谐稳定带来诸多不利影响。因此,突发事件网络舆情的监控、引导和应对已成为各界关注并着力解决的现实问题。

一、突发网络舆情的基本要素

从理论研究和实际案例可以看出,突发事件网络舆情在萌芽、传播,乃至成为社会热点、影响社会生活的进程中,有三个核心要素在持续发挥作用。主要包括:

(一)舆情主体

网络舆论传播的主体是指所有能够连入互联网,并可自主发表意见、参与主题讨论以及转发有价值观点的自然人与实体机构。根据当前我国的互联网发展水平和舆论环境,构成舆论传播第一大主体的是普通网民。同时,在新的信息环境下,政府、媒体也作为网络舆论传播主体发挥着巨大影响力。从政府新闻网站到政务微博,政府部门创新管理理念,主动利用网络渠道发布信息,开展互动交流,在近期不少事件中积极开拓出作为空间;媒体则将网络平台作为传播、互动的主要渠道，通过网站、微博、客户端、微信等新终端新载体，以权威、规范、专业性的传播优势成为网络传播中重要的"验证人"和"定音者"。因此，突发事件舆情的演变越来越植根于公众、媒介、政府之间的信息互动，是一个多主体的信息沟通交流过程。从我国当前舆论环境看，作为第一大舆论主体的网民群体复杂多变，更大程度上影响着舆论生态。

1. 网民作为突发事件舆情主体的原因分析

中国互联网络信息中心（CNNIC）将网民定义为："平均每周使用互联网至少1小时的中国公民"。然而随着互联网的发展，有学者指出，"网民主要是一个从网络使用者的行为效果来阐释的概念，并不是所有利用互联网的人就可以被称为'网民'，而是必须在个体自我意识上、对使用网络的态度上、网络活动的特征上以及网络活动的行为效果上等表现出一定特点的使用者才可以被称为'网民'"。这样的界定是符合当前网络舆情实际的，活跃网民以互联网为传播和交流媒介进行着信息消费及生产传播。通过上网获取信息并参与互动，围绕突发事件发表个人见解，表达情绪和态度，扮演着舆情主体角色。

当前，网民之所以成为突发事件舆论主体，且在网络舆情生成传播过程中扮演着越来越重要的角色，主要有两方面原因：

（1）我国互联网发展提供的环境与空间

近年来，随着信息技术快速发展，新的网络应用层出不穷，我国政府在信息化推进领域的一系列政策方针和基础网络设施建设成效也逐步释放，宽带普及和移动网络建设等行动直接带动人们对互联网的使用。在信息技术提供的开放而平等的平台上，网民遍布论坛、博客、微博、微信，他们讨论公共事件、表达各自观点、传递新闻资讯，人人都有麦克风，人人都有发布台。网络的便利性使公众在参与话题讨论、形成舆论的过程中，能够以较低的成本获得较丰富的参与体验，网络的匿名性更是为个人发表意见提供了安全保护，尤其是当个人处于明显弱势的情况下，网络可以让个人大胆地畅所欲言。特别是在社交网络蓬勃发展之后，在一系列热点事件中，网民以当事人、旁观者、知情人、围观者、助推者等身份参与到传播中，推动信息沿着社会网络的特殊结构病毒式传播，成为当之无愧的网络舆论主体。

（2）传统民意交流渠道的缺失

在我国，公众参与突发事件讨论时可选择的传统渠道是媒体或政府相关部门，但媒体往往受到版面、时段容量限制，且无法实现即时互动，并且经过编辑流程二次编码后，往往无法还原公众对突发事件最真切直接的情绪、态度等表达要素。同时，政府有关部门"下情上通"的功能由于种种原因已逐渐消解，甚至在公众心目中形成不良刻板印象。这样的背景下，随着我国互联网信息化水平的全面提高，公众利用网络参与舆论表达成为常态。分散、多元的信息生产传播模式在很大程度上成为网络舆论场上的主导，以意见领袖为代表的网民主体通过对舆情热点的评论、传播，在网络空间中体现出强大的传播力、影响力。

在这样的背景下，我国的网民数量呈快速增长态势，且普遍具有较高信息素养。同时，在网络舆情的生产传播过程中，与网民为主的主体间互动和对话更为频繁，网民可以通过微博、微信、论坛等多种工具参与到突发事件舆情的生产和传播中，借助网络媒体的传播特性和强大服务功能来表达舆情。例如，新闻网站大都提供分享或评论功能，网民在浏览新闻后，可以跟帖发表自己的观点，也可以跟帖互动，围绕热点丰富信息、不停地"盖楼"，形成独特的舆论表达景观。

2. 网民在突发事件舆论场上的角色与作用方式

在参与突发事件舆论表达的过程中，不同特质的网民扮演着不同角色。有学者依据在网络突发事件面前的行为特征，将网民类型分为潜水型、转发型、复合型、争论型和领袖型等，其中，潜水型网民倾向于选择沉默式浏览，不愿发表自己的观点与意见，继而成为议题信息的提供者；转发型网民对于信息价值的评价方式是通过技术手段对其进行转帖或转发，但不掺杂自己的意见，承担了一定的舆论传播作用；附和型网民倾向于发表附和性强但建设性有限的言论，对舆论传播有推动壮大的功能；争论型网民不再满足于作为旁观者或附和者，而更加勇于表达自己的观点，作为网络舆论的生产者和推动者出现。领袖型网民则具有更高的活跃度和积极性，往往在事件之初或重要节点发表言论，表明立场，作为网络舆情的主要发动者和推动者，与争论型网民共同对舆情传播的导向与基调产生重要影响。针对突发事件，相对习惯于选择沉默式浏览的转发型、潜水型网民，更多的网民还是愿意表达自己的观点和情绪。

也正因为如此，在互联网上的"意见自由市场"中，每个网民都获得了畅所欲言的机会和平台，其中不乏理性的、建设性的看法和观点。但也存在不少情绪化宣泄，从而使网络舆论表现出非理性的一面，正如有学者概括的，"网民是多种情绪、态度和意见的持有者；网民所表达的舆情不能被视为全体民众的情绪、态度和意见"。此外，针对突发事件，网民发起的人肉搜索、集会等群体性事件也往往给身为舆论客体的个人或组织造成巨大的现实压力。当这种压力处于正常范围内时，可以推进事件的良性进展，但当压力失控时，可能会危及个人的生命安全，造成组织尤其是政府的形象危机。从一些案例中，我们也可以发现，社会群体中分化出来的"新群体"与现实生活中的舆情主体正在发生交叉和重构。这些，都成为当前我国网民作为突发事件舆论主体所表现出的显著特征。

（二）舆情客体

突发事件网络舆情的客体是指在互联网上引发高度关注并掀起巨大舆论热潮的热点事件、焦点问题，一般而言，这些事件具有较明显的公共性和争议性，既包括政治、经济、社会变革等宏观议题，也包括具体的交通事故、司法判决等微观话题，通常涉及公共事务、社会矛盾、群体冲突等网民广泛关注的热点、焦点问题。近年，多项统计分析结果表明，突发事件通常是年度最热舆论话题。是当前最重要的一类舆情客体。

随着我国社会转型加快，社会发展多样而复杂，新旧矛盾交织，利益调整深刻，不断变动的社会现实使社会心态变得复杂、脆弱，很大程度上致使突发事件网络热点舆情频发，且范围不断扩大。公众对议题高度关注，并在网络上予以交流和辩论、发表评论和观点，从而形成了突发事件网络舆情。"不仅是生态恶化、金融危机等全球性风险的威胁，同时也面临着重大自然灾害、安全事故、贫富分化、公共卫生、群体性事件等国内社会结构和体制性风险。"2007年11月施行的《中华人民共和国突发事件应对法》对"突发事件"做了比较全面的概述：突发事件指突然发生，严重威胁与危害公共利益与公共安全，造成或者可能造成严重社会危害，需要采取应急处置措施予以应对的自然灾害、事故灾难、公共卫生事件和社会安全事件。

突发事件自身的这一定义揭示出其最突出的特点，即不可预料性，其发生往往完全没有任何预兆，因此事件发生后，往往令人措手不及。其次是较强的破坏性，每年，我国因突发事件直接造成的人民财产损失都高达几千亿元，对于社会生产和人民生活产生了重大的破坏作用。第三是突发事件的复杂性，突发事件的爆发往往是某种矛盾的凸显，而这种矛盾所涉及的因素常常是多种多样的，如自然因素，人为原因等。同时，这种矛盾的爆发不局限于单一行业和领域，往往在政治、社会、财经、公共卫生类等各领域相互勾连融合。同时影响到各个方面，严重破坏人们的生活、社会生产，社会秩序稳定。第四是空间上跨越地域限制。互联网传播的及时快捷，使得网民对突发事件的关注不再仅仅局限于国内，国际突发事件同样会通过互联网迅速传开，成为互联网上的舆论引爆点。随着改革步入深水区，今后一个阶段仍将为突发事件的多发期，其分散化、多样性的特点将会展现得更为明显。

（三）舆情载体

近年来，互联网影响力传播力与日俱增，应用方式不断拓展，用户规模持续扩大，凭借其独特的优势成为传播公共信息最便捷的工具，同样也作为民众情绪的疏导释放平台，日益成为社会民意风向标，深刻改变着当下中国的整体舆论格局。网络平台提供了表达意愿和利益诉求的便捷渠道，公众借此得以获取信息、参与互动，特别是微博、微信等新兴终端的发展，改变了信息和舆论的形成机理及扩散机制，改变了人们获取和消费信息的手段、方式乃至心理及行为习惯，催生了新的舆论传播规律。

1.互联网作为突发事件舆情载体的功能与效用

在突发事件舆情的产生与传播过程中，互联网同样是最重要的载体。回顾近期国内一些重大热点突发事件，往往形成了网络(微博、论坛、博客、微信等)提出议题——媒体关注——全社会参与——政府行为的模式，网络平台在其中往往起到策源地的作用，进而推动甚至左右事件进程，并作为"减压阀"疏导释放着公众情绪。然而，与其他信息传播渠道相比，网络在突发事件舆情的生产传播各个环节如何发挥作用？表现如何？

一是作为灵敏的突发事件获知渠道。回顾近期突发事件案例也可获得相似的结论，在网络舆论的生成路径中，微博、网络论坛、微信、贴吧等均是助推舆论的重要节点，微博等网络新媒体则日益成为舆情热点的首发地和策源地。上海交通大学舆情研究实验室的研究发现，由新媒体作为首次曝光媒介的舆情事件正逐渐增加。可见，门户网站、微博等网络平台在突发事件中的快速反应和信息整合方面表现突出，得到网民认可。

二是作为公众跟进了解突发事件信息和参与讨论的重要平台。随着突发事件进一步发展，公众的信息获知渠道，仍集中在"门户网站"和"微博"方面，可见网络平台作为稳定的突发事件舆论场，持续发挥着作用。此外，网络也是公众参与突发事件讨论的主要平台。

第三，对于互联网在突发事件舆情信息的传播力、时效性和贴近性，网民普遍表示认可，认为网络平台丰富了民意表达渠道，促进了社会民主进程，在改善公众知情权和表达权方面发挥了积极作用。新媒体时代，相对于传统媒体繁杂的采编制作流程和把关制度，新兴的互联网应用在突发事件发生时能够直击现场，零距离传递信息，做到"边发生，边发展，边报道"，与事件进展同步，同受众进行高度互动，给以往的信息传播模式带来颠覆性的改变。

第四，尽管网络在信息传播、分享方面带来了极大便利，但在这一"观点的自由市场"上，主流与非主流、理性与非理性、正能量与负能量交织，各种传播手段并存融通，也给社会管理带来新的挑战。

总体来看，突发事件网络舆论载体整体延续了微博等社交化媒体影响力持续壮大，论坛、博客、新闻跟帖等日渐式微的局面。具体到微博、论坛等主要呈现平台，既具有突发事件网络舆情载体的总体特征，又因其技术路线、使用者特征等方面的差异，在舆情生产传播过程中体现着各自特征。

2. 微博、论坛等典型网络应用作为舆情载体的几个趋势性特征

以网络为代表的新媒体传播平台形态各异，对使用者而言，其共性是准入门槛低、互动性、参与性、平等性和分享性强。网民可以随时随地发布信息、互动评论、搜索结果，这使得突发事件的舆论生成速度大大加快。目前，主要的网络舆论传播方式及其特点包括：

（1）微博改变了舆论的生成与消费方式，改进了传统媒体信息发布手段和态度，为突发事件舆情的传播、应对提供了新的技术平台。

微博是手机短信、社交网站、博客和 IM（即时通讯）等四大产品优点的集成者。不仅可以发布文字、图片，也可以加载视频。微博可以通过手机以及短、彩信随时随地发布信息，但不同于短信"一对一"的传播方式，微博是既可以"一对一"。也可以"一对多""多对多"即时传播。其次，微博可以进行社会交往，这与社交网站类似，但更加开放、门槛更低。再次，微博可以像 MSN（微软网络服务）一样交流，但是交流的信息可以是共享的，而且可以通过 MSN 发布微博。与博客相比，微博更加精短，互动性更强。

在突发事件报道中，微博给民间舆论全民参与事件发展提供了新的技术手段，传统媒体通过平民化、平等化沟通与交流，实现了与民众话语体系的对接，充分利用微博即时发布信息和获取舆情的优势，提高了舆论引导的效率和效果。微博从最早的个人碎片化情感表达与生活片段记录，逐步增加了多元化的实用功能，政务微博与传统媒体微博纷纷通过及时回应民情、公开辟谣、征求民意等方式，不断影响着舆论事件的发展格局。

微博与生俱来的便捷、互动、开放等属性使它在突发事件传播中有独特的优势，短短几年即成为新闻信息传播的重要渠道，极大地影响着突发事件舆情的广度和深度。微博的介入使得突发事件的关注度得到加强，影响力得以提升。近年来，影响较大的舆情热点事件由微博首次曝光的比例呈现逐年上涨的趋势，微博已成为舆论风暴中心和事实上中国最主流的媒体之一。

微博成为突发事件舆情的重要载体，与其特有的传播属性有关。首先，这一集社交、论坛、聊天等多种功能于一体的互联网应用，可以方便的链接其他相关信息，汇集来自多个信源的消息和观点，这使得它对突发事件的舆论反映是全方位、立体化、多角度的。诞生于传统互联网的微博以及微博衍生品，还包括微视频、微图片、微搜索、微领地（附近使用同款软件者）等。随着微博开发平台向第三方开放，其他系列微应用随之被开发出来，如微动力、微聚、微评、微讲堂等。

每当有突发事件发生时，微博总能最快反应，有关于事件的类似于一句话新闻的简短描述，同时也有链接了来自传统媒体的报纸的报道和相关言论、电视新闻的视频以及来自论坛、博客、社交网站的网友评论等等，文字、图片、视频，多媒体再现事件现场，让受众更接近事件真相。加之微博的发布和接收不受时间地点的限制，随时随地接收、发送信息，使得它对突发事件的现场直播成为可能。同时，集纳文字、图片、视频等的多媒体展示方式也使得微博信息具有很强的包容性和呈现力。"微"是其基本特点，即短小、简捷、零散，塑造了一种碎片化叙事风格。每个人提供的微片段相互拼接、印证，结合"愤怒""质疑""支持"等微情符号，汇集成强大的舆论场。

从近年案例可以看出，担任着"舆情聚集"的关键角色，能够迅速放大社会事件，推动舆论的形成和扩散。例如，在"7·21"北京特大暴雨中，微博"舆情聚集"的效应在当天夜里就疾速显现出来。在暴雨发生后，随着路面积水、桥梁坍塌等越来越多的信息被扩散，舆论逐渐转向人们对北京城区排水系统的质疑，对冲毁的桥梁等公共设施建筑质量的怀疑，声讨质疑的舆论在微博上大量积聚。而此后传统媒体在报道时，也沿着微博上这一声讨的声音深入挖掘，形成了一股声势浩大的"舆论浪潮"，引发了整个社会对城市排水系统的反思和对政府相关部门的问责，事件的影响力立刻得以提升。在这里，无论政府组织、专业化的新闻机构，还是普通网民，都可以在这里相互倾听，充分交流，草根的诉求一经名人转发，便能成为舆论热点。在突发事件舆论场上，事件当事方都可以直接开展申辩，或"围观"或"直播"，网民了解突发事件的相关舆情，并在自身的转发、评论等行为中参与舆情内容的生产和传播，借此随时随地观察和监督社会，甚至对事件的走向施加影响。在这个过程中，事件整体的热度相应提升，也为事件进程和后续报道提供了信息源，成为新闻媒体监控和跟踪突发消息的重要平台。

然而，作为一个开放的舆论平台，微博也存在缺少审核把关，且需要较长的沉淀自净周期的问题，特别是加剧了互联网舆论场上"群体极化"的倾向，对公众舆论偏离理性轨道起到推波助澜的作用。不少似是而非甚至虚假不实消息在微博上肆意散布，舆情的"片面化""负面化"成为影响微博舆论公信力的主要因素。

（2）论坛/BBS的网络舆论"霸主"地位受到冲击，但知名论坛的品牌影响力、网民使用习惯及其对信息的整合分类、深度挖掘能力是其独特优势。

社区、论坛、BBS属于较早出现的网络舆论传播形式，一度是突发事件网络舆情的集中地，是许多热点网络事件的发源地。论坛通常有较为特定的用户群，而且是一个公开的网络空间，没有门槛限制。尤其在一些高人气的论坛上，发言、跟帖能够迅速引发新一轮的舆论热潮。以百度网站论坛为例，网民可以随时为某一话题设立专门的论坛，任何对此事件感兴趣的网民都可以到论坛发表言论和图片，平均每天发布新帖 200 多万条，几乎每条受网民关注的话题后都有跟帖，热门新闻的跟帖达到几十万条之多。

经过十数年发展，网络论坛的不断洗牌积淀之后，以天涯、凯迪等为代表的综合性虚拟社区和大型网络社交平台已具备较高的知名度，形成了特有的凝聚力，造就了众多知名网友和兼具人文与网络精神的话语场，成为公众倚重的新闻源和互动平台，成为社会事件的催化剂和放大器。

然而，近年来，随着微博、微信兴起，信息表达和阅读趋于碎片化，论坛／BBS 的"意见领袖"继续大规模流失，原创性思想性贴文的减少，使得包括天涯社区在内的一些资深论坛上贴文的"含金量"下降，与"口水化"的草根新闻跟帖趋同。同时，受众的信息消费方式和终端使用方式发生改变，这说明用户上论坛、BBS 主要不是为了看新闻，他们因为其他原因（如消磨时光、看其他信息、交流沟通）访问论坛、BBS，在访问中也确实看到了非常多的新闻，但心理上对论坛、BBS 新闻传播价值的认同度并不是很高。

尽管微博、微信逐步成为突发事件舆情的重要发源地，网络论坛在舆论场上的传统"霸主"地位受到新兴互联网应用的冲击，但仍以其独有优势在公众舆论场上保有特殊的位置。大量具有较高忠诚度和依赖性的网民，以及进而形成的参与和表达意识构成了论坛的源动力，也使得论坛在当前的突发事件舆论场上更多起到整合梳理的作用。当人们需要对某个热点事件做出全面、深入、理性的了解和分析时，论坛／BBS 仍然有着不可替代的作用。以山西黑砖窑和陕西华南虎事件在天涯论坛上的舆情发展为例。这两起事件都不是天涯首发，前者首发于河南的大河论坛，发表多日后，仍然未引起社会的多大重视。直到一篇题为《谁来救救我们的孩子？——400 位父亲泣血呼救》的帖子出现在"天涯杂谈"。而天涯的编辑也迅速速将其推荐到了"天涯聚焦"，短短两天，就有数十万的访问量。随后，《南方都市报》、《新京报》等媒体迅速跟进。很快，这一事件轰动全国。陕西华南虎事件也是如此，这件事首先在摄影论坛受到网友质疑。同一时期，也有天涯网友开始发帖质疑陕西华南虎是假新闻。但在最初的帖子出现一周之后，该事件仍然没有太大的进展，但天涯仍然持续地推荐相关评论。随着传统媒体的跟进，这一事件迅速走红，并引发了长达几个月的争论。"躲猫猫"事件之后，天涯上发布的网友调查报告也强力显现出民间强大的社会管理的参与愿望和独立判断分析实力，将事件相关舆情推上了新的高度。可见，论坛／BBS 所具备的整合、分类、深度挖掘等优势，能对纷繁杂乱的舆论进行梳理和价值导向，信息时效性虽不如微博，但具有更高的沟通有效性。

（3）微信崭露头角，点对点精确发布与实时定向互动是其作为新兴舆情传播利器的优势所在。

微信是一种更快速的即时通讯工具，具有零资费、跨平台沟通、显示实时输入状态等功能，与传统的短信沟通方式相比，更灵活、智能。能够快速发送语音短信、视频、图片和文字，支持多人群聊，尤其可以借助 LBS(基于位置服务) 定位系统实现区域性集中传播。微信推荐使用手机号注册 (支持 100 余个国家和地区的手机号)，也可以通过 QQ 号直接登录注册或者通过邮箱账号注册。

微信是腾讯公司于 2011 年 1 月推出的一款通过网络快速发送语音、视频、图片和文字，支持多人群聊的手机聊天软件。尽管相关应用案例还比较有限，但作为舆情信息传播工具，微信至少具有以下几方面优势：一是信息传输精准快捷。微信作为可靠、高效的新闻源，以其信息传输快捷、内容丰富、传输直接准确等特点，为突发事件报道提供了准确的信息传递，且能涵盖丰富的信息样态和多样化的背景信息，形成在线资源库，为发掘有效的新闻线索提供了极大的便利。二是实时资源共享，即时互动交流。平台用户不仅可以通过语音、文字等形式相互交流，还可以共享图片、视频、网址等多种资源，个性化的传播特征便于体现"信息员"或"意见发布源"自身独特的视角，使得对突发事件舆情的生成与解读更加多元立体。建立微信群后，还为突发事件的多主体提供了即时互动的便捷平台，便于形成全媒体联动、多方合力的舆情传播格局，对于提升相关舆情信息的广度、深度，增强准确性、权威性具有积极作用。

与网络论坛、微博等传统突发事件舆情载体的多方面功能不同，目前来看，信息公开和应急管理组织指挥是微信的主要作用空间。2013 年 4 月 20 日，四川省雅安芦山县发生强烈地震，110 公里外的成都震感强烈，19 分钟后，成都市政府新闻办管理的"微成都"微信公众账号发出一条包含地震震级、震源、影响范围等信息的微信，13 万关注了"微成都"的成都人第一时间从手机上收到了官方权威消息，渐渐从广场散去，微信起到了定向告知的舆情信息传递作用。一段时间以来，以政务系统、传统媒体为代表的微信公众平台账号蔚然成风，借助此平台加强信息公开，发布重大突发事件及其应对处置情况等方面的信息已成为制度层面的总体要求。

可以预见，基于业已形成的垂直细分的传播领域，微信平台作为普通群众传递接受信息、表达意见的常用信息载体，将在促进意见与观点表达、推动事件公开与透明等方面将承担起更加重要的角色，进而形成更为强大的舆论场。此外，在微信精确传播的模式下，同样需要强调规避的仍然是失实信息造成的传播偏差。

二、突发事件网络舆情的主要特征

信息和观点的流动构成了舆情。突发事件发生后，在互联网平台上，借助微博、微信、博客、论坛等新媒体工具，网民、事件相关方、媒体等多方互动，通过围观、评论、跟帖、转载等形式，来自多信源的信息、各种不同的观点意见不断扩散、相互碰撞影响，进而融合形成相对一致、为"多数派"所接受或认可的声音，最终促成了突发事件网络舆论的快速形成。

在突发事件网络舆论的形成、传播过程中，既体现了网络舆情的一般性发规律，更多也呈现出突发事件自身特征带来的影响：

（一）积聚式爆发，增长快速，舆情涉及面广、舆论关注度高

前文已对突发事件的特点做了分析，这类事件本身具有爆发性强、演变速度快的特点，而网络平台本身具有的特征则为突发事件舆情信息的快速增长提供了保障。因此，突发公共事件舆情的爆发和传播也具有突然性和快速性。存在明显的"蝴蝶效应"，初始引爆点往往就是一个帖子或微博上的一条消息，引发诸多因素的卷入，经过不断发酵升级，使得事件发生激变，事实信息不断偏移，舆论向多个向度延伸之后，出现明显倾向。

突发事件舆情信息在传播的过程中有一个"再创造"的过程，事件发生后，人们对于事件的关注度急剧增加，极短时间内，网民就可以通过微博、微信、论坛等新兴媒体平台将相关信息、观点上传至互联网，不受地域空间限制地参与舆情传播，掀起舆论热潮，甚至推动事件发展，由于网络的互动性、分享型，突发事件网络舆论初步生成。

随着事件本身的发生发展，相关舆情迅速多点集聚，在些微苗头的影响下呈燎原之势，呈现爆发性增长的特征。网络提供的正是这样一个极具包容性的渠道和平台，与传统的传播方式不同，网络本身的即时性让公众可以第一时间进行信息的传播和交流；而网络的可复制性和超链接特性，又使得各种网络传播工具，如论坛、网站、博客、微博、即时通讯等能够在最大程度上成为人们获取信息的渠道。在开放性的网络中，舆情信息形成大范围传播效应，媒体机构随即跟进，不断深入挖掘，剥茧抽丝，很短时间内，更多网民开始围观或评论，相关信息在各大论坛、网站的点击率也逐步攀升，突发事件网络舆情的波及面再次扩大。与此同时，随着突发事件网络舆情进一步发展，引发政府相关部门的关注，政府作为网民、媒体之外的第三方开始介

入,将突发事件网络舆情推向又一个高潮,各种理性、非理性的突发事件网络舆论在短期生成并迅速蔓延。

(二)敏感度高、后续影响大,舆情复杂多变、走向难于预判

与突发事件的动态属性相关联,相关舆情信息在演变过程中同样具有极强的不确定性,往往复杂多变,呈现出分散化、多样性的特点,既有不变的一面,又有变化的一面。"不变"是因为通过网络而进行的复制、粘贴等,传播内容基本不会有变化,信息的损耗基本可以忽略不计。"变化"指的是在网络谣言传播的变种期,事件的发展、传谣者的加入以及传播链条的延伸都会导致网络谣言内容变化。由于突发事件本身存在极大的不确定性,而公众对此又有较强的信息需求,特别是当普通的渠道无法满足人们对于信息的需求时,人们就会通过寻求各种途径去了解事情的前因后果、发展动态、最新进展等信息。这些信息当中有些是未经证实的,因此在舆情传播过程中往往伴随着大量流言、不实信息,真假难辨且瞬息万变。同时,随着事件本身的变化,各个节点中变量的迭加,使得事件不断演变衍化,已不局限在初始事件或特定领域,往往具有广泛的社会影响,甚至在很大程度上影响事件本身的走向。因此对舆情的发展态势往往难于把握。而且也不能准确预知其传播效果和社会效果。

综观突发事件在网络生态系统中的运行规律和生成路径,往往存在传播主体难以确定,传播范围广,传播速度迅速,传播过程中信息不断发生变化的问题,随着网络技术的普及和网民日渐成长的社会关注度和参与意识,有可能一件在之前看起来"微不足道"的事件,加上一种情绪化的意见,就可以成为点燃一片舆论的导火索,在互联网上掀起巨大的涟漪,它一旦发生,就很难控制,无法预测它会产生多大影响。同时,由于各种意想不到的因素的影响,它涉及的问题和议题,甚至事件性质都可能发生很大的变化。特别应当注意的是,突发事件发生后,如果应对失当,就极可能引发更深的危机。正因如此,有关部门和媒体机构对网络舆论尤其是突发事件舆论传播的预警、评估、应对变得越来越困难,有时甚至不能及时有效化解,做出妥善应对,突发事件进一步表现出敏感化的特点。

(三)易出现观点偏差和宣泄性情绪,"群体极化"效应明显

突发事件网络舆论的宣泄性特征在突发事件爆发后尤为凸显。当突发事件相关信息插上网络的翅膀快速传播时,网民的信息需求达到最大值,对于接触到的信息,很难从接近事实真相的角度去解读分辨,但是,深藏在受众心中的某些不满或不公平感、心理的严重失衡却被唤醒,人们更热衷于去相

信那些尚未经过验证却符合自己集体记忆的负面信息和情绪化观点，并通过一些激烈的言语或行为来宣泄情绪上的不满。借此，网民表达在现实生活中遇到挫折、对社会问题存在片面认识、对特定群体固有的刻板印象，往往容易出现庸俗、灰色的言论及非理性的情感宣泄，有时对社会秩序或社会稳定造成重大负面影响。

同时，突发事件网络舆情的生成传播中，由于参与者身份不易确定，并且缺少规则限制和有效监督，往往容易产生混乱、负面的情绪感触，一些意见中肯的帖子被淹没掉，极端的观点却备受推捧。一些情绪型言论易产生负面影响，尤其是被某些"网络推手"利用、操控后，话语易形成"暴力"，出现美国学者凯斯·桑斯坦概括的"群体极化"现象，即在群体中进行决策时，人们往往会比个人决策时更倾向于冒险或保守，向某一个极端偏斜，从而背离最佳决策。在某些情况下，如果群体中谨慎保守人数居多，群体决策易偏向保守一端，称为谨慎偏移；但在更多的情况下，群体决策偏向冒险的一端，比个体决策更倾向于冒较大风险。群体极化是"团体成员从一开始即有某些偏向，在商议后，人们朝偏向的方向继续移动，最后形成极端的观点。"例如，"躲猫猫"事件被建构成为看守所警察失职、牢头狱霸横行、犯罪嫌疑人合法权利无法保障的"典型事件"；罗彩霞事件被建构成为体现特权阶层贪婪无耻、弱势群体权益受损却求告无门的社会现实。在"江西宜黄拆迁自焚事件"上，网络空间中充斥着"官员腐败""宜黄悲剧"这些字眼和言论。凡是对三个受害者有利的，网民都一律顶帖，表示支持；凡是对三个受害者不利的信息，网民都不加思考地采取否定的态度，加以抨击、讽刺、谩骂。这类舆论意见群体极端化的表现往往能够达到一种迅速传播，且获得较高群体呼声的效应，使结果朝着群体满意的效果发展。但是与此同时，这种效应会使一种舆论意见压制所有的意见，占据主导地位，这样将不利于社会观念的多元化发展趋势。

值得注意的是，在"极化"传播的同时，突发事件的网络舆情也兼具自我净化功能。网上围绕突发事件议题广泛的表达、讨论、交锋，使得谣言、谬论在相互激辩中澄清，不同利益主体间权利与权力的博弈态势不断变化，相互制衡。

（四）现实与虚拟相互交融，"线上""线下"合流趋势明显

目前。突发事件的网络舆情正越来越多地出现以下传播模式：先由实体性事件触发，再迅速由事件参与者或知情网民上传网络、扩大影响，众多网民关注并进一步传播，引起传统媒体、整个社会舆论乃至官方重视，部分网民以"志愿者""观察员"身份实际参与到该实体性事件中，从而将网络舆

所形成的诉求转化为现实世界的真实行动，并将进展情况上传网络，使整体影响并一步扩大，官方出面声明和予以处理。例如，2009年的"躲猫猫"事件发生后，多名网友和社会人士参与了云南省委宣传部组织的事件真相调查委员会，直接参与调查。2010年的钱云会案中，网络舆论对钱云会死因表示质疑，也有网民通过多种形式展开独立调查。网上、网下的突发事件将会更多交融，彼此影响，甚至阵地互相转化，互相促进，突发事件网络舆情的影响力不仅局限于网络空间，而具有连接虚拟社会与现实社会的功能和力量，在与现实同构共生的同时，甚至成为社会系统中的重要组成部分，共同制约和促进社会的发展，乃至影响到现实生活中的舆论趋向、态势。

突发事件产生的影响更是从空间和时间维度深远辐射，某一地区、某一行业的突发事件网络舆论可能导致与之相关或者不相关的地区、行业受到冲击。类似事件不胜枚举。比如2008年震惊全国的"三鹿奶粉"事件，借力突发事件网络舆论致使此事件一夜之间迅速波及大江南北，一个企业一种奶粉最终导致整个奶制品行业的集体震动，导致公众在很长一段时间谈"奶"色变。这样的影响还往往超越地域和行业的界限，使得无论是国内还是国际，也不论是哪个行业的突发事件，互联网传播的无国界特点，都会使突发事件迅速成为整个互联网的热点，国内互联网与国际互联网甚至相互呼应，使得突发事件的舆论引导非常复杂。

（五）舆情生成发展过程中多主体互动，传统媒体与新媒体实现"双议程设置"

网络信息时代，突发事件舆情的生成机制发生了变化，传统媒体主导议题、受众被动接受的局面被打破，议程设置的主体多元化。不少突发事件网络议题发端于传统媒体报道，但更多的情况都是传统媒体由于种种限制保持了沉默或无法继续跟进，事件信息上传至网络后才引起广泛关注，成为热点，续而引来传统媒体的争相报道。传统媒体会将网络中点击率高、跟帖数量较多的事件选择性地进行跟进报道。传统媒体对事件的关注，使得网民们的意见、诉求，很快被其他同类媒体的受众知晓，在传统媒体的助推下，新闻事件的传播效果也将实现倍增。

在网络传播环境中，传播者和公众处于平等交流的信息平台上，网民不仅可以方便获取信息，也拥有了一定的话语权，可以成为信息的生产者和传播者，因此在突发事件舆论场上，普通网民和"意见领袖"也拥有了强大的话语权，为网络舆论的生成奠定了基础的作用，很多时候在突发事件的议程设置方面作用不亚于传统媒体的作用。特别是在国内一些重大热点事件中，形成了"网络(微博、BBS、博客等)提出议题——媒介关注——全社会参与——政府行为"的模式。从形成路径上来讲，网络舆情不仅影响着公众对事件的关注程度、事件本身的发展趋势，也极易放大成为社会舆论，反过来对媒体进行议程设置。

（六）突发事件网络舆论的生成、传播、应对机制正在深刻改变

如前所述，互联网发展带给当前的突发事件网络舆情显著特征，移动互联时代到来，正在深刻改变社会舆论的生成机制。手机作为集信息采集与传播于一体的媒介，在舆情信息的出现与扩散中发挥着越来越重大的作用，借助移动终端和网络互动社区，通过手机等无线终端，每个人都可以轻而易举地成为信息发布者，每时每刻都可以进行"现场直播"，传统网络舆论的力量对比大大改变。尤其在突发事件中，在官民冲突、警民冲突、城管与摊贩冲突、交通事故乃至群体性事件现场，任何一个在场的人都具备第一时间上网发送文字、图片、视频，传播相关信息的条件。借助新的媒体手段，公众得以更加便利地围绕热点社会现象和焦点事件参与议程设置。由于移动用户自产生内容的出现，近年来的许多重大事件，均是由网民在事发现场通过手机拍照将事件传播到互联网，伊朗大选、汶川地震、毒胶囊等事件，均充分说明了移动互联网舆情发生的急速性。

同时，新媒体的发展也为突发事件的应对与处置提供了新的有效的措施，例如在上海"9·27"地铁追尾事件中，交通管理部门和救援人员利用手机传播现场信息，上海申通地铁集团在第一时间致歉的诚恳态度、较强的舆情应对能力，其官方微博"上海地铁"（粉丝112万人）及时的信息通报，赢得了公众的信任，给事故的善后处理解决营造了良好的舆论环境。

三、突发网络舆情中新媒体传播的影响因素

（一）新媒体的技术特性

2013年以来，中国新媒体的发展保持稳健快速的趋势，互联网用户特别是移动用户增长势头强劲，各种应用服务不断涌现。大数据、社交网络、微信、云计算、移动互联网等已经渗透到各个领域，成为新媒体发展的主要方向，新媒体以其特有的技术特性，广泛并且深入的影响社会发展的诸多方面。

1.新媒体传播的及时性

新媒体环境打破了时间和空间的界限，缩小了信息传播的距离，加快了舆论形成与传播的速度。一旦有重大新闻事件发生，尤其是一些突发性的灾害事件或重大新闻，互联网、手机短信甚至手机播客都会在第一时间予以及

时追踪、滚动报道，捕捉最新动态，迅速吸引受众眼球。新媒体的及时性特征把信息传播的时效性提升到了一个新的阶段。在传统媒体环境下，信息传播具有很强的地域性，受时空的限制。新媒体的发展，数字化传播手段打破了时一空的限制，改变了过去以特定社会关系为基础的交往模式，原木天各一方没有任何关系的一群人也可能因为某种原因短时间内迅速结成一个群体，形成某种舆论。从时间上看，信息从传者到受者，通过手机和网络实现了跨时间传播；从空间上看，信息无处不在。在此基础上衍生出来的微博等新媒体形态，更加提高了传播速度。而且伴随着新媒体的新的链接形式，实现了各类信息形式可以再文字、音频和图像间相互转换，从完备和丰富了信息的内容和形式。这使得信息和舆情可以在网络上得以更加迅速、更加有效的传播。

2. 新媒体传播的交互性

新媒体木质特征包含了技术上的数字化和传播上的交互性。传统媒体的传者与受众的定位十分明确，传者是信息的发布者，受众是信息的接受者，不论是否喜欢与厌恶，不能表达对信息的看法。新媒体的出现打破了这种不对称性，使得传者与受众的界限变得模糊，受者不再只是被动的接受信息，具有了传者交互信息的功能，人人都是自媒体的时代正在逐步形成，新媒体的交互性的另外一个特殊表现形式是新媒体的"圈层化"，它把有着共同兴趣爱好的人们联系在一起，在自我创造和分享的基础上，形成无数个具有共同兴趣的小圈子，喻国明在"新媒体究竟改变了什么"一文中也指出圈子化是在更为广泛的世界里找到"同声相求、同气相求"的同道，他们相互拥是、彼此取暖，强化着个性和自我，但这种关系具有某种"正反馈"效应，"圈子"内的声音被放大大强化，而对于有异于自己的社会观点和价值取向颇为不屑，甚至视为异类。"六度分离理论"指出"你和任何一个陌生人之间所间隔的人数不会超过六个"。按照这样的理论。每个人的社交圈都可以通过网络，不断的延伸和扩展，最终形成一个庞大的社会网络。

3. 新媒体传播的不可控性

新媒体传播的不可控性主要表现为"把关人"作用的弱化。在传统媒体环境下，大众传播媒介掌握着社会话语权，掌控着整个传播过程，是舆论传播的发起者，决定着信息内容的各个方面，对信息的控制作用十分显著。然而，在新媒体背景下，"把关人"作用被大大削弱。第一，与传统媒体传播主体单一性相比较，新媒体网络传播主体呈现多元化的特点。新媒体对传播主体身份的界定来了一次换血，它的准入条件比较之传统媒体更低，民众可能只需要一台电脑、一部手机，就可以实现连接整个世界的愿望，在微博、微信、播客等新媒体平台上自由的发表言论，不会受到传统媒体把关人的约束。第二，新媒体环境下舆论传播模式由单向传播变成了双向传播，传播者可以是接受者，接受者也可以是传播者。在新媒体的信息传播链条中，普通民众既是信息的接收者，同时也是信息的发布者，草根网民操控舆论影响舆情不再是天方夜谭。第三，网民数量巨大，受各种客观条件的制约，把关人从技术手段上做到实时监控难以实现。这使得对网络舆论传播变得越来越不可控。

（二）网络意见领袖

1. 意见领袖的定义

意见领袖，被称为舆论领袖，1948年由传播学者拉扎斯菲尔德在《人民的选择》一书中首次提出。他在二级传播理论中指出意见领袖的作用，认为信息的传播模式是按照"媒介—意见领袖—受众"的方式进行传播的，意见领袖是为其他人提供信息，同时对他人加影响的"活跃分子"。1971年，罗杰斯在《创新的扩散》中，主要研究了意见领袖对创新扩散的作用，将拉扎斯菲尔德的两级传播理论发展成"多级传播理论"。意见领袖在信息的传播过程中扮演着重要的角色，他们特别善于利用自己在网民中的影响力，发挥自己在某个领域的专长，为他人提供有价值的信息，从而影响网络舆情的发展。随着新兴媒体的崛起，网络意见领袖被予以更为广泛的关注与重视。

2. 意见领袖的构成

网络社会意见领袖人数众多、分布在各行各业。总体而言，社会名流、专家学者、权威机构发言人、草根活跃人物等群体是意见领袖的主要成员。各层次的意见领袖善于利用具有较强影响力的网络多媒体传播渠道，将线下生活中所拥有的人气和粉丝扩展到线上，还有的利用其专业领域的专业背景和技术能力以及独特的思考维度和丰富多彩的表现形式，为网民剖析舆情事件背后的玄机、提供有效的信息解读；或是凭借风趣的语言、新奇的观点以及意见领袖本身的人格魅力，与其粉丝保持高粘度的互动性，从而增强了其言论的影响力。

3. 意见领袖的影响力要素

现代信息社会日益呈现信息过剩的现象，如何使自己的观点在众多信息流中脱颖而出是意见领袖的必修课题，只有如此才能达到持续扩大其影响力并影响网民的态度、观点和行为。2002年，马尔科姆.格拉德威尔出版了《引爆点：如何制造流行》，试图在互联网时代用一套新的术语重新阐释"意见领袖"这个概念。格拉德威尔称，要想传播达成效果，就需要把有限资源集中于三类人身上：他们是联系员(connector)，致力于把大家联系在一起；内行(maven)，喜欢向他人传授知识；推销员(salesman)，热衷于说服他人相信某个观点或事物的有效性。网络意见领袖会通过实现联系员、内行和推销员的作用来发挥自身影响力。以微博意见领袖为例，量化意见领袖的影响力要素可以大致包含以下几个方面：第一，意见领袖的活跃性。意见领袖是否主动发布信息、回复信息，以及发布和回复信息的数量。第二，意见领袖的凝聚性，意见领袖发布信息的类型，粉丝数量、粉丝回应数、粉丝回应的态度。第三，意见领袖的感染性。主要是通过粉丝的转发量以及其派生的转发量等。如果意见领袖缺乏自律，发表偏激言论，甚至制造传播网络谣言，就可能引发网络舆论的震荡，但于此同时，我们要看到不同意见领袖的个体性的差异会有助于不同话语的表达，这代表了社会思想文化的进步与多元化，如何发挥意见领袖的正面影响力是一个值得研究的重要课题。

（三）突发事件属性

我们发生的事件成百上千，其中有些可以触发舆情，保持新鲜，有些则快速的淡出公众的视野，一个简单的事件能否引发各方关注发展成为舆情事件，这是与事件自身诸多属性决定的。

1. 触发事件的代表性议题

社会学冲突论普遍认为在某种意义上，冲突恰恰是社会生命力之所在，进步是形成于个人、阶层、群体为理想与信念不断斗争的过程中。不同个人、群体、阶级之间的冲突导致了舆情行为，而触发性事件则是这些冲突的具体表现形态之一。我国学者刘能在"当代中国群体性集体行动的几点理论思考——建立在经验案例之上的观察"中指出当代中国社会所面临的种种结构性风险和挑战。这些结构性的风险和挑战，分别在"自然—社会"和"国际—国内"这两个轴所组成的四个象限内找到自己的位置：其中环境危机、快速城市化过程中的管理体制、腐败和地方治理危机、贫富两极分化和福利不足等等，已经成为诱发当代中国社会中群体性集体行动的最主要因素。

2. 触发事件的刺激性特征

不是所有议题都能形成触发事件，触发事件需要吸引眼球，具有刺激性，才能吸引网民，获得网络关注，诱发网络舆情，触发事件的刺激性特征具体包含一下几点：第一，负面性。胡锡进在复染中国说道，中国很像进入了"扒粪时代"，好消息在坏消息的重围中缩水。大家都愿意且乐于进行"扒类运动"，负面性的事件往往比正面的事件更为引起人们的注意。负面性的具体表现有负面的主体："贪官""城管""官二代""富二代"都在某种程度上贴上了负面的标签。负面的具体行为：失职渎职、暴力拆迁、炫富伤人等负面的具体行为，刺激网民神经，网民认为自身权利受到威胁，产生一种相对剥夺感，人们容易失去心理平衡，甚至采取极端的方式，发泄心中情绪。第二，冲突性。官民关系、警民关系、贫富差异、城乡差异以及管理者与被管理者之间的矛盾是目前社会存在的基本矛盾，有矛盾的地方冲突就容易产生。触发事件的冲突性中，由于身份的差别，人们往往心理倾向弱势群体，不对等的关系也容易在网络中被渲染放大，从而更加加剧冲突的产生。第三，新异性。刺激物引起"注意"的程度是与其本身的新异性成正比的，引起人们"注意"的事物往往是与周围环境产生鲜明对比和巨大差异的，特别是网络上某些事件不合常理、复杂奇特的细节满足了网民探求真相的欲望。

3.触发事件的议程设置方式的新改变

互联网络的发展，特别是新媒体的迅速崛起，多元自主的传播者、开放自由的传播渠道和多向立体的传播方式打破了传统媒体的"专业主义壁垒"，挤占了传统媒体"第一落点"的优势。

新媒体的出现弱化了传统媒介设置议程的权力，强化了网民的自由选择的空间，这改变了触发事件的发生条件。网民不光可以通过自己设置议题，成为网络传播的主体，还可以利用网络的广泛性和交互性，吸引其他网民的广泛关注，由传统的单向输出转向相互传播与沟通，引发网络讨论，在网民的来回讨论中，各类议题更新加快，此消彼长。同样网民会寻找自我感兴趣的关注点，可能导致网络议题的同质化，从而关注特定的舆情触发事件，影响网民的认知和判断。

（四）网络群体心理

人在社会化的过程之一就是逐群而居，社会群体是泛指通过一定的互动模式或社会关系结合起来进行共同活动的人类个体集合。当足够数量的不同个体聚集在一起的时候，就像是诸多的有机质汇聚在一起形成的细胞一样，当这些类别成分完全不同的细胞组成一个新的生命个体的时候，这个新的生命个体的表现与构成他的细胞组织完全不同。随着网络社会和新媒体的发展，为现实社会的人们提供了新的互动环境与空间。人们在新的互动环境，以网结缘或者因网结缘，形成网络社会群体，网络社会群体是是现实社会群体在新的技术发展平台上的延伸。网络群体的心理成为突发网络舆情中新媒体传播的一个重要基本要素。

1.群体从众心理

从众是指个人在社会群体施加的压力下，逐渐放弃自己的意见，转变原来的态度，从而与大多数人保持一致的行为。成语"随波逐流""人云亦云"就是描述从众的典型例子。社会心理学家认为从众行为时个体寻求自身解除与群体之间冲突的一种自我保护，目的是为了增强安全感。网络群体的从众心理表现的更加明显。突发网络舆情的传播过程中，许多网民自己最初的某些观点在激烈的讨论中无法完整的保留，当网络个体对于某个时间没有充分的认识，某个时间没有深入的了解，一旦某种"优势舆论"在网络群体中生成并且占位主导，形成强大的压力，个体为了避免被孤立，会更倾向于选择跟随大流，逐渐放弃自己的观点。群体压力造成的从众心理主要包含 2 种形式，真从众和权宜从众。真从众是指个人的看法因为整个群体的影响而改变，从而自愿与群体保持一致，所谓权宜从众，是指个人的内心仍旧存在疑问，但迫于群体压力而不得不改变其倾向性。在网络舆情的形成和发展中，这两种形式都有存在。

2. 群体免责心理

在群体中，个体的责任意识淡化了，群体的免责心理产生了。原来被法律法规和道德规范抑制住的恶性的一面被释放出来。在网络群体中免责心理主要表现在以下几个方面：第一，网络的匿名性的庇护下，个体产生这样的认识，即使做出违背社会规则和伦理道德的事情，也不会追查到自己而受到惩罚和谴责。"由于网络上很多用户生成的信息都是网民匿名或用假名发布的，我们很难知道这些信息到底出自何人之手。可能是只猴子，可能是只企鹅，可能是阿尔，戈尔。"这助长了个体的冒险精神，一个现实中平时胆小沉默的人可能在网络中是激进的。利用网络的虚拟环境，网民可以毫无保留的展示人格的隐藏面。将现实生活中术语"后台"的思考和行为拿到网络的"前台"上来，利用这样的角色转换，得到现实生活中难以得到的心理补偿。第二，网络责任的分散性，个体的单独行动往往考虑后果，可在网络群体中，个体感到其行为是整体出现的，个体的责任是分散的，单个的个体不会对群体行为承担消极后果。第三，网络的信息的庞杂，个体的行为被淹没在群体的行为之中。个体的行为产生的消极后果还没有得到处理，就有新的个体行为的产生。举个通俗的例子，对于某个人或者某件事情，某些网民微博上的造谣和谩骂还没有得到处理就会有新的造谣和谩骂的产生，这样个体行为迅速被沉淀甚至迅速消失。网络群体的免责心理使得个体心底的消极欲望与本能释放出来，一些以言语暴力、人肉搜索为代表的网络暴力不断出现在网络上，并在可能在暗示、传染等心理作用下走向现实生活。

3. 群体极化心理

群体极化心理是指通过群体的讨论，使得群体中大多数人的意见得到强化，使得原来认同这一意见的人更加相信。原先群体支持的意见经过讨论后变得更加支持，原先反对的意见，讨论过后也越加反对。群体极化即"团体成员一开始即有某些偏向，在商一议后，人们朝偏向的方向继续移动，最后形成极端的观点。群体极化在新媒体及网络社会表现的更为明显，"志同道合的人可以在网上轻易且频繁的沟通，但听不到不同的看法。持续暴露于极端的立场之中，听取这些人的意见，会让人们逐渐相信这个立场。"群体极化之所以产生，主要由信息影响和规范影响。信息影响表现为网络群体通过网络对问题进行讨论之后，观点出现分化与集中，讨论中出现的对问题的补充，更加强化了某些认识。群体成员对某一观点重复的越多，越加认同这些观点。因此利用网络群体内部的经常性的讨论就可以强化参与者某些的社会立场和社会态度。规范影响表现在当群体进行社会比较时通常会选择一个"参照群体"，当我们发现有许多人同自己保持相同的观点时，我们会将观点表现的更加强烈，这正激发了舆情发起者活跃在网络中为他人提供信息观点并对它人施加影响的热情，立志于提供大量的一手信息和煽动强烈的情绪，大众在这种情况更易被感染。

（五）政府的治理能力

政府治理能力在新媒体环境下有别于传统治理能力，必须面对信息传播快速，信息流通跨区域等新特点，故此对政府的回应能力、引导能力和监管能力提出了更高的要求。

1. 政府的回应能力

新媒体改变了我国社会舆论的生态环境，形成了崭新的网络舆论场，对政府管理方式正产生着一系列冲击和深远的影响。研究熟悉新媒体，重视网络舆情处理，学会运用新的网络技术获得有价值的信息。要善于科学应对、善于运用，那么发展中的互联网将会为实现民众参与、政府倾听的有效交流平台，从而进一步提升政府的治理水平。政府回应能力是指政府对民众的需求和所提出的问题做出积极负责的回应的过程。政府回应能力是建立在一定技术强化回合制度环境下才能充分体现政府的治理能力。必须注意到，需要从回应的法制化建设作为起点，建立公共权力的保障制度和监督法则。然而，在传统回应机制上，需要加强网络基础设施建设，构建科学、民主、规范、理性的有效表达，从而体现并增强政府的社会回应能力。

2. 政府的引导能力

引导能力体现在两个层面，第一，是引导准确、正确、正面的信息内容。第二，是消除网络负面舆论。而突发事件网络舆情中的负面舆论居多。所以引导能力主要体现在如何消除网络负面舆论。从我国现有媒体特点来看。我国现有的传统主流媒体，大多都是政府的新闻舆论宣传机构，对我国新媒体网络的发展并不敏感，应加快延伸到新媒体网络，办好政府能掌控主流核心网站。不断推进新媒体网络媒体的建设，积极掌握网络舆论的引导权。在网络舆情的报道上，网络媒体与传统媒体之间的关系是各自独立但是又互为补充。所以要深化网络媒体与传统媒体优势互补，积极营造和谐的舆论氛围。

引导从某一层面上是因势利导，疏导是建立在沟通的前提下。打造政府与公众的信息互动平台。政府及各级官员也能构建与民众进行沟通和交流新型平台。如果能够妥善利用该平台，倾听更多的网民声音，保障网民与各级政府部门能够形成双向的有效互动与交流。那么既有利于展示各级政府形象，也有利于民意有效表达。

引导也需要信息的指引，在这一前提下增加了政府信息的公开透明度的要求。在信息时代，网络环境也多方面、多维度展示了政府的形象。故此网络舆论的引导，对政府形象至关重要。所以政府要重视舆论引导能力的建设，促进信息公开与交流，设立畅通的信息沟通渠道，在第一时间发布准确无误的信息，最大可能的避免舆论的负面倾向。特别是一些突发性事件的发生，政府应该要通过主流媒体和新媒体第一时间把准确真实的情况传播于众，不仅要发布信息还要发布相应措施。从而减少不实信息的扩散，引导网民的不满情绪，在网络舆论的引导上积极主动，树立权威性。

3. 政府的监管能力

监管能力是对信息源头的管理，也是网络信息的过滤器。通过微博、博客、QQ、微信等加以强化并实现，从突发舆情的征兆显现，到突发舆情发生的这一段时间内，对舆情的及时的引导和控制，具有十分重要意义。

监管能力也全程体现于网络舆情处理过程之中。必要的应急预案是对网络监管能力的再提升。要提前做好网络舆情的准备工作，制定相应的应急措施，当危机发生时，可以积极妥善应对。有备才能无患，有准备才能将网络舆情的危害降到最低。不仅要有完善的预案，还要有匹配必要的监测，时刻关注网络舆情的发生，很多网络舆情的爆发并不是准备不足，而是根本就没有发现，当幡然醒悟的时候，已经无法完全控制舆情的发展。故此可知，完善的监测预警系统是控制网络舆情必不可少的有效方式。我们还必须看到，监测预警能力更多的是建立在技术属性上，因为新媒体环境下网络舆情传播媒介的特殊性产生了更快、更广的影响，如果拥有有效的技术手段，那么监测只是空谈。因此，加强网络技术改进，提高舆情分析人员素质是加强监管能力的有效途径。

第二节 突发网络舆情中新媒体的作用机理

突发事件网络舆情中新媒体传播的主要影响因素有：新媒体的技术属性、意见领袖、事件自身属性、网络群体心理、政府的控制能力。这五大影响因素贯彻于网络舆情之中，交互影响、共同作用，对于网络舆情的发展起到重大的影响作用。从动态全过程，交互影响的角度去分析各类元素在网络舆情中的作用机理。其实在网络舆情的动态发展过程中，各种因素是交互影响的，各因素在舆情的不同波段时期作用大小或有不同，但各因素的相互作用是不可分裂的。从动态的、全过程的、交互性的角度去研究五大因素在新媒体环境下对网络舆情的作用机理，更能全面、系统的探究突发事件网络舆情的传播机理及其预防机制。

2011年7月23日"甬温动车事故"，新媒体在这次网络舆情中间起到了决定性的作用，而铁道部不当的舆情应对方式和相关互联网网络舆情引导议程的缺失，引起了人们的思考。该次事件具有代表性，以该事件为样本，研究影响网络舆情的五大因素，在舆情传播中的作用机理，并从动态的、全程的、交互性的维度去观察。

一、事件属性与网民心理需求契合的触发机制

事件自身属性和网络群体心理两大影响因素构成事件与心理需求的契合。不管何种网络舆情其都是围绕着事件本身，事件的属性已经影响到舆情发生的基本条件。在当今社会，中国处于社会转型的特殊时期，也是社会矛盾多发的特殊期。较大的贫富差距、环境污染、政府贪污腐败等切身关系到民众自身利益的问题得到了广泛的关注。特别是在新媒体环境下，信息传播的交互性、圈层化强化了这几议题的关注度。喻国明对此作了更为精炼的概括，将其分为"政府官员的违法乱纪行为、涉及代表强制国家机器的司法系统和城管队伍、涉及代表特权和垄断的政府部门和央企、衣食住行等全国性的民生问题、社会分配不合理贫富分化严重、涉及国家利益和民族自豪感、重要或敏感国家地区的突发性事件以及影响力较大的热点明星和公众人物的火爆事件"等九类典型议题。

这些议题在很大程度上与网民群体心理产生了祸合，唤醒大众的心理情绪，通过新媒体传播媒介，引起了广泛的讨论和关注，从而引发了突发事件

网络舆情。网民这一群体源自民众，但也有其自身特点。相对较低的学历结构某种程度上影响网民，使其可能具有相对非理性、从众性和逆反性。在具体心态上有一定的公平失衡感、相对剥夺感和不满和埋怨。而负面新闻、负面事件等具有天然的吸引力，容易引人好奇又切合网民心理，再加上新媒体环境下的宽松舆论环境，使得负面事件极易传播和放大，从而形成了网络舆情的基础。

二、意见领袖的引导和动员的突变机制

在人人都是自媒体的时代，意见领袖的影响力尤为强大。首先意见领袖拥有较多的粉丝群和关注群，在线上较高的活跃度具有很强的关注度，有些意见领袖的专业属性结合网民的圈层化强化了其信息影响的凝聚力，数量众多的粉丝群构筑其影响力的基础。就如胡锡进所说，微博给了每个人发言权，并使得一些人快速成名，而且帮助他们形成了圈子，他们可以像团队一样运作，针对一个话题协调行动，形成爆炸式的影响。尤其是一些微博名人的粉丝达到几十万、上百万甚至上千万，在很多时候他们的话题设置能力超过了传统媒体，只使得他们拥有一定的"权利"。我们也必须看到，互联网的草根性也决定了意见领袖中有一部分草根人群，而不一定是名人或者专家，只要你有特点有关注度和受众群体，你就能成为意见领袖即所谓的草根意见领袖。总而言之，意见领袖的活跃度、凝聚力、感染力和有效动员催化了网络舆情的发展，甚至将舆情推向了高潮。

三、新媒体技术嵌套与融合的同化机制

新媒体的技术发展日新月异，微博、BBS、博客等新媒体在超链接下实现了信息的互通，而文字、声音和图像的不同信息载体增加了内容和形式多样性，而不同形式的相互融合与嵌套使得信息得以更加全方面、多维度的真实反映现场信息。在新媒体时代，人人都是自媒体。其信息传播极快，信息涉及面极广。人们通过新媒体加深了联系，而具有相同兴趣爱好、社会阶层相似的人群，容易在新媒体环境下形成群体。随着交汇的不断加深，群体成员容易出现圈层化、同质化的特点。如此一来，圈层化、同质化的网民容易舆情的导向下形成相似观点。再加上新媒体自身技术的多样性，在文字、音频、视频的多维还原、串联下，围观者的角度带入感增强，使得感染力不断强化，从而形成了信息许可的同化作用。

在另一方面，新媒体与传统媒体也存在一定的嵌套与融合。这股融合趋势的发展，是配合着移动智能终端的崛起，移动智能终端成为了人们日常生活中接触信息的重要来源，从而与移动端有关的信息渠道也成为重要的媒体。

"融合式发展"已经成为媒体行业的发展趋势。传统媒体与新媒体的融合式发展也使得网络舆情转播更具复杂性。2013年4月一则所谓"习近平在北京街头打的"的假新闻瞬时在网络引起了广泛关注,几乎所有的门户网站都进行了转载和传播。然而,就在新华社在当日下午2点多,发出验证消息:北京市交管理部门,证实习近平"打的"事件为真之后不久,新华社又发出一则消息,称"打的"报道为子虚乌有。最终,消息来源香港《大公报》出面,正式承认该报道为虚假报道。从中我们可以看到一则虚假报道通过网络新媒体大肆报道,快速传播。以讹传讹,三人成虎之下竟让习近平总书记也遭遇了一会"被打的"。在这则报道的传播中,由大公报为主的信息中心通过各大门户网站和新闻网站等新媒体转载传播,在众人皆说的情况下闹出了一则笑话。若不是这则虚假报道的主角特殊,大公报有可能就得过且过,大家也很有可能不会去求证消息真假(让人难以理解的是权威媒体还证明了虚假消息)。我们可以看到在传统媒体和新媒体相互交融和同化的背景下,传统媒体和新媒体在舆情的引导上,因其相互融合具有一定同化性。

四、小众传播到大众传播的病毒扩散机制

在新媒体时代,人人都是自媒体时代,彻底地瓦解了以往中心化信息传播的方式。如果说是在传统媒体时代,是一传统媒体为中心的辐射传播;那么新媒体时代,的传播路径由单点传播进化为多点传播,特别是圈层化的传播方式,去中心化的多点开花迅速扩散了整个信息网络,由点及面将会更快、更全地传播信息,形成扩张式的传播机制。从点到面的舆情发展也将呈现出指数级的增长势头。比如动车事件中,从小众对铁道部的不满到大众一致主流意见对铁道部的不满,只用了短短3天。根据新浪微博上关于对事故处理情况满意度调查显示:93%的投票网民觉得事件处理得差劲,根据当时的投票人数,也就是说有1万多名网友对该次事件处理很不满意。就此可见,病毒式传播的速度确实很快。

小众传播到大众传播的路径,是新媒体的人人自媒体属性造就的。也正是人人参与的条件,使得从众心理在舆情发展过程一览无遗。从众心理也容易使得网民陷于集体的无意识状态,这也是为什么坊间流传动车事故"八大谣言"从始至终贯彻动车事件的原由。而"重大事故死亡人数上限为35人,否则领导撤职""遗体未经家属同意被集体火化""吊下动车车厢时有遇难者遗体掉出"等也给该次事件造成了不良的影响。也需要承认新媒体环境下,对网络环境管理的真空期结合网民免责心理的作用,促进了谣言的诞生和传播。

小众传播到大众传播的结果并不只止于互联网。围观也是并不是一种态

度的表示，但是当围观的人数足够庞大，那么即便围观者不表态，也表示了其关注的态度，从而引起更多人的关注，在某些情况下还能影响传统媒体的发声。比如说，在此次动车事件中，事故发生后的这一个月内，"人民日报政治版"官方微博没有提到任何有关动车事故的信息，有网友在其微博上质问："人民日报到底在干什么呢？为什么啊？温州这么大的事，你完全不关心吗？"其后该微博给予了回答，并受到相关压力进行了更为积极的报道。"新闻晨报""南方都市报"等地方性传统媒体也受到一定的影响。

五、政府治理与新媒体突发舆情的博弈机制

政府对中心点的把控力和新媒体多点性去中心化的自主性，形成政府引导网络舆情缓慢且力量有限的局面。政府对舆论的控制力与新媒体自主化的能力是不对等的，政府的相关监管技术发展显然是滞后的。这在 2011 年 7.23 事件中表现尤为明显。24 日，被困 20 多小时受到万众网民关注的小依依被成功救出。而在当日新闻发布会上，铁道部新闻发言人王勇平如是说："施救人员把车头埋在土里，主要是为了便于抢险""只能说这是个生命的奇迹"。这些话语都还正常，出乎意料的是，王勇平说了一句"他们给出的解释是这样，至于你们信不信，我反正是信的"。这件事件在网络迅速传播，到了 26 日，网络舆论出现了顶峰。新浪微博对事故处理情况满意度做了相关民意调查，结果有 1 万多名网友认为处理得差劲，占到总人数的 93%。而党内核心四大报纸 24 日对这起事件的忽略性报道也引起了网民们的强烈不满。我们可以看出政府反应的滞后性，完全跟不上新媒体的自身技术属性。

当然政府对传统媒体的领导性力量，有助与对舆情的正确引导。27 日，温家宝总理主持召开国务院常务会议，听取此次特别重大铁路交通事故情况汇报。28 日上午，温家宝总理身体抱恙依然前往温州看望动车事故的受伤人员和群众，深入事故现场并回答中外记者的相关提问，其后网民情绪开始慢慢地缓和稳定。值得注意的是，总理在现场，提出了事故调查全过程公开、透明，给群众一个负责任的交代之后，该行为得到了广泛的报道，并获得了广大网友的一致认可。当天，多家媒体进行了文字直播。至 28 日下午，网络上有 547 篇相关报道，3464 条品味。到 27 日，网络舆情呈现了正面的改变，政府及时准确的言论、公开透明的信息有效地引导了网络舆论从偏激到理性方向的转变。其实通过这件事情，我们可以看到舆情本身很多就涉及公共部门，引导机制在某种意义上是一种基于事实的自我说明。政府缺少和新媒体沟通的系统化渠道，零星碎片化的信息并不能以正视听，其后依靠传统媒体再次引导的过程有种亡羊补牢的感觉。

第五章 新媒体语境下网络舆情管理的国内现状和国外经验

包括网络舆情在内的互联网内容治理受到各国政府和有关组织的高度重视。由于国情的不同,各国的网络舆情治理的具体措施也不尽相同。

第一节 国内网络舆情管理现状

伴随着互联网的普及,网络舆情随之出现,在我国网络舆情始于20世纪末21世纪初,随后迅速发展,并呈现出反应社会现实、层次多、波及范围广、对社会影响日益加深的发展趋势。根据网络舆情的特点,为避免降低其负面作用,中国政府开始重视并适度管理网络舆情,在这一过程中,政府扮演着舆论导向和舆论监督的角色,发挥舆论作用,加强了政府管理能力,取得了一定成绩。

一、我国网络舆情的发展

(一)第一阶段:网络舆情初步发展

网络舆情的出现是在1998年以后,这一时期,政府上网工程正在启动中,网站上刊载的信息非常庞杂,既有国内官方媒体发布的消息,也有国外媒体发布的与我国官方声音不一致的消息,虽然看起来异彩纷呈,但消息缺乏权威性和导向性却是显而易见的。此时国内网络不是很普及,网民数量不大且都是社会的中高端人群,文化素质高,政治鉴别力强,因此没有对政府和社会产生明显的负作用。

1999年网络舆情开始在我国出现,并在同期国内国际发生的重大事件,成为网络舆情发展的催化剂,如美国轰炸我驻南斯拉夫大使馆,南海撞机事件,克林顿丑闻案等。特别是1999年5月,美袭击我驻南斯拉夫大使馆,极大的激发了我国民众的爱国主义情绪,一时间在网络上掀起来的舆论热潮,并显现出了网络舆情对社会的正面作用。

（二）第二阶段：网络舆情快速发展

2002年受世界互联网泡沫期的影响，中国互联网行业开始重新审视发展目标，为了维持和增加人气，许多网站将资金重点放到内容上而不再是技术上，在此情况下，论坛、讨论区、留言版等如雨后春笋般涌现出来，以内容为显著特征的网络舆情迅速发展，并初步形成了网络社区。网络舆情以及其巨大的作用引起了政府关注，一些舆情作为政府决策的重要依据，进入了政府决策程序。例如，2003年孙志刚案在网络上引起强烈反响，此事件官方宣布为员工犯罪个案，但却在网上引发了收容遣送制度的大讨论。由于之后持续和强大的民意压力，推动了政府颁布新法规，废止了行使21年的收容遣送制度。此后，网络舆论对公众议程设置的影响越来越明显，网络成为公众信息传递、意见表达、时政评论的一个主要渠道。与此同时，网络主流媒体初现规模，管理和运作也逐步成熟。以新华网为代表的各大新闻媒体，不但在第一时间发布新闻，而且积极主动地参与国内重大活动的现场报道。诠释了在当今信息时代下网络对舆情的重要作用，并发挥着网上舆论主阵地的作用。

（三）第三阶段：网络舆情持续发展

2005年到2007年，我国网络舆情持续发展，而且逐步走向规范化。这三年是近年来网络热点最多的三年，其主要原因是网络的普及，更多的网民参与到网络讨论中，所以这三年由网络热点带来的社会影响力也是空前的。舆情在这一时期的要素基本齐备。

大量舆情热点事件涌现出来：佘祥林"杀妻"冤案在网上引发了极大的舆论影响，它最终直接推动了死刑案件审判程序的改革；另外，大学生硫酸"泼熊"、教授"论文造假""虐猫事件"等一系列事件引发了人们对社会道德的深层反思，厦门PX项目事件、重庆"钉子户"事件、山西"黑砖窑"事件等都引起社会各界强烈关注。

事件的背后看到了我国在制度上的缺陷也表现出了人民素质有待提高，但可喜的是有些网民表现出了坚韧，理性和积极合作精神，他们的正向作用也带动了广大的群众，即舆情的"意见领袖"。随着网络个人应用技术的进步，博客等个人空间的出现，丰富并拓展了网络舆情的发生发展渠道。

（四）第四阶段：网络舆情理性、积极因素增加

自2008年以来，网络舆论平台运用的更加彻底，网络舆情呈现出平和、理性、积极的一面，在畅达民意的同时，也折射出新的社会动向。网络舆论

平台运用得更加彻底，2008年5月12日汶川发生大地震，在媒体实时播报的同时，网友在网络平台，通过各种渠道以各种形式表达了震惊、悲恸以及对受灾地区人民血浓于水的同胞情谊。同年8月18日，北京奥运会上刘翔因伤退赛，痛失北京奥运"最重的一块金牌"，但根据人民网舆情检测室统计的数据显示，大多数网友对此表示理解和支持，这与"体操王子"李宁兵败汉城后引起全国骂声一片，形成了鲜明对比。温家宝同志也曾明确指出，在互联网环境中，公民在享有权利，自由的同时，也要遵纪守法，自觉地维护国家、社会、集体的利益。

（五）第五阶段：互联网信息持续丰富化时代的应对

2012年以来，互联网"大数据"开始被广泛提及，对现阶段的网络舆情发展起到十分重大的影响。在此阶段互联网时代的信息资讯的丰富性和交换方便快捷等显著特点，促使互联网上的信息是呈几何级数倍增的，社会公众在互联网上详细了解社会和表达意见，互联网作为社会公众关键信息源的角色愈来愈突显。

二、我国网络舆情管理现状

（一）我国政府对网络舆情管理的发展历程

1. 第一阶段：政府基本无介入

由于网络在当时是新事物，人们对其认识不彻底尚存盲区，所以在此期间，政府对舆情的干预很少。2001年，公务员网络舆情局的组建才算填补了政府对网络环境监管的空白。这一阶段对互联网的管理主要着眼于技术层面和网络犯罪，靠信息技术部门和公安部门来实施监管，这两个部门对舆情内容基本没有管理，网络舆情自由衍生。造成这一结果原因有两点。第一：互联网对政府日常工作管理没有产生重大影响，政府无需投入过多的监管力量；第二：互联网是一个新鲜事物，社会各界对其看法不一，而且政府也没有明确的认识，因此与互联网有关的法律法规只有一个。指导思想上只有江泽民同志讲过的一句话——"现代社会，信息网络化迅速发展，舆论的作用和影响越来越大，越来越需要加强引导。"指导思想尚以疏导为主，且没有具体的管理办法，这都使得互联网处于无约束的状态下发展。

2. 第二阶段：网络舆情开始与政府互动

2003年起，政府开始重视网络舆情监测和引导工作，并将其上升为各级党政机关部门的重要工作。2004年，中共十六届四中全会首次提出了对舆情监督工作的重视，《中共中央关于加强党的执政能力建设的决定》明确指出了舆情在党的执政能力建设中的重要作用,"要高度重视互联网等新型媒体对社会舆论的影响。"

除传统报告以外,一些省市也在管理机制和工作方法上有所创新。2003年北京市公安局率先成立了公安信息网络安全监察支队,负责全市涉网情报、打击犯罪、技术安全、互联网安全管理服务等多项工作。成立专门的网络监察大队,部门专职化体现了对网络管理的强化;同年5月,名为"网上民声"的栏目创立,该栏目日益成为群众反映问题、解决疑难、寻求帮助的便捷渠道。

3. 第三阶段:政府管理水平逐步提高

随着近些年互联网作用的凸显,政府对互联网的重视程度也达到空前水平。一方面采取法律,行政,技术等手段规范引导,加强监督,完善管理;另一方面,对网络舆情反映的问题高度重视,把其视为倾听民声、汇集民智、改进党和政府工作的重要工具。一些地方政府在处理舆情事件中表现出了措施得力及开明风度,如重庆市政府公开透明、协商解决"最牛钉子户"事件;在面对公众质疑时,厦门市政府对 PX 项目重新审视,邀请专家评估,召开代表座谈,最终决定对项目迁址,其顺应民意的做法获得各界一致好评;在处理一些舆情事件的过程中,个别领导干部的独裁专制最终受到组织处理。在这一阶段,网络舆情对社会生活和政治文化的作用越来越明显。

2006年10月,《中共中央关于构建社会主义和谐社会若干重大问题的决定》对舆情也做出一些制度规定,其中包括健全社会舆情汇集和分析机制,完善矛盾纠纷排查调处工作制度。政府开始重视舆情工作,并将网络舆情纳入舆情工作重点,胡锦涛同志在2007年初指出,要建设好、利用好、管理好互联网。之后,中央政府为加强网络文化建设和提高管理水平建立了一套完整监控系统,并从中央宣传部的舆情信息局到各地方政府宣传部舆情信息处建立了一套自上而下的机构。而各地方党委政府以更个性化的互动模式了解网络民意,官员日常生活、办公接触网络频繁,以"开博"等形式,积极并及时参与网络沟通,从而有效的监督管理各地方网络舆情状况。

4. 第四阶段:政府管理水平稳步提高

近几年,政府在网络管理工作上取得了一定成绩,其对网络舆情的管理获得了越来越多网民的认可和称赞。政府应对网络舆情积极主动,重视网络民意。但在个别地方政府部门中仍存在一定问题,如在应对社会重大事件中拖延,瞒报甚至不报,希望通过"拖,压,盖,捂"等方式瞒天过海。其中一个典型案例就是2008年三鹿毒奶粉事件,在事件发生后,相关地方政府乃至国家有关部门一度应对冷淡,企图隐瞒真相,使民众不能及时获得真实有效的信息,最终造成了严重的不良社会影响。

5. 第五阶段：管理手段不断丰富

政企借助于舆情监测系统，可以对社会民意搜集，随后进行一个合理的定性分析、实时监控，对时政热点和受众群体心理变化的深度分析。高等院校充分利用舆情监测系统对社会舆论（关于高等院校的互联网舆情）开展实时监测，加强高校公众形象、公信力，及时做好危机预警。行政事业单位利用舆情监测掌握互联网用户行为、营销渠道提供更完善和个性化的产品或者商业服务；再者，互联网提供了愈发自由的言论环境，促使网络舆论的感染力成为企业经营管理过程中不容忽视的关键因素。企事业单位合理的充分利用网络舆情监测系统，来提升自我的品牌形象与声誉。

（二）我国政府管理网络舆情取得的成绩

1. 政府积极响应网络舆情，不断创新与公众的沟通形式

近几年来，各级政府紧跟时代潮流，高度关注网络舆情中蕴含的庞大民意，不断完善和创新政府与公众网上沟通机制。在应对网络舆情的态度、行为以及反应速度方面都有了极大的提高，建立了政府门户网站、网络舆情新闻发布会、开设专家咨询座谈室等等一系列措施，并积极进行政府网上回复。2009年、2010年连续两年，温家宝接受中国政府网和新华网的联合专访，和广大网友进行在线交流，对网友的提问进行解答。总理的网上问政，使总理与人民的联系更加紧密，在处理国家事务的同时，也深入地了解了人民群众对政府的期待。

2. 政府公共决策中积极纳入网络舆情

我国是社会主义国家，国家在制定和执行决策的过程中，代表的是最广大人民的利益，秉承的是维护绝大多数社会公众利益这一宗旨。政府决策为体现这一宗旨，必须正确对待网络舆情所承载的民众意愿。当前，国家各级政府部门通过不同的网络平台（论坛、贴吧、博客、微博等）发布消息，并在有关网络舆情的公共决策过程中，广泛听取网友意见建议，了解网民心理，知晓网民诉求，这样的开放办公使越来越多的公众关注并参与到政治生活中，促进了公共决策的科学化、民主化。

例如，2011年3月，在南京发生的"梧桐让路"事件。此事件起因是，政府为修建地铁需要砍伐或迁移在地铁设计路线上的梧桐树。在政策发布后，引起了南京市民广泛的不满和反对，之后黄健翔，孟非等在现居或曾居住南京的知名人士，通过微博号召或为梧桐树系绿丝带等形式，发起了一场声势浩大的"拯救南京梧桐"运动。后经媒体报道，事件发酵，扩大成为全国性事件。针对此事，南京政府与民众沟通，很快就制定并发布《关于进一步加

强城市古树名木及行道大树保护的意见》，承诺原则上工程让树，不得砍树。这一事件在政策制定上尊重网络舆情，顺应民意，最终民众和政府取得双赢。南京市政府在应对此次网络舆情事件中尊重舆情，利用并善用媒体等处理手段和取得的双赢结果，值得其他地区借鉴。

3. 官员问责力度加大、网络监督渠道拓宽

近年来，中央政府在网络舆情事件的处理中加大了对官员问责力度，处分那些严重违背民意，引起民怨的相关责任人。2009 年 6 月中共中央办公厅、国务院办公厅出台了《关于实行党政领导干部问责的暂行规定》，"对决策严重失误造成重大损失或者恶劣影响，对群体性、突发性事件处置失当，导致事态恶化，造成恶劣影响"等 7 种问责范围。如在处理南京"天价烟局长"，陕西"微笑局长"，甬温线特大铁路交通事故等影响恶劣的事件中，涉案官员都受到相应处理。以 2011 年 7.23 甬温线特大铁路交通事故为例，在 D301 次和 D3115 次两列动车发生追尾事故，造成巨大伤亡后，铁道部召开新闻发布会并展开救援行动，但对伤亡人数的通报以及事故原因的解释与实际相差甚远，此行为引起了网民的愤怒，他们猛烈质疑官方言论，并将事件原因归结到高铁建设和铁道部腐败，要求严惩责任人。事件经调查，铁道部相关责任人诚恳的向人民群众道歉，并将调查报告公之于众并严惩相关责任人，提升了安全运营程度。

第二节 国外网络舆情管理经验

相比中国，国外的网络化进程开始更早，发展至今已有一定规模，在这一进程中，都遇到一定问题，且各国政府根据各国自身国情出台并执行了一些关于网络发展的政策和措施，在保证网络绿色安全通畅的同时，对网络舆情的监管也颇有成效，既促进了政民沟通，也使民意在政府决策中发挥巨大作用。

一、美国网络舆情管理经验

美国作为老牌科技强国，互联网就是在这里兴起的。我们都知道世界上的第一台电子计算机就是在美国诞生的，当时的电脑得有两层楼那么高，几吨重。现在，随着个人电脑的普及，几乎每家每户都有自己的电脑了，同时，互联网科技得到大力发展。对于互联网的管控，也越来越成为一个重要的课题摆在人们的面前。美国，就是这方面的先驱，在管理的方面也积累了不少的经验与案例。

（一）美国在行政与立法层面对于互联网的管制

我们都知道，美国是一个三权分立确立的资本主义国家。自由和民主，一直是这个国家所自我标榜的东西。可是，对于网络，过分的自由就是对大多数人的伤害了。所以，在美国，根据自身政体的特点，就研究处理一种特有的体制来治理。首先，美国做到的就是，立法。我们知道，一个社会是由人组成的，可是归根到底还是要靠法制。依靠人治的社会，终将走向灭亡。立法方面，其就根据实际情况，出台相关的法律法规和制度。这样做到有法可依，依法行事。其次，在司法方面，严厉控制公正。不能滥用职权，不能辜负人民的信任。最后，在行政方面，平时加大查处力度。对于青少年的网络教育问题，我们都知道，美国的很多青少年有大量的空闲时间，可以选择自己感兴趣的方向进行研究。这样，就塑造了许多的电子计算机的高手，对于这部人引导，也是一个很大的难题。

（二）美国在技术层面对于互联网的控制

在美国，网络上面就有不少类型的言论。涉及政治、科技、社会、文化、教育、人文、历史等各个方面。其中就有些不好的、很黄很暴力的、血腥暴力的、惨不忍睹的、和负能量的引导了不好的社会风气。这些不好的东西，都是广大社会不希望我们的青少年看到的和接触到的，这些东西，我们不知道会将我们的青少年引导到一个怎样的境地。虽说，现在不少的青少年都是非常的早熟，但并不能以此为借口，放松了对于他们的呵护。美国政府，从不放弃，坚持自己的原创开发。研制了很多的软件，大大和谐了网络环境。

（三）美国在道德层面上对互联网的调节

我们知道，在美国社会里，大多数人都是信仰上帝的，这样，有宗教信仰的约束，也是一个良好的底线。通过教会的宣传，也可以是很好的手段。这样大部分美国民众都有自己一套的价值体系，拥有极强的自我约束和自律性。"摩西十诫"就是在这样的背景下，由美国的政府制定出的一套的道德理论。

由此，我们就可以轻易地发现，美国政府与其他许多国家的政府，采取的政策是不同的。美国政府秉承"堵不如疏"的政策。一味的阻止，必然会激起民众的反抗，尤其在美国这样追求自由的国度。

二、日本网络舆情管理经验

日本虽未明确管理互联网及网络媒体的部门，但在实践中形成了以总务省为核心,其他各部各司其职、分工协作的网络管理体系。总务省负责制定互联网发展的总体规划,对完善管理法规提出建议,并分类指导各种网络协会开展工作。文部科学省负责互联网相关技术研发和教育普及。经产省为企业信息化及产权保护提供指导。警察厅、法务省和内阁调查室负责监控和打击网络犯罪活动。日本警察厅设有网络技术中心和技术对策课,各管区警察局也配有网络机动技术力量,专门负责打击网络违法犯罪行为。公安调查厅和内阁府调查室则从社会稳定和国家安全的角度监控网上信息动态。

在法律治理上,日本主要依靠刑法和民法,同时倚重《特定电气通信事业提供者损害赔偿责任限制及发讯者信息公开法》和《个人信息保护法》,辅之以《关于禁止非法入侵行为等的法律》、《反垃圾邮件法》、《电子契约法》等专门法规处置网络犯罪。受法律制约和制裁的网上违法犯罪行为包括:损毁名誉、侵犯隐私、著作权和知识产权、非法侵入、胁迫、煽动非法行为等。

根据现行法律,网络服务供应商 (ISP) 和网络信息供应商 (ICP)、公共机构网站、个人网页、网上论坛管理人都是法律规范的对象。在信息发送者发送违法信息的情况下,登载该信息的网站管理者负有连带民事法律责任,有义务视情况删除相关信息。日本法律还规定,黑客非法侵入可判一年以下有期徒刑或处于 50 万日元以下罚款。从现有案例看,日本执法和情报机关 24 小时监视、收集与分析网上信息,包括电子邮件。监控的重点是暴力团伙、右翼和邪教组织、特定使馆和外国人的网站及网上信息,警方对"第二频道"等网上论坛的监控尤为严格,从中发现多起案件线索并顺藤摸瓜抓获罪犯。根据现有法律,日本警方在发现可疑信息后,有权要求 ISP 和网管提供相关信息或查封网页。

在日本,多数网上论坛采取会员制,会员有义务向 ISP 和版主提供详细、真实的个人信息,ISP 和版主也有义务保护这些信息不被滥用和侵犯。日本最著名的 BBS "第二频道"在警方压力下以及经历大量民事和刑事案后,也于 2003 年开始保存网上发言者的 IP 地址等信息。日本预付手机则早已完全实施实名制。为避免不负责任的言论引发法律纠纷,并节省人力,日本各大新闻机构和报社不在其网络新闻中开设"评论栏",一般网民只有到专门的 BBS 和网络论坛中才能随意发表匿名评论。这样,客观上将网络评论和匿名信息的社会影响程度降到最低。

日本的信息公开始于 20 世纪 60 年代,当时日本有部分社会团体开始讨论提倡信息公开,后发展为影响全国的市民运动。80 年代,地方公共团体开始制定并实施信息公开条例。90 年代,日本政府开始加快全国的信息公开进程。历经30多年。终于在1999年5月7日制定了《关于行政机关保有的信息公律》，在国家层面建立起了行政信息公开的制度。

在突发事件舆论处理上，日本设有事故情报管理组织——内阁情报会议，该组织依托覆盖全国的应急专用无线通讯网，快速收集和整理国内外的信息资源，并协调和共享政府相关部门的情报。同时，在首相官邸的危机管理中心，装备了与突发事件现场相联系的多功能卫星转播通讯设备，并建立了汇总全国应急管理信息的多媒体、多渠道的信息通信系统，综合分析信息并统一对外发布信息。在公共卫生事件发生时，日本政府可以通过保健所、媒体、厚生劳动省网站，向国民传达相关信息以及预防措施，并每日公布灾难具体伤亡以及救护情况。

尽管体系完备，日本在突发事件处置及舆论引导方面也有教训。2011年发生的海啸及随后引发的核泄漏就是明显的例子。

三、新加坡网络舆情管理经验

新加坡是世界上第一个全民网络互联的国家，对互联网的管理也累积了诸多值得借鉴的经验，其网络管理方式主要是：对网络服务提供者及网民实行"轻触式"管理，对互联网内容实行严格的审查制度。

（一）"轻触式"管理思想

1996年3月3日，新加坡广播管理局发表公告，阐述了新加坡政府对互联网的总体政策和对互联网的管理办法。公告称："互联网是一个强大的通讯工具和信息工具。随着计算机走进家庭、办公室和学校，互联网用户将会迅速增加。互联网如同广播和印刷媒介一样，将成为一个应用广泛的媒介。新加坡将鼓励互联网的发展，开发其潜力。同时，也要加强对电子网络空间的检查，排除那些色情、容易诱发社会、宗教骚乱和犯罪行为的内容。"

新加坡这种"平衡的、轻度接触的"管理方式主要包括分类许可制、接受意见和鼓励行业自律、加强公共教育。

（二）对网络发布内容执行严格的审查制度

新加坡《互联网操作规则》明确规定："禁止那些与公共利益、公共道德、公共秩序、公共安全和国家团结相违背的内容。"任何危害公共安全或国家防卫的内容都禁止在互联网上交流。这些内容具体是指：危害公共安全和国家防卫的内容；动摇公众对法律部门执法信心的内容；惊动或误导部分或全体公众的信息内容；引起人们痛恨和蔑视政府、激发对政府不满的内容。

四、英国网络舆情管理经验

在英国，可能是政府比较相信自己的民众。在这里，基本上施行的是民众的自己自觉。政府，双手一摊，让你们自己去做，爱怎么搞就怎么搞。

（一）英国对于互联网的行政管理

要对网络的安全内容进行管理的话，首先就要去了解当下的网络环境是怎样的。正所谓知己知彼，百战不殆。前期对于资料的搜寻，绝对是物有所值的。在英国，就有这样的部门，他们每天检测网络情况，搜集充足的资料，便于对网络现状及安全的分析。同时，在今年来还兴起了一种叫做网络警察的新兴职业。网络警察，顾名思义，就是一群拥有一定信息技术的警务人员，他们主要的工作地点就是网络。通过在网络上掌握的资料情况，进行侦测办案。同时，对于网络犯罪的打击，和网络安全的维护也起到一定的作用。

英国当局对待互联网，并不像中国那样视之为洪水猛兽。我们都知道，防民之口甚于防川，水能载舟亦能覆舟。对于民众对互联网的使用的途径，不应当是单纯的限制它的发展。那样做的话也不现实，毕竟未来是靠这些科技的产品来支撑的。政府在这方面就需要立法，就其使用进行明确的规定，无规矩不成方圆。有了完善的法律法规，我们才能从根本上去好好治理这方面的东西。另外一个，就是设立一定的机构办事处，最好是有专业人员组成，这样一来，民众就会大大增加信任感。往后，机构的各项措施也比较容易开展。

（二）英国网络监管的技术应用

网络管理，其实并不是那么简单可行的。现实中，很难对虚拟的网络有很多实质的打击。英国为了避免这方面的弱项，就出台了自己的网络安全的标准 BS7799。还有就是，网络过滤。就是将网络上面出现的内容，按照关键词搜索的方式进行排查，从中挑选出不良的内容，加以限制。大体上就是关于性、色情、裸露、暴力、种族、犯罪、恐怖主义、诈骗和分裂等言论。

（三）英国网络监管的法律政策

在道德和个人自我约束的前提下，英国也是一个法制国家。这样就诞生了相关的管理法律法规，如 1984 年的《英国电信法》和 1998 年的《竞争法案》。这样做到，有法可依，有法必依。另外，还有《信息公开法》、《通信监控权法》等相关法案。通过法律的强制性，加上社会道德的舆论谴责，双管齐下，真正做到了对网络文明的监管。在此基础之上，英国的政府和民众携起手来，共建网络精神文明建设。

五、德国网络舆情管理经验

作为世界上最早制定互联网相关法律法规的国家之一的德国，经过不断地探索发展，已形成了政府、机构齐抓共管的局面，其对互联网实施管理的主要原则是：有法可依，有法必依。

（一）立法

在德国，网络言论被纳入言论自由的范围并受到法律保护。1949 年联邦德国颁布的《基本法》是构成德国宪政体系的基础，该法案第 5 条明确规定了保护公民言论自由。

德国作为西方国家中第一个对网络危害性言论进行专门立法规制的国家。自 1997 年开始，通过《多媒体法》，并对《刑法法典》、《治安条例法》、《危害青少年传播出版法》等法律法规及时进行修改完善，建立了一套完备的关于网络言论的法律体系，在保障公众和个人利益，尤其是公众利益的同时，加强了对互联网中信息传播的控制。法律着重限制包含猥亵色情、恶意言论、谣言、种族主义的言论，尤其禁止与纳粹相关的思想言论与图片在互联网上的传播。

（二）信息公开

德国政府非常重视与新闻媒体的沟通以及与网民的互动，保证民意畅达，舆论积极向上的同时，也有效的避免了个别的恶意诽谤，谣言迷惑人心。重大突发事件往往由政府高层领导出面发布，回答记者问题，解除民众困惑，这也成为了政府公众服务的传统。德国于 2005 年制定并颁布了《信息自由法》，明确界定了民众享有的"政府信息普遍知情权"，并通过电子政府和网络化进一步完善信息公

此外，危机信息平台的建立，有效的保障和促进了政府信息公开。该平台由两个独立子系统构成，并且具备内外分离、集中处理、便捷高效的特点。一是德国危机预防信息系统 (deNIS)，该系统平台有 2000 多个相关链接，集中了互联网上所有可以找到的危机预防措施信息并面向社会公众开放，向人们提供在面对各种危机情形时应当采取的保护措施等信息，并及时与网民互动。二是德国危机预防系统 2(deNIS2)，主要是建立民事保护和灾难防护领域的内部信息网络，迅速地分析非同寻常的危险和损失，为决策者在民众保护和灾难救助上提供信息，减轻决策层的预先评估和资源管理工作，帮助决策者有效的应对危机。

（三）严格执法

德意志民族勤俭务实，执着于规矩，一丝不苟等特征决定了他们在有法可依的情况下，可依坚决贯彻和执行，奠定了执法严格的基础。德国联邦内政部作为互联网信息安全最高国家机构，它的工作重点是过滤信息，防范不良言论的传播。内政部中的信息技术安全局作为主要实施机构通过以下几方面保障执法：1. 吸收了众多物理、数学、信息学等方面的专家，负责向社会发布安全警告，提供安全技术支持，应对和解决网络安全问题；2. "设立网络警察，负责监控有害信息的传播。刑事司法机关和联邦警局，实时跟踪网上可疑信息，包括极端主义，恐怖主义言论及其传播者等，积极和美国 FBI，欧洲刑警组织等机构开展国际合作，共同对网络信息传播实施监管，加强对网络犯罪的打击力度。其中保护未成年人免受侵害是网络信息管理的重点，德国政府为此专门设立了"危害青少年媒体检查处"，专门负责识别和检查互联网信息内容，监测不良信息网站的发展状况，将有害信息记录在案，随时运用技术手段确保未成年人无法接触和翻阅这些内容，保证媒体传播信息的安全性。尤其以对网吧的监管作为重点，90% 的网吧禁止游戏，并严格控制青少年的浏览内容，最大限度的消除不良信息对未成年的危害和影响。

第六章 新媒体语境下网络舆情的监测

中国网络舆论开始对中国社会发展产生普遍而深刻的影响始于2003年，这一年因发生了数起网络舆论热点事件，而被媒体称为"网络媒体元年"。广州大学生孙志刚被收容致死案激起互联网上民怨沸腾，人民网发表评论《孙志刚案是谁在装聋作哑》。国务院在很短时间内废除了旧的收容遣送办法，这是新中国成立以来没有过的。在哈尔滨富家太太宝马撞人案中，网络舆论一度惊动中央，中纪委过问复查宝马撞人案，在事后悄悄惩治了与宝马案相关的法院官员和黑龙江省政协官员。还是在2003年，辽宁黑社会老大案，一审被判死刑，后改成死缓，招来网上一片骂声，最后还是改回了原判。

在新媒体飞速发展的今天，网络舆情监测越来越关系到国家社会的稳定。众所周知，了解网络舆情的信息源、信息采集及信息的选取与研判，对网络舆情的监测具有重要的意义。

第一节 网络舆情信息源

为了更好的掌握网络舆情的发展，我们需要及时了解其信息的来源。网络舆情的信息源主要存在以下几个方面。

一、互联网言论

（一）论坛 / BBS

基于web网络的交互性，网民可以随时随地上网，在网络社区中发表帖子，发出带有个人观点的各种信息。信息时代网络民意的集散地已经形成。舆情监测工作中，接触到的超过半数的信息都来自各种网络论坛。因此，论坛和BBS是网络舆情监测关注的最重要领域。

目前，中国现在有几百万个BBS，上亿人访问BBS。影响全国网络舆论走势的有20多家BBS。比较著名的有天涯社区、凯迪社区、中华网论坛、强国论坛、百度贴吧、新华发展论坛、央视复兴论坛、凤凰网论坛、西祠胡同、华声论坛、网易社区、新浪论坛、搜狐社区、腾讯论坛、大旗网、猫扑论坛、奇虎社区、ChinaRen社区、西陆社区、国际在线、铁血论坛、豆瓣网、水木社区、TOM论坛、泡泡俱乐部、博客网论坛等；另外，红网论坛、京华论坛、大洋论坛、南方社区、深圳论坛等等带有地域特色的论坛影响力也很大，也是全国性舆情监测的重要对象。

以"百度贴吧"为例，它是基于关键词的主题交流社区，聚合利益相关人群，进行封闭式深度交流。比如说"石首吧""巴东吧"，可能会直接影响到县域的人心稳定。另外，在监测地方舆情的时候，要特别关注各省市级地方地域性论坛，地方网友的观点往往更具有代表性。舆情抽样的结果往往会直接影响到舆情报告的全面性和针对性。对于地方舆情事件、现象和话题，要首先监测分析地方网友言论，深入群众、抽取有价值的言论样本。

再次，对于政府机构和大型企事业单位，舆情监测的对象在涵盖全国性与地方性综合性网络论坛版块的同时，要特别关注相关行业、单位、企业的官方网站及其论坛、留言板等。

（二）网络新闻

在当今社会，互联网已经发展成为网民获取新闻资讯的主要媒介之一。随着网络技术和应用的飞速发展，新闻传播机制的变革加快。其一，手机上网、微博客等新兴网络媒体的快速发展，为用户上传信息提供了便捷的渠道，推动了互联网用户产生内容的快速增长，网络新闻的来源更加丰富。其二，网民获取新闻资讯的渠道更加多样。其三，社交网络凭借用户间的交互性，在新闻资讯传播中发挥重要作用，提高了新闻传播的速度、广度和深度。随着新闻传播渠道的更加多元和高度融合，网络新闻内容的生产和消费行为快速扩展，未来网络新闻市场将更加繁荣。

目前，中国网民日常经常接触的网络媒体主要有以下三类。一类是我国新闻宣传体制内四大传统媒体(报纸、杂志、广播、电视)衍生的网站，随着网络媒体的兴起，部分网络媒体已经具有相对独立性，如人民网、新华网、央视网等，原创新闻与评论逐渐兴起。这类新闻网站几乎占据了我国网络新闻网站的绝大部分，具有最权威的影响力。

一类是随着互联网一步步发展起来的各大门户网站，如新浪、搜狐、网易、腾讯等全国性商业新闻网站，各地方也逐渐出现地域性的商业性新闻网站。门户网站的新闻来源，一是大量转载传统媒体及其网络新闻，其次也具有独立采访发稿的机构。不少门户网站设立包罗万象的频道，进行各种新闻策划，不断推出各种网络专题与原创评论，是网络舆情监测关注的重要领域。

另外，中国的网民也能够登录国外各大新闻网站。涉外舆情监测分析中，境外网站新闻及网友的言论将是我们采集的重要内容。需要注意的是，舆情监测人员要有高度的政治敏锐感与责任感，注意甄别和剔除恶意歪曲与攻击我国党、政府和人民的各种言论，选取真实、理性、客观的言论样本。

另外，随着我国网民的增长和网络新闻的进一步发展，我国体制内外的各大网络媒体，特别是那些没有新闻采访与发布权的商业网站，具有交互性的网络新闻专题异军突起，在受众中影响广泛。网络为新闻传播提供了一个新的平台，在网络新闻竞争日益激烈的今天，网络新闻专题成了网络媒体角逐的热点。

网络新闻专题以集纳的方式围绕某个重大的新闻事件或事实，在一定的时间跨度内，运用新闻各种题材及背景材料，调用文字、图片、声音、视频、图像等多种表现形式进行连续的、全方位的、深入的报道和展示新闻主题前因后果、来龙去脉的新闻报道样式。

从另一个角度来说，网络新闻专题也是利用网络的海量信息，以信息打包的方式，对社会政治、经济、军事、文化等方面某一主题或某一事件进行快速、立体扫描和背景分析的一种全新的新闻表现样式。优秀的新闻专题能够吸引大量的访问者，提高网站的浏览率，增强网络媒体新闻传播的社会影响力。

在网络舆情监测中经常涉及的重大突发事件、重要节日会议或赛事活动、各种社会热点问题等，往往是网络新闻专题发挥最大功能的领域。因此，网络新闻专题是网络舆情监测的重要信息源。

（三）维权网站

维权是指公民维护自身合法权益免受侵害，或争取侵害补偿和司法救助的行为方式。常见的网络维权方式首先是在各种网络论坛、博客、新闻跟帖、视频博客、微博、网络调查等大众网站中发帖或跟帖；其次是在各种"维权网站"上进行投诉或举报；再次，在个人创办的维权网页上面投诉，请求进行维权帮助等等。网络维权也有可能突破网上虚拟的言行，与现实生活密切互动，对网络舆情和现实社会产生影响。因此，维权网站和个人维权网页也是网络舆情的重要信息源。

互联网兴起以前，我国消费者维权和司法维权等的相关体制、法律法规不甚健全，加之程序复杂，维权成本太高，普通消费者和民众宁可吃小亏也不进行维权，这种情况非常多见。

但网络诞生以后，由于网上发帖曝光的便捷性和匿名性，减少了时间和机会成本，也有效保护了举报者的个人安全，加上网络传播的广泛和快速，很大程度上超越了时空的限制，即使是经济较为落后、交通欠发达的地区，只要一经在网上发帖或用手机发微博，就能通过网络和全国网友进行互动交流。因此，网络的兴起，我国转型期各种复杂社会矛盾的发生，也推动了维权网站和个人维权网页的发展。

在这种情况之下，衍生出了针对消费者维权需求的第三方维权网站，其中部分网站为商家联盟等民间组织创办。这些先天或者后天与商业企业有着难以切割的复杂联系的维权网站，一方面适应了企业树立形象、自查自纠的需要，另一方面满足了无力维权的普通消费者的现实需求，因而迅速在网民和消费者中间树立起公信力。

如在百度上输入"315"，瞬间就会搜索到1亿个网页，其中前几页链接的网站大都是消费维权网站。在百度搜索引擎中搜索"维权网"时，会出现近五百万条结果，消费者维权、律师维权、农民工维权、就业维权、青少年维权、买房维权、家电维权、质量维权、游戏维权、侵权维权等五花门，无所不包，而像电子投诉网、百姓维权网、中国维权网、3·15维权网等维权网站多如牛毛，冠以中国、华夏等名目的维权网、投诉网、挑刺网、法制网、监督网站等更是数不胜数，每个省市、地区也都有自己相应的维权网站，如一些消费类维权网站都号称宗旨是："专为消费者说话""专跟不良商家作对"。

但需要指出的是，虽然公信力向民间倾斜是由监管缺失而产生，正因为监管缺失，也容易走向公信力的滥用。因为，大多数维权网站并非都是权威、有信息发布资质和公信力的单位或协会主管主办的，很多网站是商业网站，甚至是个人网站。目前，我国的多数维权网站正面临双重尴尬：一方面，部分无收入来源的网站既要扛着"维权大旗"，又要解决生存难题，另一方面，此类网站良莠不齐，正面临受消费者和企业双重质疑的信任危机。

"挟投诉以令企业"已成为行业的"潜规则"，一些维权网站和网络公关删帖公司利用网民举报信息牟利，成为行业灰色地带。在诈骗类举报中，举报虚假维权、投诉网站的情况有所增加，说明维权网站和个人维权网页需要规范和调整，才能在政府、企业、司法机构和消费者之间起到良好的监督和沟通作用。舆情监测工作中，要注意维权网站信息的分析鉴别。

（四）新闻跟帖

"新闻跟帖"，是网络新闻评论业务，是网友就网络新闻发表自己观点看法的地方。在每一条网站发布的新闻后面，网民可以用跟帖的形式对这条新闻进行评论，同时阅读其他网民的跟帖，并与之形成观点互动。

新闻跟帖是网络舆情监测的重要抽样对象，网友参与群体广泛，价值含量很高，高密度汇集网友言论，值得重视。在一些公共政策的制定和变化过程中，公众讨论的影响力清晰可见，如网易推出的网络新闻专题"孙志刚事件"，每篇新闻报道或评论都设置了完整的新闻跟帖功能，网友可以随时在留言回复中发表自己对新闻事件的看法。目前，大多数网站都设有新闻跟帖功能。如人民网、新华网、央视网、新浪、搜狐、网易、腾讯等各大门户网站等。

新闻跟帖是最接近"地气"的网络舆论。人民网、新华网的网友，公务员和文教系统居多，近年来看新闻回帖量逐渐攀升。相比较而言，四大商业门户网站有众多基层网友，积极发言者众多，以网易和腾讯的特色最为明显。

（五）网络调查

网络调查或网络问卷目前采用最多的方法主要有：E-mail 法、web 站点法、Net-meeting 法在聊天室选择网民进行调查等，在 BBS 电子公告牌上发布调查信息，或采取网络实时交谈等方式。其构成包括如下几个部分：受众、调查系统、问卷项目、分析结论等。利用互联网进行调查的确具有很多优点，比如快速、方便、费用低、不受时间和地理区域限制等。因此，几乎所有的新闻网站都大量运用网络调查问卷的方式就某一社会热点事件、话题和现象进行民意的征集和测试。关注各种网络调查及其数据结论，这是最好、最快地了解舆论和民意的途径。这是网络舆情监测最突出、最重要的一个领域。

如全国两会在京召开，为了把百姓的"声音"更好地传递到两会上，人民日报政治文化部和人民网就关系百姓生活的热点问题，联合在网上开展调查。对网友最关注哪些热点话题，对热点问题有什么具体看法，可以通过投票和留言框来表达。媒体把网民的问题带上两会，形成网上网下共同关注全国两会的热烈氛围。

通过网络调查发现，反腐倡廉、食品药品安全、医疗改革、收入分配、就业问题等成为广大网民最关注的话题。这些数据也为"两会"舆情监测提供了重要的参考。

二、网络版传统媒体

经过长期网络舆情监测发现，新老媒体互动能够产生巨大舆论引导作用，往往会影响舆情走势。党报台网等媒体虽然在新媒体技术与理念方面，一般滞后于市场化媒体，但却具有最雄厚的新闻产业基础，拥有专业人才资源、资金实力和党政资源优势，在社会舆情热点的宣传报道方面，也比市场化媒体更具有稳定性，在涉及官方的报道中，具有权威性和代表性。因此，要特别关注传统媒体的网络版，注意区分媒体言论与网络言论的分野，深入分析和挖掘舆情表象背后的利益诉求，通过舆情研判，探索正确的应对机制。

（一）体制内媒体

体制内媒体一般指中国共产党与中华人民共和国新闻宣传系统中的中央、各省市县地方党报、电视台、广播台，各级政府及其部门官方网站等。如中央电视台、人民日报、中国青年报、嘹望等中央媒体，北京日报、天津日报、北京卫视等地方媒体。

体制内媒体多权威报道，通过舆情监测分析发现，在舆情走势体制内媒体的评论分析往往起到一锤定音的作用，也代表了我国党政官方的立场，因此要特别关注。需要指出的是，目前中国的媒体现状，除了几家主要的官方媒体，如人民日报、中央电视台、中央人民广播电台、中国青年报、解放日报、解放军报、光明日报、经济日报、法制日报、检察日报、工人日报、农民日报、人民政协报等，绝大多数媒体都已经走上了市场化发展的道路，在较为开放的领域，体制内媒体与市场化媒体的区隔出现更为模糊的迹象。网络舆情监测工作中，主要关注传统体制内媒体网络版的较强的官方背景。

（二）市场化媒体

改革开放以来，我国传媒业无论其资本构成为何，均为"双重属性"的性质，即事业属性、企业属性，同时必须坚持社会效益为主，经济效益为辅。以我国党政宣传体制为依托，国内各主流党报台网不断推出子报台网，给予市场化主体地位，开展市场化经营，这就形成了今天中国庞大的市场化媒体格局。

市场化媒体依附于中央和地方体制内党报台网，具有新闻采访与发布权，因此在今天大众传媒格局中，报道风格的内容与体制内媒体有明显区隔，并且机制更为灵活，观点更为多元化。经研究发现，在网络舆情监测中，市场化媒体的报道与评论往往在舆情事件走势中起到积极主动的作用，观点更为新锐，言论更为丰富，能从不同利益群体的角度还原事件真相与观点诉求，也是网民积极踊跃参与的领域。因此，必须重视市场化媒体的监测分析。

（三）境外媒体

涉外网络舆情监测中，我们主要关注与舆情选题相关的外媒报道。一般知名国际媒体都设有中文版，通过相关搜索工具，我们可以搜集到外媒报道与评论，以及国外网友与读者的反馈性信息，这是涉外舆情监测中必须要重视的部分。

据不完全统计，我国网络舆情监测中经常搜索的外媒主要包括港澳台非中资媒体、国外华人和中文媒体，如星岛新闻网、联合早报网、凤凰网、凤凰卫视、信报、明报、新报、经济日报、东方日报、太阳报、苹果日报、亚洲时报；中国时报、联合报；路透社、金融时报、BBC中文网、华尔街日报、多维社、世界日报等。

三、新型社交媒体工具

（一）博客

博客的正式名称为网络日志，又音译为部落格或部落阁等，是一种通常由个人管理、不定期张贴新的文章的网站。博客上的文章通常根据张贴时间，以倒序方式由新到旧排列。许多博客专注在特定的课题上提供评论或新闻，其他则被作为比较个人化的日记。一个典型的博客结合了文字、图像、其他博客或网站的链接及其他与主题相关的媒体，能够让读者以互动的方式留下意见，是许多博客的重要要素。大部分的博客内容以文字为主，仍有一些博客专注在艺术、摄影、视频、音乐、播客等各种主题。博客是社会媒体网络的一部分。自2002年起步，博客在中国已有十多年的历史。截至2018年12月，我国博客用户规模超过3亿。

参照网站和论坛的分类，博客也可以分为境内博客和境外博客两类。境内比较活跃的博客包括"QQ空间""百度空间""网易博客""新浪博客""腾讯博客"等；境外比较活跃的博客包括"blogger"等。

博客是以个人为中心的传播方式，是表达作者观点和思想的工具。其内容发表与传统媒体相比门槛较低、约束较少，与微博等偏社交的媒体应用相比门槛又较高，内容较有深度。任何人都可以发表自己的博客，这就改变、打破了传统媒体层层严格把关的出版模式。博客的巨大空间使博客"把关人"——网络编辑可以不必像传统媒体那样严格压缩、删减稿件，多媒体、超文本和超链接技术的运用更使得受众可以不依赖于"把关人"而自由方便地阅览到丰富多彩的背景资料以及其他相关信息。可见，博客信息空间容量的急剧膨胀也就意味着"把关人"对信息的控制权、优先占有权被大大地削弱了。在思想表达上，博客实现了言论自由权，可以无需"把关人"的审查；在信息获取上，博客也实现了真相知情权，网民可以利用多节点的连通访问轻易绕开"把关人"设置的障碍来获取需要的信息。但博客舆情的传播具有两面性。其空间的高度开放给网民带来高度开放信息的同时，也使泥沙俱下、鱼目混珠的负面信息、黄色信息和破坏信息大量滋生并迅速蔓延开来。如果政府社会管理不力、网络平台缺乏社会责任、博客的自由放任，则必然导致博客舆情传播中信息把关的缺失。

近年来，随着微博的日趋流行，博客的活跃度有所下降。不过，微博的低门槛造成了微博上内容的参差不齐，杂乱无章，在专业性上无法和博客相提并论。在微博平民化的同时，博客精英化的趋势非常明显。如今博客的创作者主要是精英人群，创造的内容也趋于专业化，博客的阅读者则主要把博客当成获取信息的渠道来源。近年来，百度和腾讯分别推出的"百度百家"和"腾讯大家"栏目在一定程度上可以看作是博客的升级版。总的来说，在未来的相当时间内，博客依然会受到众多专家学者和网上意见领袖的青睐。许多有见解、有深度的分析和评论依然会来源于博客，博客依然是网络舆情的其中一个重要的信息源。

（二）微博

近年来，随着微博的迅猛发展，微博日益成为信息时代的主要传播渠道之一，成为舆情的始发地和引爆点，在公共事务中扮演着越来越重要的角色，发挥的作用也越来越大。在这些公共事件中，一大批微博意见领袖随之浮现，受到网民广泛关注和支持。

通过与网站、论坛、博客进行比较，从而得出微博的特性，也就不难发现微博之所以在当下流行并开始影响各国政治、社会等各方面的原因：（1）碎片式的文字表达。微博源于博客，但与博客相比其具有的最显著不同点就是写作门槛低。尽管博客对字数或文笔没有任何要求和限制，但博客大都篇幅较长、叙事完整、评述到位，给普通的博客作者带来一定程度上的精神负担和压力。而微博最大的特点在于"微"。短短140字的限制可以让任何人都能蹦出几个字来，大量原创内容爆发性地产生。（2）多样化的发布渠道。微博的发布渠道广，操作简便，可以通过电脑上网、手机上网、利用客户端等操作。尤其是随着智能手机的普遍使用，手机成为了最便捷的微博发布渠道，而手机用户的基数很大，大大增加了微博的潜在用户。（3）即时的信息发布。由于发布微博减少了网络媒体编辑、论坛版主层层把关审核等多个程序，因此在发生突发事件时利用手机等移动设备发布微博可以以最快的速度对外传播，实现信息的产生和发布准同步。如2010年9月发生的江西宜黄强拆事件中，《新世纪周刊》记者刘长、《凤凰周刊》记者邓飞通过微博现场直播了当地政府在机场拦截拟赴京接受记者采访的钟家姐妹，引发了微博传播中的转发狂潮，立即引起了社会的广泛关注。（4）开放式、全方位的传播方式。微博既包含了即时通讯工具的"点对点"传播方式，又包含了论坛、博客等的

"点对面"传播方式，提供了一个既可以无限关注别人，又可以被别人无限关注的开放空间。与传统的SNS网站相比，微博更像一种"关注型对话"，这是一种更偏向于单向的关系。

（三）微信

微信是腾讯公司于2011年1月21日推出的一个为智能终端提供即时通讯服务的免费应用程序，它支持跨通信运营商、跨操作系统平台通过网络快速发送免费语音短信、视频、图片和文字。微信提供公众平台、朋友圈、消息推送等功能，用户可以通过"摇一摇""搜索号码""附近的人"、扫二维码等方式添加好友和关注公众平台，同时将内容分享给好友以及将用户看到的精彩内容分享到微信朋友圈。截至2019年春节，微信活跃量超过11亿，是亚洲地区最大用户群体的移动即时通讯软件。在2015年羊年春节，微信红包成为一大主角，腾讯公司公布的数据显示，除夕至初五共6天，微信红包收发总量为32.7亿次，除夕当日收发总数为10.1亿次；微信个人红包春节期间收发峰值出现在19日00：00—00：02，峰值达到每分钟165万个红包被拆开。伴随微信的普及，越来越多的人选择用微信来发送贺年信息，从中可见微信巨大的影响力。

研究表明，微信用户对微信的使用大多停留在聊天等社交沟通上，占比分别为86.1%和34.6%。由于微信的朋友圈传播，借助腾讯QQ的强关系链，传播具有很高的到达率与转发率，传播速度快，效果明显。微信可以对不同用户群体进行后台细分，从而提高传播的针对性与可控性，提升传播的精准度与效果。另外，在媒体环境下，随着媒体融合的不断深入，内容融合、网络融合、终端融合的趋势明显，舆论平台的交融，舆论传播格局日趋复杂，传播途径与效果大不相同，微信等新社交媒体对社会舆论格局具有不可忽视的杠杆效应，意见领袖会将微信舆论场的信息传播至微博等其他舆论平台。微信朋友圈更易获得及时的信息资讯，垃圾信息较少，熟人圈传播具有信息互动快捷，可信度、到达率、转发率高等特点。

随着微信的普及，微信对网络舆情的影响也日渐增强。人民网舆情监测室认为，微信展示了用户强社会关系和社交媒体话题多元化的魅力，在亲友、同学、同事和同好者之间迅速流行。微信传播的内容，有很多属心灵鸡汤、养生秘方、晒孩子照片、秀个人生活，但涉及敏感议题、政治类不实传言和偏激议论的数量，不比前些年的微博少。所以微信舆论场，特别是微信公众账号和跨微信群的传播，成为互联网治理的新目标。也有学者认为，虽然微信与微博相比，表面上还缺少微博用户粉丝众多的鲜明媒体属性，而更多地表现出人际私密交往的特征,每一个用户在微信上表面都是平等的,很难分清哪一个是大V、中v和小v,但是,微信庞大的用户量和依托手机等移动媒体与用户的紧密黏合性,以及其事实上已经形成,只不过被技术手段隐藏了的媒体属性,使得其潜在影响力不容忽视。不仅如此,微信在舆论上的影响有更加深入的特点,其舆论影响更多表现为潜舆论和深层次情感层面,因而其舆论影响力不容小视。

(三) QQ群

QQ群是腾讯公司推出的多人聊天交流服务,群主在创建以后,可以邀请朋友或者有共同兴趣爱好的人到一个群里面聊天。在群内除了聊天,腾讯还提供了群空间服务。在群空间中,用户可以使用群BBS、相册、共享文件等多种方式进行交流。

QQ群随QQ而存在,是QQ的附属物。QQ群成为一个由有共同兴趣和目标的群体组成的小型社区,而各个OQ群之间的天然联系,使其成为一个特殊的传播网络。QQ群的传播特点很鲜明:其一,即时与便捷相结合。QQ群在信息聚合与传播方面有着其他传播方式无可比拟的快捷性;其二,实名与匿名相结合。群内成员,多半都是彼此熟识的。比如同学群、兴趣爱好群等。而相对于群外其他网络成员,则是匿名的;其三,多渠道与多模式传播相结合。在QQ群传播中,人际传播、组织传播、群体传播等多种方式相结合,达到了群员互动的最佳效果;其四,多功能性。除了群聊功能,群员还可以通过群论坛交流,使用相册、群空间分享各种文字、图片、视频等多媒体信息。

近年来,国内的一些重要网络舆情事件的信息传播里面都有QQ群的身影,一些敏感群体即通过QQ群进行组织串联活动。例如,"保钓反日"群体就建立了多个QQ群进行沟通交流。薄熙来事件后,一些"挺薄"人士也建立了很多QQ群,进行串联,组织"挺薄"活动,2011年8月14日,辽宁大连发生民众抗议对二甲苯(化工业简写PX)化学工程项目的抗议运动。日本媒体报道大约一万两千人参与了示威,该事件促使大连市委和政府于当天做出将PX项目立即停产并搬迁的决定。在8月14日抗议活动发生之前,国内各大论坛及QQ群就纷纷出现号召市民于8月14日前往人民广场进行散步的消息。另外,部分犯罪分子还通过组建QQ群来联络,预谋策划不法行为,网络诈骗、传销等成为利用QQ群犯罪的主要表现。2008年初,震惊全国的"带头大哥"王秀杰就是通过QQ群敛财的。他开设收费QQ群14个,进行收费证券投资咨询活动,最终被公安机关抓获。

第二节 网络舆情信息采集

在新媒体飞速发展的当今社会，网络舆情信息的采集越来越关系到舆情信息的监测，主要的网络舆情信息采集有以下几种。

一、人工浏览

（一）对新闻网站、论坛、博客等实时监测

对新闻网站、论坛、博客等传统互联网信息源的实时监测仍然以人工浏览方式为主。为了及时、高效地发现、获取有价值的信息，在实时监测的工作中，可以遵循以下三点策略。

第一，对新闻网站、论坛、博客等信息源进行分类整理。在浏览器中建立好收藏夹，将出料比较多的新闻网站、论坛、博客网址都收藏在一起，并按照一定的分类标准进行分类整理，比如将新闻网站分为综合门户类网站、经济类网站、思想类网站等，将论坛分为境内论坛、境外论坛等。每天工作时就直接找到该收藏夹，点击就能进入这些新闻网站、论坛、博客进行浏览。值得注意的是，在浏览论坛的时候，可设置按时间排序，在每天都坚持浏览的情况下，浏览几个页面即可，有时候，花上几分钟就可以快速浏览完当天的信息，从而不断提高自己的工作效率。

第二，根据信息源的特点进行监测。对于网站和论坛，要掌握其结构和更新规律，针对其"出料"较多的栏目、板块重点监测。作为一名网络舆情分析师，了解当天的网络热点事件是非常重要的一项工作，新闻门户网站的首页和新闻频道的首页将是浏览的一大重点。除此以外，门户网站的新闻频道往往会对每日的热门新闻进行排行，通过浏览排行栏目，往往有助于我们了解当天的网络舆情热点所在。比如，新浪网和网易的新闻频道都设有排行一栏，按照点击数量的高低，对不同类别的新闻进行了排行，新浪网还可以按照评论数量和分享数量进行排行，网易则不仅直接给出了点击的数量，而且可以按照24小时、本周、本月进行排行。与新浪网和网易略有不同，搜狐网则可以通过"我来说两句"栏目浏览当天的热门新闻，新闻按照评论的数量进行排行。除此以外，还应该根据信息源信息量的多少，合理分配时间和精力进行监测；对于定时更新的信息源，在其更新后要及时浏览，确保信息的时效性，但对于更新较快的信息源，应安排多时段多次浏览，避免遗漏。

第三，根据工作重点需求进行监测。网络舆情分析工作中，往往会遇到阶段性任务，在特定时期内某些特定信息需求量大增。如"九一八"前后，境内论坛的涉日信息、反日游行等成为政府部门关注重点；重大地质灾害发生之后，求救求援信息、质疑地方政府救灾不力、灾区腐败的声音等信息具有很大的信息价值。每年的3月15日"消费者权益日"前后，用户反映产品的质量问题或霸王条款侵害用户利益等的信息会集中出现；在"五一"劳动节、"八一"建军节、"十一"国庆节前后，网上有关特定利益群体串联维权等的信息会增多。适时调整关注重点，有助于提高上报信息的价值。

（二）微博信息的获取

1. 建立信息来源圈，及时获取日常热点信息

建立属于自己的信息来源圈，是刚接触微博的网络舆情分析工作者的第一步工作。"新浪微博"内置的"风云人物榜"为入门者提供了发现热点信息源的便利。以2015年3月19日数据为例，通过浏览"风云人物榜"和各个账号发布的微博，我们可以把关注时事并热衷发表政见的一些网上"大V"作为关注对象，纳入信息来源圈；作为发布消息的重要媒体，我们还可以将"头条新闻""财经网"和"南方都市报"等加为关注对象。在累积关注对象的同时，要注意对各个活跃账号进行分类分组，以便更好地监测管理。如在"新浪微博""腾讯微博"中的活跃群体大致可按以下几类进行分组监测：一为意见领袖；二为专家学者、作家；三为维权人士；四为媒体人。

完成以上步骤，信息来源圈算是基本建成，只要定期刷新主页或分类浏览相关账号发布的最新消息，根据消息的内容、转发量和评论数判断其"热度"，就可及时"获取"这些微博活跃群体关注的有价值热点信息。

2. 有效利用搜索引擎，建立并不断更新关键词库，主动"猎取"专项热点信息

等待关注对象推送消息尚属被动的信息获取方式，我们还需要主动出击"猎取"信息。通过实践发现，与"奇虎""谷歌""百度贴吧"相比，"新浪微博"屏蔽的敏感词相对较少，通过关键词突破微博自身屏蔽，利用微博内置搜索引擎，主动猎取我们所需的特定信息，是搜集网上重要舆情，完成专项任务必须掌握的重要技能。

比如，从"王立军事件"开始，随着有关部门加大了对微博信息的管控力度，一些网民开始发明指代敏感人物或事件的代替词："王立军"先是被拼音首字"wlJ"代替，很快演变成"王都头""王总兵""来俊臣"（唐朝酷吏）

乃至"护士长王丽娟";最后,以"王丽娟"这一常见的中国女性名字指称王立军成为网民共识。类似的情况在"薄熙来事件"上重演,从"不厚""薄都督""西南王""平两王"到"定襄公""瓜爹""重庆火锅"等替代词的嬗变来看,网民"旧词新指"的能力令人叹为观止。网民利用各种替代词来发布小道消息或"散布谣言",规避管控、删帖,对发现、搜集网络舆情带来了很大挑战,网络舆情分析师必须紧跟微博热词变化,不断更新自己的"关键词库",保持与微博网民"同步",才能保持在第一时间发现最新舆情,在最短时间内上报最具价值的信息。再如,中央宣布薄熙来处理结果后,境内论坛、微博流传大量政治类有害信息,这些帖文也采用各种代替词汇影射党和国家领导人,给网络舆情监测工作带来很大挑战。

3. 门户网站与微博结合

目前,一些重要新闻,除非被各大门户网站放在首页比较显著的位置,否则网民参与度很低,回帖更是寥寥无几,无法成为热点信息。因此,可以首先浏览门户网站,找到一些重要、敏感信息,然后再在"新浪微博"上找网民评论。例如,"中国疾控中心等权威组织审批通过转基因牛奶"这条新闻 2012 年 5 月 3 日刊登在"网易探索频道"上,网民参与度几乎为零。但发现在"新浪微博"上被网民转载后,网民评论短时间内达到 500 多条,已具备成为网络舆情热点的条件。

4. 跟踪各类多媒体在微博中的新应用,迅速"抓取"新型热点信息

由于微博的字数限制,网民常选择以附图、超链接形式力求将消息完整地发布。而后"长微博工具"出现,将长篇幅文字转为可缩放的图片,完美地突破了字数限制。同时,图片、音频、视频文件由于包含信息量大、审核时间长,审核难度远大于文本信息,逐渐成为网民热衷的规避审核、突破言论尺度的消息发布形式。越来越多的微博以"文字+附图"形式,或是以"文字+截图+视频(链接)"形式发布,所附图片、视频甚至"喧宾夺主"成为微博消息的重点。这些多媒体集成应用的出现,为我们"抓取"微博热点信息,提供了很好的机会。

(三)信息源的更新

一是应该经常对网站、论坛、博客、微博进行整理。互联网的发展一日千里,变化非常快,网络舆情工作同样如是。前几年,网站和论坛还是网络舆情的主战场,现今,微博和微信已经成为网络舆情的主要阵地,不少网站和论坛或者关闭,或者"出料"的情况锐减。不少博客和微博的用户不再更新,甚至销户,已经没有必要关注,与此同时,一些新的博客和

微博用户又横空出世，引起网民的高度关注。微信这一新的传播手段，更是成为网民的新宠。因此，针对网站、论坛、博客、微博，应该间隔一段时间就重新进行一次整理，整理出最新时段比较"出料"的网站、论坛、博客、微博的活跃账号后加以收藏和关注。针对微信，则应该潜心研究，加强监测。

二是借助搜索引擎，利用网络资源的"类聚性"开垦更多信息源"处女地"。在搜索引擎中输入某些关键字，可以找到相关网站和论坛，从而发现新的网络信息源。例如，如果你有一个非常喜欢的专业网站，并希望从互联网上找到更多同类的网站，怎么选择关键字最有效呢？或许搜索这个网站的内容类型会找到一些不错的站点，如使用"军事网站""医学站点"做关键字，但很多时候这种搜索方法也可能一无所得，实际上最有效的方法是抛砖引玉，用最喜欢的网站的站点地址作为关键字。因为链接到那个站点的往往是同类站点，用这种方法肯定能够找到一些相关的网站。由于网络资源具有明显的类聚性，某一网站、微博和论坛的链接通常指向同一类网站或相关联的网站，跟踪网站之间的链接可以发现一批同类网站，一些热点问题的报道往往也附有大量的网站链接，抓住这些链接我们就可以发现新的有价值的网站、素材和资料。

三是多浏览和关注微博、微信、博客、论坛和社区。网民常常会在这里交流一些新网站的网址，可以及时发现、更新网络信息源。随着互联网的迅速发展，网民的信息需求呈现多样化的趋势和特点，不同类型的网站便不断涌现以满足网民的需要。因此，要及时关注和跟踪新出现的网站，从而跟上网民的步伐，更新和丰富自己的信息源，在当下这样一个追求分享的互联网时代，一方面，网民如果发现新的、感兴趣的网站，便会在微博、微信、博客、论坛等进行分享；另一方面，新的网站为了扩大自身影响力，吸引用户，也会在其他网站进行宣传和营销。在日常工作中，网络舆情分析师可以多关注微博、微信、博客、论坛和社交等平台，特别是经常介绍新网站的用户、板块等，从而较快发现新的、有价值的信息源。

（四）网民评论的获取

网民的评论往往较为分散，内容也是五花八门、天马行空，所以搜集和整理网民评论观点是一项繁重的工作。

网民评论的搜集，主要是在新华网、人民网、新浪网、搜狐网、腾讯网、凤凰网、网易等国内主要新闻和门户网站，"天涯社区""凯迪网络""强国论坛"等网内论坛上找到相关消息，进而通过链接找出网民评论及观点。此外,还需要在"新浪微博""腾讯微博"找出相关微博及网民评论。对于门户网站和论坛,按搜集效率从高到低排列,可采用以下几种方法查找相关消息:(1)直接登录门户网站和论坛,在 IE 菜单栏的编辑子菜单下选择"在此页上查找",输入关键词,就能快速定位到相关消息在门户网站上的位置;(2)在"百度"的新闻搜索中输入"关键词+空格+site:+网站"的方式搜索相关消息。(3)借助门户网站和论坛上自有的新闻搜索引擎搜索该网站的相关消息。(4)在"百度新闻"中选择搜索"新闻全文"并筛选出门户网站的消息。(5)在"百度新闻"中选择搜索"新闻标题",逐一点开新闻列表并筛选出门户网站的消息。依次使用以上 5 种搜索方式进行地毯式搜索,基本可以确保门户网站和论坛的所有网民评论的链接都能被搜集出来。微博网民的评论搜集则主要通过搜索核心关键词,然后选取最近 1—3 天的微博,点击"热门",就可以按照转发评论的数量排列出相关微博了。

二、搜索引擎的使用

互联网搜索引擎能够根据使用者的需求,迅速提供对网页、网站、新闻等信息的搜索结果,提供数量可观的有价值信息,是网络舆情分析工作中举足轻重的"利器"之一。"谷歌"被视为全球最强大的搜索引擎,拥有惊人的搜索能力和多语言版本,能够提供十分全面、详尽的搜索结果,并可搜索境内外微博、境外部分社交网站的实时信息,且自带沦坛、博客搜索功能。"百度"侧重于中文网页的搜索,在境内新闻、网页、论坛和博客等信息上略胜一筹,但屏蔽了大量敏感信息。目前,"符歌""百度","新浪微博""腾讯微博"内置搜索引擎均自带"高级"搜索功能,提供了搜索时间段、关键词、特定网站等功能,结果细化到某一网站、某一时间段、某一关键词,可以按相关性或时间顺序排序,基本能满足工作需要。

(一)搜索引擎的定义及使用方法

搜索引擎 (Search Engine) 是指根据一定的策略、运用特定的计算机程序从互联网上搜集信息,在对信息进行组织和处理后,为用户提供检索服务,将检索到的相关信息展示给用户的系统。搜索引擎包括全文索引、目录索引、元搜索引擎、垂直搜索引擎、集合式搜索引擎、门户搜索引擎与免费链接列表等。

当前,搜索引擎数量不少,谷歌、百度、搜狗、搜搜、必应、雅虎、有道等,各有千秋。在此,选取我们日常工作中最常用的谷歌和百度搜索引擎作简单介绍。搜索引擎的使用方法主要包括以下几种:

1. 简单查询

在搜索引擎中输入关键词，然后点击"搜索"就行了。例如我们要查询有关"两会"的信息就输入"两会"，系统很快会返回查询结果，这是最简单的查询方法，使用方便，但是查询的结果却不准确，可能包含着许多无用的信息。

2. 高级查询

给要查询的关键词加上双引号（注意是半角，以下要加的其他符号同此），可以实现精确的查询，这种方法要求查询结果要精确匹配，不包括演变形式例如在搜索引擎的文字框中输入"全国两会"，它就会返回网页中有"全国两会"这个关键词的网址。在关键词的前面使用加号，也就等于告诉搜索引擎该单词必须出现在搜索结果中的网页上。例如，在搜索引擎中输入"全国＋两会＋开幕"就表示要查找的内容必须要同时包含"全国、两会、开幕"这三个关键词。在关键词的前面使用减号，也就意味着在查询结果中不能出现该关键词。例如，在搜索引擎中输入"空调—格力空调"，它就表示最后的查询结果中一定不包含"格力空调"。

3. 使用布尔检索

所谓布尔检索，是指通过标准的布尔逻辑关系来表达关键词与关键词之间逻辑关系的一种查询方法，这种查询方法允许我们输入多个关键词，各个关键词之间的关系可以用逻辑关系词来表示。

and，称为逻辑"与"，用 and 进行连接，表示它所连接的两个词必须同时出现在查询结果中。例如，输入"全国 and 两会"，它要求查询结果中必须同时包含"全国"和"两会"。

or，称为逻辑"或"，它表示所连接的两个关键词中任意一个出现在查询结果中就可以。例如，输入"全国 or 两会"，就要求查询结果中可以只有"全国"，或只有"两会"，或同时包含"全国"和"两会"。

not，称为逻辑"非"，它表示所连接的两个关键词中应从第一个关键词概念中排除第二个关键词。例如，输入"空调 not 格力空调"，就要求查询的结果中包含"空调"，但同时不能包含"格力空调"。

在实际的使用过程中，可以将各种逻辑关系综合运用，灵活搭配，以便进行更加复杂的查询。

4. 使用元词检索

大多数搜索引擎都支持"元词"功能，依据这类功能把元词放在关键词的前面，这样就可以告诉搜索引擎你想要检索的内容具有哪些明确的特征。例如，你在搜索引擎中输入"title：全国两会"，就可以查到网页标题中带有

"全国两会"的网页。在键入的关键词后加上"domainrg",就可以查到所有以 org 为后缀的网站。其他元词还包括:image——用于检索图片;link——用于检索链接到某个选定网站的页面;URL——用于检索地址中带有某个关键词的网页。

5. 特殊搜索命令

intitle:是多数搜索引擎都支持的针对网页标题的搜索命令。例如,输入"intitle:格力空调",表示要搜索标题含有"格力空调"的网页。

(二)当前热门微博搜索引擎和传统搜索引擎概貌

近年来,境内微博,尤其是新浪、腾讯微博用户呈现爆炸式增长。微博已成为境内网民日常信息交流主要网络平台之一,亦由此快速取代传统网络媒体,成为网络舆情的主要传播渠道。因此,对微博自带的搜索引擎进行研究和挖掘已成为我们日常做网络舆情分析工作的必修课。这里,主要选取网民集中、信息量大的新浪微博和腾讯微博的搜索引擎作为研究对象。

微博虽然发展迅猛,但内容搜索非其强项,这也给传统搜索引擎带来了新的发展机遇。传统搜索引擎一直在不断更新索引,甚至努力发展微博的实时搜索,加之微博搜索引擎不具备全网搜索的功能,因而传统搜索引擎仍是我们获取敏感信息不可或缺的最重要工具。在此,选取我们日常工作中最常用的谷歌和百度搜索引擎作为重点研究对象。

1. 新浪微博搜索引擎对比腾讯微博搜索引擎

微博的快速发展凸显了对信息人口的争夺,从这个争夺过程来看,除了直接访问微博主页,看到我们所关注用户的信息外,利用微博自带的搜索引擎也是我们获取信息的重要手段。客观地说,微博搜索还在一个初级阶段,而且因自我监管比较严厉,从日常实践看,其搜索引擎尚不能满足我们日常信息上报工作所需。下面主要从两方面进行集中对比:

(1)搜索类型:目前来看,新浪微博搜索引擎和腾讯微博搜索引擎都可通过内容和用户进行搜索,检索出的内容均可以按照"实时"和"热门"排序。除了相关的图片之外,两个搜索引擎还可以找到相关的视频和音乐。不过,在搜索的全面方面,新浪微博搜索引擎似乎略胜一等,寻找到的微博内容较多,这可能与腾讯微博在逐渐边缘化,新浪微博成为国内微博的主导有关。另外,值得称赞的是,新浪微博搜索引擎不仅提供了与关键词有关的新闻文章,而且可以订阅关键词,这对我们日常工作提供了一定的便利。

(2)敏感度状况:从实际测试结果来看,新浪微博的自我监管机制要严格得多,敏感词较腾讯微博要多,最突出的是在重大突发事件发生后,新浪微博有时甚至会将发生地的城镇名进行屏蔽，而腾讯微博在这方面要相对宽松，关键词的屏蔽速度也较新浪微博要慢，这就给我们获取涉稳敏感信息提供了很好的切入时机。

2. 谷歌搜索引擎对比百度搜索引擎

谷歌搜索引擎和百度搜索引擎可以说是当今国内外各种搜索引擎中的翘楚。充分利用好谷歌和百度搜索引擎，更是我们日常信息上报工作最大的依仗。在此，特从两个方面对这两大搜索引擎的功能进行对比：

（1）内容全面性：百度搜索引擎偏重于境内论坛、网页和博客等信息；符歌搜索引擎则实现了跨越境内外的检索，可以搜索出境内外的信息，但比较而言还是较为偏重境外网页、博客的信息。不仅如此，谷歌搜索引擎还能按照"论坛""博客"进行分类检索，能有效减少我们的搜索时间，而百度搜索引擎暂时未能提供这一服务。

（2）对微博的搜索能力：符歌搜索引擎可实时搜索、抓取境内微博、境外"推特网""脸谱网""google+"等社交网站提供的实时信息；百度搜索引擎则仅提供境内微博的实时搜索。

（三）搜索引擎一般的使用技巧

1. 关键词搜索

关键词搜索是信息获取的最基本技巧，也是所有舆情研究者的必备技能。在搜索引擎搜索框内输入需要查询内容的关键词，敲回车键，或者鼠标点击搜索框右侧的搜索按钮，就可以得到最符合查询需求的网页内容。下面就关键词搜索常用基础技巧做一简单介绍。

一是限定搜索范围提高查准率。（1）关键词精确匹配。在输入的查询词较长的情况下，给关键词加上双引号，可以避免被拆分，达到精确匹配的效果。（2）利用减号语法消去含有特定关键词的搜索结果。如在"百度"搜索"反日游行 —禁止"（注意减号与第一个关键词之间需有一个空格），结果就不包含与"禁止"反日游行有关的内容。（3）将搜索范围限定在网页标题中。利用"intitle："可以把查询内容范围限定在网页标题中。（4）限定特定站点的搜索。有目的地把搜索范围限定在某个特定网站中，可以提高搜索效率，在查询内容后面加上"site：站点域名"即可实现。如在"新浪微博"搜索"实名举报"反腐信息，可以输入"实名举报 site：weibo.oom"。

二是掌握六种网络关键词二（1）网络新词。网络新词是被网民普遍接受、广泛使用的关键词形式。在网络舆情监测与分析工作中，网络新词是容易发现、也较容易掌握的网络关键词类型。例如"富二代""穷二代""高帅富""白富美""矮穷矬",皆是网络新词。网络新词只是表达网民社会情绪的方式。并不刻意去规避网络监管。但对舆情工作来讲,掌握网络新词可跟进了解社会民意,知晓网民情绪,并可从新词发展趋势中分析网络情绪的发展态势,从而总结经验,并为引导网络舆论提供参考。(2)字母、数字替代关键词。此类关键词目的性明显,就是通过用字母、数字替代个别字词,逃避关键词监管。例如"B都督""十8大""拾捌大"等。对于网络舆情监测与分析工作来讲,字母、数字替代关键词可能都是敏感词,对此类关键词的监测我们要及时跟进,发现替代的新形式和新规律。(3)同音、谐音替代关键词。同音、谐音替代关键词与字母、数字替代关键词相似,一般来讲也是基于逃避关键词监管的目的。例如以"明珠"替代"民主",以"滋扰"替代"自由",以"河蟹"替代"和谐"。此类关键词一般为临时性网络词汇,且不断变化,不易掌握,可在相关时间点重点把握,根据当前热点事件来跟进。(4)代指关键词。代指关键词是以新的网络词汇来指代特别事件及人物。此类关键词大都带有一定的网络情绪,主要目的是为了表达对所指代事物或人物的某种感情。当然,这类关键词也有规避敏感词监管的功能。例如,以"不厚同志"指代"薄熙来"。代指关键词数量不大,也比较稳定,比较容易掌握。(5)语气关键词。语气关键词并不直接表达特定的含义,但可结合特定的网络语境来强化所要表达的观点。如近年来流行的网络语气词"你懂的""史上最""碉堡了""席爆了""出大事了"等,语气关键词可使搭配的语义表达得更加隐晦,也更加深刻。需要注意的是,语气关键词在不同的语境中所表现的含义不一样。网络舆情监测与分析工作可将语气关键词和其他目标词汇结合起来进行检索,以提高检索的效率。(6)反监管特用关键词。这类关键词是专门针对网络监管创造出来的关键词。例如"转要快""赶紧下载""马上就删了""被和谐"等。此类关键词一般用在敏感的帖子和文章中,在舆情监测工作中,重点掌握它们,可提高挖掘信息的效率。此外,把握好此类关键词,可突破前面五种关键词类型的语境限制,扩大监测范围。

  三是使用多个关键词来提高准确率。对于大部分的搜索任务来说,一般都能够通过搜索网站找到需要的网页,但是如果不细心选择关键词,搜索网站可能会返回很多并不是需要的结果。此时,如果将另外一个跟搜索网站可能会返回很多并不是需要的结果。此时,如果将另外一个跟搜索目标相关的关键词加在一起搜索,返回的结果就会少很多,也更加准确。因此,很多时候需要使用多个关键词查询的方法来提高搜索准确率。但需要注意的是,搜索网站对关键词的个数可能会有限制。同时,也要注意搜索内容之间的逻辑关系是否合理。

2. 利用句子检索

句子检索法可有效提高文本检准率。在使用搜索网站时，不少人经常被"关键字"这个名称所限，而忘了关键字可以是一个字、一个词，甚至一句话。例如在搜索小说、文章等文本内容时，最简单的方法，是用文本的标题搜索，但最高效的方法，则是用文中的一句话来搜索，可以让搜索效率提高不少。

3. 中西结合检索法

在使用搜索网站时，灵活地结合中文和英文可以很好地完成某些搜索任务。除了可以将要翻译成中文的英文词汇用作关键字，并指定搜索网站只返回中文网页的结果，尝试将搜索网站当成翻译机器来使用，还可以将中文词汇的一部分翻译成英文，从而搜索到更多的有用信息。

三、利用网络平台工具

RSS 订阅、邮件订阅、腾讯 QQ 群、微信等是互联网上信息传播的重要手段，也是网络舆情发现的有效途径。

（一）利用 RSS 订阅发现信息

RSS 是在线共享内容的一种简易方式(也叫聚合内容，Really Simple Syndication)。网站提供 RSS 输出有利于让用户获取网站内容的最新更新。用户可以使用 RSS 阅读软件，在不打开网站内容的情况下阅读输出的网站内容。RSS 的最大作用是，让用户使用最少的时间来获得最需要信息，而不用陷入信息的海洋里面。在时效性比较强的内容上使用，能够更加快速主动的获取信息。

目前 RSS 信息主要版本有 0.91，1.0，2.0。RSS2.0 在信息推送上能将图文全部内容推送到订阅软件，即使原文在网站上被删除，推送的内容仍保存在客户端，这为微博、论坛等敏感信息的抓取和保存提供了思路。

1. RSS 信息订阅

订阅 RSS 新闻内容要先安装一个 RSS 阅读器，然后将提供 RSS 服务的网站加入到 RSS 阅读器的频道即可。具体操作如下：选择有价值的 RSS 信息源、启动 RSS 订阅程序，将信息源添加到自己的 RSS 阅读器或者在线 RSS、接收并获取定制的 RSS 信息。

2. RSS 信息源获取

RSS 最为核心的就是有价值的信息源。在日常浏览中，尤其是境外媒体，在媒体网站下方或地址栏均有 RSS 提示符号，点击关注的网站及频道即可订阅。在订阅中，建议对网站关注的频道及所有频道进行分类，一类是经常浏览的频道，解决 RSS 海量信息浏览问题；另一类是全面搜集经常刊登有价值信息的网站，为二次搜索和二级平台的构建提供数据源。此外，建议留意网站的标志，尽量多搜集 RSS 推送源，除了媒体和博客、论坛等常见网站，新闻搜索引擎也会对搜索结果提供 RSS 源，这为媒体信息整合、避免关键字过滤、专项信息监测提供了重要思路，方便了有价值信息的整合和筛选。

3. 阅读器选择

目前，RSS 阅读器基本可以分为三类。第一类是运行在计算机桌面上的应用程序，通过所订阅网站的新闻供应，可自动、定时地更新新闻标题。在该类阅读器中，有 Awasu、FeedDemon 和 RSSReader 这三款流行的阅读器；第二类是内嵌于已在计算机中安装的其他应用程序中。例如，NewsGalor 内嵌在微软的 Outlook 中。所订阅的新闻标题位于 Outlook 的收件箱文件夹中。第三类则是在线的 WEB RSS 阅读器，其优势在于不需要安装任何软件就可以获得 RSS 阅读的便利，并且可以保存阅读状态，推荐和收藏自己感兴趣的文章，如抓虾、鲜果等。这三类阅读器均有其优势和可取之处。软件阅读器虽然延时相对较长，但是拥有本地存储优势，为未来信息的本地筛选和回溯提供最基础的数据支持。内嵌阅读器整合在邮件中，为搭建、推送和整合敏感信息的小平台提供便利。在线浏览器刷新度快，服务器的支持解决了客户端接收数据的硬件问题，接收信息也流畅便利，有助于重点监测网站的浏览，但也面临安全性和回溯等问题。这三类 RSS 阅读器均带有自带的搜索引擎，在整合信息搜集后，进行二次搜索并无敏感关键词过滤的担忧。

（二）利用邮件获取信息

利用邮件发现信息，主要是通过接收邮件的内容发现信息，或发现有价值的信息线索。英国《金融时报》、英国广播公司、美国之音、《华尔街日报》等境外媒体网站和境内多家网站都提供这种服务，订阅之后可以接收到当天该媒体上的主要新闻。部分国际组织、非政府组织、境外论坛等也利用邮件订阅作为推送消息的主要方式。此外，境外符歌论坛将实时更新的内容发布至订阅邮件，脸谱等社交网站将关注对象动向推送至邮件，谷歌等搜索引擎也可将自定义搜索结果推送至邮件。订阅邮件虽然范围不及 RSS，但是在信息的价值上不逊色于 RSS。

邮件订阅多在网站首页及醒目位置标识，在谷歌论坛、脸谱、Google+等论坛及境外社交网站中，加入或关注即可订阅关注对象的最新动态。因境内外存在时差，此类信息更新时间多在中午12点后至晚间，多为下班时间。

所以在此类信息的订阅上，除了通过电脑 Outlook 邮件，还可以借助智能手机邮件客户端实时接收信息，让推送结果在可掌控的范围内第一时间收到。此类信息分类得越具体，在推送的第一时间获取的信息越有价值。

（三）利用微信获取信息

1. 提高敏感性，及时搜集微信上的网络舆情

由于微信以点对点的方式传播，内容仅停留在传受双方的移动终端上，其他用户无法获知，这就使微信成为一个天然的私密媒体平台，信息传播更具隐蔽性，一些在微博上无法传播的内容很有可能通过微信公众号传播。这种小范围朋友圈内的转发，给过激言论和不良信息提供了相对宽松的生存环境，并且更易被用户相信，增加了舆论监管的难度。微信公众号的封闭交流还会导致某些舆情在微信圈子里悄然流行之时，外面的人还一无所知，当舆情发展到主流网站、论坛、微博中的时候，就直接给相关管理部门形成比较大的舆论压力。对于网络舆情分析师来说，应提高自身的敏感性，从终端上对微信朋友圈进行监测，及时搜集微信上的网络舆情。

2. 重点监测微信公众号

微信公众号于 2012 年 8 月诞生，目前已有超过 10 亿的用户，每天超过亿次的信息交互。随着微信公众号的迅速发展，一些公众微信号的订阅和服务用户已经超过百万，其大众传播属性和影响力已经十分明显。有舆情分析师认为，微信公众号一般都有庞大的用户量，其在不良信息的传播扩散上的影响力不容忽视。特别是面对负面信息、突发事件时，容易造成大范围的扩散和曝光。对于网络舆情分析师来说，应尽可能搜集和订阅热门的微信公众号进行及时监测。搜集的方法有两种：一是可以参考目前市场上一些公司和机构提供的微信排行榜进行搜集。例如上海看榜信息科技有限公司就推出了"新媒体排行榜"，可以通过这个排行榜搜集到资讯类、生活类、政务类等分类的微信公众号。二是在监测微信公众号的过程中，细心留意出料多的公众号，逐步积累，从而获取更多的信息源。比如，微信上有一个"媒体札记"的微信公众号，每天对当天的热门舆情事情进行评论，通过浏览监测这个公众号，可以不断搜集和积累新的信息源。

3. 通过搜狗微信搜索进行搜索

目前，国内的搜索引擎里面，搜狗提供了微信搜索功能，通过搜狗微信搜索，可以搜索到微信公众号上的文章和公众号，这大大方便了我们对微信舆情的获取。除此以外，搜狗微信搜索还可以订阅搜索词，订阅后在"我的订阅"里面查看更新的文章，相当方便。

四、网络舆情监测系统

互联网作为一种信息传播方式已经深入人们的生活中，为民意民情的表达提供了一个新的载体，引领人类进入大数据时代。网上言论的活跃程度不可估量。只要是重大的事件，就能成为网上舆论，网民往往通过互联网来表达观点、传播舆论，进而产生舆论压力。互联网已成为舆论的放大器，网络舆情已达到任何部门和机构都无法忽视的境界。

网络舆情是通过互联网的新闻门户网站、论坛、博客、微博、微信、新闻跟帖等方式针对现实生活中的某些热点、焦点问题发布的影响性、倾向性的言论和观点。如果引导不善，将会产生负面的舆情，对社会安全构成威胁。如何在大数据浪潮中挖掘出重要的信息并有效利用、管理和引导，是政府、企业在互联网时代面临的全新挑战与机遇。可以说，网络舆情监测系统正是根据这个需求应运而生。

网络舆情监测系统是指通过相关的专业舆情软件按照一定的规则和算法将互联网上繁杂的数据信息当中用户所关注的信息抓取出来，并通过分析过滤等方式，最终呈现出与需求相匹配的舆情信息，并以舆情报告形式呈现。它主要分为8个部分：（1）热点话题、敏感话题识别。可以根据新闻出处权威度、评论数量、发言时间密集程度等参数，识别出给定时间段内的热门话题。利用关键字布控和语义分析，识别敏感话题。（2）倾向性分析。对于每个话题，对每个人发表的文章的观点、倾向性进行分析与统计。（3）主题跟踪。分析新发表文章、帖子的话题是否与已有主题相同。（4）自动摘要。对各类主题，各类倾向能够形成自动摘要。（5）趋势分析。分析某个主题在不同的时间段内，人们所关注的程度。（6）突发事件分析。对突发事件进行跨时间、跨空间综合分析，获知事件发生的全貌并预测事件发展的趋势。（7）报警系统。对突发事件、涉及内容安全的敏感话题及时发现并报警。（8）统计报告。根据舆情分析引擎处理后的结果库生成报告，可通过浏览器浏览，提供信息检索功能，根据指定条件对热点话题、倾向性进行查询，并浏览信息的具体内容，提供决策支持。信息采集系统主要是通过网络页面之间的链接关系，从网上自动获取页面信息，并且随着链接不断向整个网络扩展。目前，一些搜索引擎使用这项技术对全球范围内的网页进行检索。舆情监控系统应能根据用户信息需求。设定主题目标，使用人工参预和自动信息采集结合的方法完成信息收集任务，信息分析系统使用系统的观点和方法，把复杂对象分解为简单组成部分，并确定这些组成部分的基本属性和关系。信息数据管理系统对收集到的信息进行最终处理，对搜索引擎数据集进行阶段性的数据维护。

目前,市面上的网络舆情系统有很多,功能虽然不尽相同,但主要构成依然是舆情数据抓取和分析系统,以下对主要的网络舆情系统做一个简单介绍:

(一)人民网舆情监测系统

2010年,人民网舆情监测室研发并完善了具备个性化、垂直性监测功能的互联网舆情监测系统。该系统基于网络舆情传播规律,及时、全面地监测境内外新闻网站、论坛、报刊、电视、广播和知名博客、微博,并在此基础上进行数据的抓取、挖掘、聚类、分析和研判,方便舆情工作人员迅速获取舆情,提高舆情管理和舆论引导的水平。舆情监测平台涵盖五大舆情支持系统,即部委(纪检)、省(市)级、市(市)级、县(市)级和上市公司、央(国)企、外企、民企舆情支持系统,为客户实现网络声誉管理、舆情监测、敏感信息预警、内部风险管理评估、突发事件实时追踪和宣传工作评估考核等功能。

(二)新华网舆情监测系统

截止到2018年底,新华网舆情监测系统舆情已拥有1500余台信息采集服务器,监测范围涵盖国内外2万多家门户网站、专业网站和政府网站数十万个频道,50多家国内主流网站的300余个热点论坛、博客、微博,500余家国内报刊、20余家港澳台报刊,国内外百余家电视台的2000多个栏目,日采集量过亿条。新华网"舆情在线"网络舆情手机客户端服务平台实现了舆情监测PC用户端和手机浏览端的无缝连接,弥补了传统舆情监测在内容、空间和时间上的舆情死角,用户可自主设置监测关键字和发送时间,提供7×24小时全网监测和信息预警。

(三)中青在线舆情监测系统

中青在线舆情监测系统提供舆情数据管理系统、舆情信息指挥系统、舆情综合管理平台、舆情管理手机客户端。24小时不间断信息采集,采用五级预警机制。

(四)谷尼网络舆情监测分析系统

谷尼网络舆情监测分析系统依托自主研发的搜索引擎技术和文本挖掘技术,通过网页内容的自动采集处理、敏感词过滤、智能聚类分类、主题检测、专题聚焦、统计分析,实现各单位对自己相关网络舆情监督管理的需要,最终形成舆情简报、舆情专报、分析报告、移动快报，为决策层全面掌握舆情动态、做出正确舆论引导提供分析依据。

(五) 中国传媒大学网络舆情 (口碑) 研究所网络舆情监测系统

中国传媒大学网络舆情 (口碑) 研究所 (英文简称 IRI) 是国内权威的专为政府服务的网络舆情研究和咨询机构。IRI 自主研发了国内非常先进的网民评论抓取、网络舆情监测两套软件系统。i-Monitor 网络舆情监测系统，是 IRI 自主开发并拥有知识产权的国内先进的软件集成式网络监测系统，能形成对首页、新闻、社区、论坛、博客、贴吧等网络主帖信息的自动扫描、监测，覆盖 10 万家以上站点，和 i-Monitor 形成有效互补的是，i-Catch 网民评论抓取软件是 IRI 自主研发的国内最先进的专于网民评论抓取的软件，涉及新闻回评、论坛、博客、社区、视频等网上关于任何事件进行讨论的网民评论，在国内率先解决了动态的新闻回评等抓取问题。目前两类软件在 IRI 的工作过程中，扮演了非常重要的角色。

第三节 网络舆情信息选取与研判

网络舆情分析工作的主要任务是"监测舆情动态、反映社情民意、吸取民间智慧"，为各级领导提供信息支撑和决策参考。那么，在浩如烟海的互联网信息中，哪些是各级领导需要了解的？我们如何才能辨别、选取出有价值的信息报送给上级领导？这是信息选题与研判要解决的重要问题，是整个网络舆情分析工作的基础，有着举足轻重的关键作用。

一、网络舆情的选取原则

互联网信息的内容极其丰富，涵盖了政治、经济、社会、文化等方方面面。信息的来源也是多种多样的，包括新闻网站、论坛、贴吧、博客、微博、微信、社交网站等各种互联网应用；信息的质量则良莠不齐，既有媒体、专家、网民等关于某一事件、问题的客观论述、真知灼见，也不乏一些虚假、恐怖、色情、暴力等不良信息。在海量的互联网信息中甄别出有价值的内容是网络舆情分析工作的起点。我们在选取信息时，总的要求是要报送那些涉及国家政治、经济安全和社会稳定的信息，涉及党和政府形象及公信力的信息，关系群众切身利益问题的信息，有利于畅通政府与群众沟通渠道的信息，有利于各级党委和政府准确掌握舆情、引导舆论、以正视听、平息炒作的信息。一般来讲，网络舆情选题应遵循以下四个原则。

（一）准确性

准确性是信息选取最重要的原则，是网络舆情分析工作中后续一切工作的基础。与传统媒体不同，互联网缺乏有效的"把关人"制度，这导致互联网信息鱼龙混杂。一些捕风捉影、道听途说的消息，甚至是无中生有、恶意造谣的信息，都可能在互联网上传播。同时，一些原本真实的信息在传播过程中也可能会失真。而对于网络舆情分析工作。任何错情都可能对领导和有关部门的决策产生误导，因此，我们在选取信息时要加强对信息准确性的研判，具体包括两个层面：

1. 事情要真实

网上的信息有真实的也有虚假的，我们在选取信息时，首先要对信息所反映的情况、问题的真实性进行研判，注意甄别虚假信息。例如，境外敌对势力及一些别有用心的人经常会通过移花接木、捏造事实等手法，利用互联网发布和炒作有害信息，企图蛊惑人心、煽动不满情绪、破坏社会和谐稳定。对于虚假信息，通常可以采取以下两种方法来加以

第一，仔细研读信息内容，查找是否有自相矛盾、不合常理的情况，例如，所谓"冬天东北某市民众抗议活动"的信息，所配照片中人物却都穿着短袖，此类通过"移花接木"手法制造的虚假信息。需要我们认真研判，准确地将其甄别出来。再如，随着反腐倡廉工作力度的不断加大，目前网上尤其是一些社交媒体、微博网站上出现很多针对官员贪腐问题的举报信，但是其中很多"举报信"内容离奇夸张，明显有违常识，信息的可信度较低，极有可能是有人在恶意造谣攻击。对于此类事实不清、可信度不高的信息，需要加以认真甄别。

第二，搜索其他来源的信息进行验证。例如，境外某媒体刊登群体性事件的消息，可以通过搜索引擎查找是否有境内外主流媒体或境内网民发布相关消息。如果有相对权威、可信度较高的媒体报道，事情的可信度就比较高；如果没有其他来源的信息加以验证，对于境外媒体独家报道的负面消息，我们要谨慎对待，特别是时间、地点、原因、规模等要素不全或模糊不清时，一般不予选用。再如，新浪微博 2012 年 6 月流传消息称："成都 4 岁男孩划伤宝马，宝马车主打了小孩儿一耳光，奶奶叫来 6 辆奔驰砸毁宝马。然后爸爸来了把车买下，并且砸烂。"通过搜索，我们很容易发现，该微博内容为 2004 年全国十大假新闻之一，对于此类"炒冷饭"的虚假信息，是信息选取过程中要特别注意的。

2. 内容要准确

我们在编辑信息时，要注意核对信息内容是否准确，特别是时间、地点、

人物、起因、经过、结果等信息要素要重点核实。有些信息在传播过程中出现了失真，应及时发现并予以纠正。例如，曾经有媒体在报道吉林榆树高考乱象时，在报道标题上误把"榆树"写作"榆林"，而榆林则是陕西省下辖的地级市。遇到此类情况，我们要仔细地对信息进行核实，及时发现并纠正错误，以免造成误导。

（二）时效性

时效性是信息的要素之一，它往往决定了信息价值的大小，在网络舆情分析工作中主要体现在以下三个方面：

第一，苗头性、倾向性信息预警。对于行动类信息，应重点上报"前瞻性、预见性、苗头性、倾向性"信息，充分发挥信息预警能力。如 2007 年 3 月 27 日上午 8 时许，网上流传上百名上海世博会工程拆迁户拟于当天下午 1 点半到世博会总部示威抗议的消息，这样的信息如果能够及时在当天早上报送给上级领导和有关部门，将对有关部门采取有效措施处置事件提供有力支撑。而如果不注意信息的时效性，在当天下午两三点钟才把信息报送给上级部门的话，信息也就失去了价值。因此，网络舆情分析师在发现游行、示威、罢工、罢课等涉及国家安全和社会稳定的行动类信息，或者需要及时采取处理措施的其他相关信息时，要在第一时间上报给上级领导和有关部门，让上级领导尽早了解情况，为领导决策和相关部门应对处置争取宝贵时间。

第二，重大突发事件发生后，要迅速关注并及时报送网络舆情信息，帮助各级领导尽快掌握网上舆论动向，以便做出正确决策和开展舆论引导。例如，汶川地震、雅安地震、吉林"6·3"火灾事故、马航 MH370 航班失联、云南昭通鲁甸地震等多起重大突发事件都是网络舆情分析工作关注的重点，需要第一时间向上级部门报送相关舆情信息，为上级领导和部门及时了解网络舆情提供有力保障。

第三，一般信息报送的时效性。新闻学界有个说法，"今天的新闻是金子，昨天的新闻是银子，前天的新闻是垃圾"，这对于网络舆情分析工作同样适用。很多信息在错过了最佳上报时机后，其价值会大打折扣。因此，对于需要上级领导及时了解的重要情况，我们要在第一时间报送出去，绝不能延压、迟报。多拣"金子"，及时报送，对于提高工作效率、服务领导决策至关重要。

（三）重要性

互联网上每天发布的与党和政府工作相关的信息数量庞大，在选取信息时，我们要紧跟重点、抓大放小。

一般来讲，可以通过以下三个指标来判断信息的重要性程度：

一是涉事时间、地点、主体等的敏感性和影响力。一般来讲，时间、地点、主体的敏感性越高、影响力越大，事件的重要性也就越高。例如，薄案庭审前夕，曝出著名法医王雪梅因质疑"马跃案"鉴定结果辞职、退出法医协会的消息，加之其此前曾对薄谷开来用氰化物毒死海伍德案提出质疑，很容易将舆论引向司法公正问题，引向对薄案庭审的质疑。涉事时间和主体的敏感性让"王雪梅退出法医协会事件"变得更加敏感，需要我们密切关注舆论动向。又如，在民众维权上访事件中，上百人到乡政府集体上访与上百人进京上访相比，显然后者的敏感性和重要性要高得多。再如，2014年的"5·28"山东招远邪教故意杀人案，由于事情牵涉到"全能神"等邪教组织，一经披露即迅速引起了国内舆论的广泛关注，这一情况当然值得我们迅速报送给相关部门和领导。我们在做热点、综合等舆情类信息时，要尽量搜集那些主流媒体、权威专家、微博"大V"的相关评论，因为这些媒体和人物的影响力比较大，受众范围比较广，他们的一言一行往往能够引起网民的聚集讨论、跟风炒作，甚至可能决定网络舆论的走向。

二是事件的规模与范围。以群体性事件为例，参与人数与事件的严重性直接相关。显然，10人参与的抗议活动与上万人聚集示威的重要性不可同日而语。事件波及的范围则是另外一个重要因素。一所高校学生罢餐抗议食堂涨价，与全国20余个省市、数十所高校相互串联同时罢餐相比，显然后者更应该引起高度重视。

三是事件的影响与程度。例如，2013年夏季的南方高温干旱、东北华南暴雨洪涝灾害，对人们的生产生活带来了重大影响，多地粮食蔬菜减产歉收，粮价菜价上涨，人畜饮水困难，多人中暑死亡，京广线部分停运，深圳发生地陷等，对此，党中央和国务院领导高度重视，国家启动了相关应急响应机制，此时我们应该广泛搜集相关舆情，发挥领导耳目和参谋助手的作用。再如，2013年3月，湖北巴东、河南中部相继发生维权农民被碾死事件，情况的恶劣程度、农民的弱势群体身份、强征土地的敏感话题等因素叠加在一起，事件引起舆论广泛关注，网民可谓群情激奋。此类关系民众切身利益的恶性事件，也是我们要高度重视的。

（四）全面性

网络舆情分析工作要做到客观、全面，就要提供全方位、多角度的信息服务，主要体现在以下两方面：

第一，视野要宽广，选题要广泛。如果我们的报送对象是领导，那么凡是"领导需要知道"和"需要领导知道"的信息，都是我们的报送范围。一般情况下，相关领导同志重要活动、中央和地方各级党委政府的重大决策、重要部署，相关部门发布的重要数据，经济运行和社会发展中的重要情况和突发问题，国际国内重大事件和热点事件，境内维稳，媒体专家的观点建议和有代表性的基层呼声等，都是需要我们关注的重要情况。值得一提的是，近两年来，各级领导对国际事务的关注度在加大，国际政治、经济、军事、外交等领域的一些事件，表面上看可能与我国没有直接关系，但中国不可能脱离于全球形势而发展。突尼斯"茉莉花革命"、欧债危机、美国"棱镜门"事件、朝鲜核试验、非洲埃博拉疫情、乌克兰政局危机、国际油价暴跌等，都会对国际形势和世界战略格局产生深远影响，是我们要密切关注的重要情况。

第二，善于发现不同的声音，报喜也要报忧。"兼听则明，偏信则暗"，领导需要了解各方面的意见，听取不同的声音。这就要求我们向领导提供全面的信息，在撰写热点、综合等舆情类信息时应如实反映网络舆论的客观情况，正反两方面的评论内容都要搜集对于网上的负面评论，应区别对待：那些网络愤青的无端指责、攻击谩骂，毫无参考价值，要过滤掉；那些别有用心之人精心策划的造谣抹黑，那些企图蛊惑人心、挑起事端、制造混乱的敏感有害信息，要及时研判并报送给上级部门；而那些有描述、有数据、有分析、有建议的理性批评，往往是"逆耳忠言"，对于制度改革、政策完善具有重要参考价值，则是我们要及时上报给各级领导的重要内容之一。

（五）选题中的三对辩证关系

信息的选题除了要遵循上述准确性、时效性、重要性、全面性等一般原则外，还要处理好三对辩证关系：真实与虚假、新闻与旧事、大事与小事。

1. 真实与虚假

在上文的叙述中，我们提到准确性是信息选取的基本原则之一，那么，是不是只有真实的信息才具有上报价值，虚假的信息就一定没有价值呢？要回答这个问题，我们首先来看三个例子：

（1）2011年3月11日，日本大地震引发福岛第一核电站发生核泄漏事故，不久，境内互联网上就开始流传"碘盐能够预防核辐射"的谣言，境内多地发生"抢盐"风波。相关谣言对人民生活、社会稳定造成了负面影响，需要政府及时辟谣并采取相关应对措施。

（2）2013年4月，H7N9禽流感爆发之后，微博上有关"中国政府每逢换届总有灾疫发生"的谣言广泛流传，其中不乏对党和政府的恶意攻击和抹黑，造成民众对党和政府的不信任和社会负面情绪、思想意识混乱。相关情况需要各级领导及时掌握并采取应对措施。

（3）2014年8月3日在云南省昭通市鲁甸县发生6.5级地震，截至2014年8月8日15时，地震共造成617人死亡。鲁甸地震发生后，一条内容为"职中学生，刘冻雪，请速回鲁甸县医院，妈妈在地震中伤得很严重，姐姐号码是13751977218"的信息，在不少微博、微信中传播。网民们纷纷表示一定要帮忙找到这名女孩。随后不久，该号码被证明根本不在云南，不少官方微博、微信对此纷纷辟谣。与此同时，一条"北京市政府号召市民捐款遭前所未有抵制与唾骂"一文也在网上疯转。文中称北京市民政局在微博公布捐款方式和账号后，两个小时内收到7万多条微博，多为网友"抵制捐款"。为此，北京市民政局副局长李红兵特意澄清："号召捐款遭抵制是谣言。"他解释说，此文明显是将过去水灾情况嫁接到这次地震上。"民政局目前没有面向社会号召捐款。我们只是打开了可以接收捐款的平台，为有捐款意愿者提供方便。"……此外，网上还有人蓄意造谣，发布"救援不及时"以及地震时间和余震级数预测等虚假消息，成为救灾关键期的不和谐音。这些谣言信息就有需要让上级部门及时知道，从而及时处理和辟谣，以减轻这些谣言的影响。

毋庸置疑，上述三则消息虽然都是虚假信息，但若不及时采取应对措施任其在互联网上肆意传播，将对社会造成巨大危害。这类虚假信息不仅具有监测价值，而且是需要领导和有关部门及时掌握并采取应对措施的重要情况。

2. 新闻与旧事

互联网信息容量大、传播速度快，时效性是信息的要素之一，但并非只有新闻才具有信息价值，某些"旧事"也可能具有重要的参考价值。

2013年4月，随着"复旦投毒案"告破，互联网上出现将案件与"朱令铊中毒案"相对比、联系的苗头。随着境内网民、境外媒体及境内主流媒体先后发声，网上有关重新调查"朱令铊中毒案"的呼声日渐高涨。部分境外网站借机制造谣言攻击我们党和政府，更有网民在美国白宫网站发起所谓请愿签名，一时间这起陈年旧案成为舆论关注的焦点。虽然案件发生在1994年、已于1998年结案，是一则不折不扣的"旧闻"，但舆论的再度关注引发对司法公正的质疑，并且出现借机攻击抹黑党和政府的情况，这是需要我们密切关注的苗头动向。此类"旧事新炒"的情况需要引起关注。

3. 大事与小事

网络舆情分析工作关注的是涉及国家安全、关系国计民生的重要事项，然而，并非只有石破天惊的"大事"才能构成重要信息，一些看似不起眼的"小事"，其背后的本质可能正是需要引起领导关注的问题。例如，2008年"三聚氰胺问题奶粉"事件发生后，河北、内蒙古、山东等多地出现奶农倒奶、杀牛情况。这一现象的背后是"问题奶粉"事件引发公众对国内奶源、国产奶制品安全性的质疑，是国内乳业监管失范的问题，蕴含着从奶农到奶企整个国内乳业全产业链的生存危机问题。奶农倒奶、杀牛这样的小事，正是国内乳业危机这样一件大事的重要预警信号，需要我们及时捕捉。

同时，大事与小事也是相对的，小事在一些特殊的背景下也有可能成为大事。例如，"基层公务员提早下班吃午饭"这样一件琐碎小事，在一般情况下是不需要高层领导来关心的。但在全党开展群众路线教育实践活动的背景下，"提早下班吃午饭"成为党政机关脱离群众、缺乏服务意识的典型案例，引发了舆论的广泛讨论，就成为了关系到党和政府形象、领导干部工作作风的大事，是需要有关部门领导及时掌握的重要情况。

再如，在汶川地震发生后，由于道路损毁，再加上当地恶劣的自然条件和天气状况导致直升机无法空降，救援队伍迟迟不能进入映秀镇开展救援工作。震后第三天，网上流传汶川当地一名学生发布的一个帖子，指出在距离汶川县城往成都方向 7 公里的地方，有一个叫七盘沟的村子，该村的后山上有一块空地，适合直升机空降。这则消息被报送给了前方救援指挥部，后来军方在了解情况后，正是在这里成功空降，给震中灾民送去了救援物资，把伤员运送了出去。正是这样一则不起眼的消息，解决了地震救援中的大问题。

因此，我们要提高自己的敏锐性，善于从小事中发现其背后的大问题，

二、网络舆情的选取与关注重点

（一）境内重大突发事件

根据我国 2007 年 11 月 1 日起施行的《中华人民共和国突发事件应对法》，突发事件，是指突然发生，造成或者可能造成严重社会危害，需要采取应急处置措施予以应对的自然灾害、事故灾难、公共卫生事件和社会安全事件。以 2014 年为例，2014 年 8 月 3 日云南省昭通市鲁甸县发生的 6.5 级地震、8月 2 日江苏昆山市开发区中荣金属制品有限公司发生的爆炸事故、4 月 11 日兰州自来水苯含量超标事件以及"3·1"昆明火车站暴力恐怖案等就是典型的重大突发事件，需要我们重点关注。

（二）重要会议、重大活动以及领导的活动情况

各级党代会、"两会"等重要会议，以及国家举办的奥运会、世博会等重大活动，都需要我们做好网络舆情分析工作。以"两会"为例，"两会"期间，人大代表和政协委员纷纷就国内外的热点问题和事情发表自己的提案和看法，这些提案和看法往往会引起媒体和网民的强烈关注，相关舆论可以说是铺天

盖地，作为一名网络舆情分析师，就可以从中选取热点问题，做好网络舆情的分析和上报工作。

关注领导的活动情况包括关注领导出访及到各地、各部门视察、调研等活动，这里以中央领导人出访为例：访问前要关注领导将要到访国家的背景情况、可能讨论的重要或敏感议题。访问过程中及结束后要关注网络舆情，归纳总结境内外主要媒体特别是到访国家主流媒体和境内网民的主要关注点。如果是到地方视察，除了要关注境内外主要媒体和境内网民的评论以外，更重要的是关注当地媒体和网民的反应。例如，2013年12月28日中午12时许，习近平主席来到北京西城区月坛路的庆丰包子铺吃午餐。ID为"四海微传播"的微博账户第一时间发布图文消息，很快被官方证实。总书记在包子店亲自排队付账的新闻立即成为各大门户网站头条。很快，纷纷表示感动的评论和评论文章在网上铺天盖地，28日的中文网络洋溢着浓浓的"包子味"。相关的网络舆情无疑是我们关注的重点。

（三）中央和地方各级党委政府的重大决策、重要部署

政策出台后要关注网上对政策的整体评价、各方分析政策可能带来的影响及不足等；重要政策落实过程中出现的新问题、新情况也需及时报送。例如，农村义务教育学生营养改善计划实施后，营养餐的食品安全问题频频被曝光，这些都是网络舆情分析师需要关注的信息。又如，2011年，经国务院批准，财政部和国家税务总局联合下发营业税改增值税试点方案，"营改增"在我国各行各业逐渐推行。伴随着"营改增"的推行，也出现了一些新的情况和问题，类似于《部分行业税负不降反升营改增亟需抵扣实操指引》《物流营改增致企业税负加重行业协会上书求解》《"营改增"致地方主体税种面临流失学者呼吁重建地方税系》《业内人士称房地产业推行"营改增"困难重重》等内容在网上陆续出现，这就需要我们对"营改增"进行持续的跟踪和关注。

（四）经济金融领域

国内经济金融领域关注重点主要有：（1）政策措施，包括经济结构调整、金融改革、货币政策等。如"港媒称取消利率限制可能引发中国保险业价格战""多家股份制银行上调存款利率"，"2014年11月21日晚央行下调金融机构人民币贷款和存款基准利率"等；（2）相关部门发布的重要数据，包括CPI、PPI、PMI、进出口、外汇占款、70个大中城市房价等相关数据；（3）市场流动性及股市较大幅波动情况。如"8月16日A股市场剧烈波动光大证券发布公告承认乌龙指""2015年1月19日股市暴跌"等；（4）机构专

家对我国经济运行、货币政策等的预测。如"中国经济下半年环比增速将改善""路透社：中国经济换挡减速而非急刹车"等；（5）经济运行中出现的新问题、新情况。如"海上风电首批项目中标三年均未开工""中西部40条规划铁路缺钱开工不足一半""有外媒称网络借贷在中国逐渐受到欢迎"等。

（五）社会热点事件

我国社会正处于快速发展的社会转型期，各种社会矛盾呈现多元性、复杂性、群体性等特点。对于社会热点问题，我们需要重点关注以下几个方面的内容。一是有关"官民关系"的热点事件，具体来说就是关注地方政府违背国家大政方针或与国家大政方针有距离的法规文件、举措等，一些地方政府、地方官员不作为、乱作为甚至违纪、违法行为等。如网上先后披露的"湖南省湘潭市岳塘区拟提拔'90后'干部任发展改革局副局长"…、"辽宁岫岩县政府招商引资扶持污染项目""江西防洪堤资金被挪用建景观大堤十年未建成""河南襄城国土局大楼耗资8000万堪比星级酒店"等。二是与食品安全、卫生环保类相关的一些热点事件。近年来，与我国经济高速发展同行的是各级各类食品安全和卫生环保类事件此起彼伏，不断发生，如"三聚氰胺"问题奶粉、"地沟油"等事件的发生，不断刺激着人们的眼球和神经，此类事件一旦发生，必能吸引媒体和网民的眼球，成为全社会的关注重点和热点话题，对我国的相关监管工作形成舆论压力。如"央视"网站2011年4月11日消息称，上海多家超市销售的小麦馒头、玉米面馒头被曝系染色制成，加防腐剂防止发霉。馒头生产日期标注为进超市的日期，过期回收后重新销售。每天有3万问题馒头销往联华、华联、迪亚天天等30多家超市。又如，《新京报》2011年4月12日报道称，瑞典卡罗林斯卡研究院化验雀巢、喜宝在内的知名婴儿食品时发现，里面可能含大量有毒元素如砷、镉、铅、铀。研究称，婴儿每日进食2次米糊等食品，砷的吸入量会较单独喂母乳高50倍，镉高150倍，铅则高8倍。少量砷亦会增加患癌风险，镉则可导致神经及肾脏受损。三是与司法有关的网络舆情。近年来，民众对司法公正、依法治国的要求越来越高，相关的司法舆情也成为网上舆论关注的重点，特别是一些重大案件的侦查、审理，冤案的平反尤其受到舆论的关注。例如"呼格吉勒图案平反"、"湖南娄底少年被关1827天后无罪获释获46万国家赔偿"等。四是涉警、涉城管、涉医的网络舆情。近年来，警民冲突、城管执法不当、医患矛盾成为了社会矛盾的聚焦点，也是网络舆情压力的主要承担者。例如，"西安城管被曝收钱买卖人行道"、"杭州一垃圾发电厂停工导致警民冲突""浙江温州苍南县城管打伤拍照路人遭群众围攻""北京多家医院向产妇强制销售待产包""湖南产妇因羊水栓塞死亡"等事件都在网络上引起了较大的反响。

（六）涉华、国际和港台重大事件

近年来，与我国有关的外交领域、军事领域的重大事件，国际和港台地区的重大事件越来越多地受到我国媒体和内地网民的关注。比如，美国"棱镜门"事件、朝鲜核试验、2014年的马航航班失联事件、台湾学生"反服贸运动"、香港"占领中环"事件、乌克兰政局剧变，2015年的缅甸军机炸弹致我边民伤亡事件，2019年港独事件等。

（七）社会发展过程中存在的新问题、新现象

社会发展过程中出现的新问题、新现象，特别是那些涉及民生的问题，上级部门都非常关注。如"东莞经适房项目开建6年至今无一户入住""北京等一些大中城市出现'群租'现象""郑州编制内环卫工雇临时工替工每月不干活可净赚三千"等。

三、网络舆情选取的方法与技巧

除了上述信息选取的基本原则和辩证关系外，我们在选题时如果能掌握一些基本的方法和技巧，则可以更快、更准地发现重要舆情，起到事半功倍的效果。

（一）围绕重点、抓住时机

党和政府在每一段时期都会有一定的工作重点。作为从事网络舆情分析工作的人员，需要具备较高的政策理论水平，熟悉党和国家的各项方针、政策，紧密跟踪国家、社会、公众等各个层面发生的焦点事件，在此基础上才能准确把握领导关心的重点内容，抓住报送信息的最佳时间。

例如，十八大以来，党中央先后出台"八项规定"、在全党开展群众路线教育实践活动，中央领导对"八项规定"落实情况、各级领导干部在工作作风、联系群众等方面存在的问题都非常关注。此时，网络舆情分析工作就需要相应调整工作重心，紧密围绕各级领导的信息需求开展工作。对于一些地方违反"八项规定"顶风作案、落实中央精神大打折扣、舆论对于中央精神的误读等问题，以及中央出台"八项规定"后高端餐饮营业额锐减等影响，都应及时报送。

再如，住房价格是近年来人民群众反映强烈的问题，房地产调控涉及人民群众的切身利益，相关政策推出后，舆论对国家政策的评论建议及政策执行效果等是各级领导和有关部门都非常关心的，我们应该密切关注并及时报

送网上相关舆情。以 2013 年"新国五条"为例，政策推出以后，多地出现突击过户、假离婚激增、新房价格看涨等问题，这些情况我们都要及时报送给相关部门，为领导提供决策参考。

（二）聚焦热点、持续跟进

一些影响较大的热点事件，往往会引起社会舆论的持续关注。这种情况下，我们也需要持续跟进，密切关注事件的后续发展，发现新问题、新情况要及时向上级部门报送：

例如，2012 年 9 月 11 日日本"购买"钓鱼岛事件发生后，中日关系话题成为舆论持续关注的焦点。中国民众上街抗议的情况、中方代表缺席在东京召开的 IMF 年会、中日关系紧张对两国及全球经济的影响等引起境内外媒体和网民持续热议，我们应该持续跟踪并及时报送相关网络舆情，帮助领导掌握国际舆论动向和社情民意，为领导提供决策参考。同时，在中日关系紧张的背景下，日本在国际贸易、外交、军事等领域动作频频，恢复对缅甸贷款、开始从哈萨克斯坦进口稀土、向印度等亚洲多国出口海上军备，日本的相关举措意在降低对华资源依赖以及联合其他周边国家牵制中国，此类动态信息具有重要价值，我们需要予以密切关注，做好"领导耳目"工作。

再如，较长一段时间以来，网络信息安全问题一直是国际舆论关注的焦点话题之一，"棱镜门"事件更是将其推向了舆论的风口浪尖。网络安全早已不是技术问题那么简单，它不仅关系到个人隐私和财产安全，更关系到国际网络空间话语权的争夺，关系到国家安全和民族命运。各国在网络安全领域的动态，如"美国国防部拟将网络安全部队人数增加至 4900 人""韩媒称其所受黑客攻击来自欧美四国""日美拟在东京举行网络安全会议"等，以及"棱镜门"事件的发展动态，如香港《南华早报》公布 2013 年 6 月 12 日对斯诺登的采访时指出美国政府正大规模入侵中国的主要电信公司，以获取数以百万计短信内容。"中国新闻网"2013 年 6 月 17 日发布消息称，据英国《卫报》报道，美国"监控门"泄密者爱德华·斯诺登再度爆料，称英国政府借举办 G20 峰会，暗中截取与会外国政要的通话，并监控其互联网通讯。爆料还指出监控目标中包括一些西方国家的长期盟国南非和土耳其，此外还有时任俄罗斯总统的梅德韦杰夫等。这些都可以成为我们的监测内容。

（三）延伸思考、举一反三

网络舆情分析工作不能局限于已经发生的事件、已经暴露出来的表面现象，还要善于透过现象看本质，善于深入思考，对事件可能的发展方向、随着事态发展可能出现的问题做出合理预判，这对我们有方向、有重点地搜集舆情信息具有重要的指导意义。

例如，在地震灾害发生后，我们不能仅是泛泛地关注网上的报道评论情况，还可以对情况做出预判，重点搜集以下几方面信息：（1）灾情信息，如人员伤亡情况、房屋倒塌情况、交通、通讯、电力等基础设施受损情况等；（2）救援情况，如被困人员和伤员的救助、救援存在的网难、物资供应及发放、遇难者家属的心理治疗等；（3）次生灾害，如山体滑坡、泥石流、爆炸、毒气泄漏、放射性物质扩散、卫生防疫等；（4）其他舆情，如对官方和民间救援情况的评价、舆论对媒体宣传报道情况的议论、对地震原因的分析、对地震预测工作的讨论、对慈善捐款及相关组织的议论、有关地震的谣言等；（5）灾后恢复重建情况等。

对事件发展态势的预判，可以为舆情搜集工作提供明确的方向。当然，这需要我们在工作和生活中做个有心人，遇到事情时能够勤于思考，不断积累经验，分析问题时做到思路开阔，举一反三，才能不断提高舆情研判能力。

（四）善于总结、挖掘关联

做好网络舆情分析工作，需要较强的综合研判能力，要善于从零散的个案中发现本质问题，挖掘事物之间的内在联系。如果在短时间内接连发生同类事件，其影响往往不会是每个独立事件影响的简单叠加，极有可能成为一种现象、反映一类问题，影响力也随之被放大。对于这种情况，我们应该汇总相关情况，深入分析各个事件之间的共性与差异，把零散的个案上升到一种现象、一类问题的高度去加以研究，上报综合性、研究类的舆情信息。

例如，2013年3月，"广州城管掐女商贩脖子强押上警车""云南昭通城管将一名盲人乞讨者打伤丢入水中"等多起城管暴力执法事件相继被媒体曝光，同时也发生了"广东城管执法被小贩砍伤""湖北城管执法时被村民用锄头砸死"等城管执法遭遇暴力反抗的情况。此类事件在短时间内频频发生，引发舆论对城管执法方式简单粗暴、公信力低等问题的热议，令城管群体面临形象危机，同时舆论还对城管执法的合法性提出质疑，甚至有不少网民包括一些"大V"呼吁取消城管制度。从网民的评论中，我们不难发现，网民对"城管"这一群体表现出较大程度的"不理智"情绪，有一定的"妖魔化"倾向，这种情况下，我们不应该简单地针对每一起城管执法事件分别报送热点舆情，而应该汇总相关事件。对城管执法乱象进行客观、理性、全面的分析。提出相关对策建议，报送研究性舆情信息，其价值是前者远远不能比拟的。

再如，2018年10月28日上午10时8分，重庆市万州区一辆公交车与一辆小轿车在万州区长江二桥相撞后，公交车坠入江中。由于涉事小轿车的驾驶员是一名女性，且有现场图片显示，女司机当时穿的是高跟鞋。部分媒体关注的焦点开始偏移，纷纷发布涉事女司机逆行的相关新闻报道。

10月28日，万州警方通过官方微博@平安万州辟谣："重庆公交坠江事故的原因是公交车突然越过道路中间的双黄线，撞向正常行驶的小轿车，继而撞断护栏坠入江中。"后来，随着公交车"黑匣子"被打捞上岸，事故起因于乘客与司机发生了肢体冲突。此次事件再度暴露出大家对女司机的深刻偏见，而谣言的传播正是借力于我们的思维定势。

（五）敢于创新、突出亮点

网络舆情分析工作不是简单地搜集整理网络信息进行上报，而是一项创造性的劳动，需要我们具有较强的钻研精神和创新能力。主要体现在以下两个方面：

一要勤于思考、思路开阔，选题要新颖。这需要我们具有敏锐的观察力和独特的视角，善于发现个别事件背后的深层次原因、可能产生的深远影响，能够及时地发现政治、经济、社会、文化等各个领域的新现象、新变化、新趋势，并找到恰当的切入点展开深入研究。

例如，2012年夏季，全球极端天气频现，美国、俄罗斯、印度等主要粮食生产国均遭遇严重旱情，推动国际粮价上涨，粮食安全问题再度成为国际舆论焦点。同时，国内虫灾肆虐，遍及河北、内蒙古、吉林、黑龙江、辽宁、天津等多个省份，内外夹击，给我国粮食安全带来隐忧。我们都知道，粮食安全是一个非常重要的问题，其不仅关系到吃饭问题，还有可能向下游传导，进而影响整个经济运行和社会稳定。在这种情况下，我们就应及时搜集相关情况，分析国际旱灾和国内虫灾对粮食安全、农产品价格、CPI走向、通胀等方面的影响，并提出对策建议。

二要善于重新审视信息，从中挖掘亮点。正如苏轼用"横看成岭侧成峰，远近高低各不同"描述庐山变化多姿的面貌，事实上，大多数事务都有它的多面性。具体到舆情监测工作中，表现为对于同一篇报道、同一个事件，我们可以从多个角度进行解读。这就要求我们思路开阔、敢于创新，从信息中发现最有价值的亮点。

例如，《新京报》记者在2015年"两会"采访期间，关注到在全国人大提供的资料里，南开大学校长龚克的职务后面加了副部级。龚克对此称"这是丢人的事"，并呼吁加快高校去行政化。国内众多新闻和门户网站在转载这则报道的时候都用了"南开大学校长：校长后面加副部级是丢人的事"这样的标题，而没有重点关注到高校去行政化这一更有价值的问题。事实上，这一话题在 2015 年的"两会"受到了包括安徽工业大学商学院教授杨亚达、清华大学生命科学学院院长施一公、致公党湖南省委副主席伍中信等多名人大代表和政协委员的关注,对相关的舆情进行整理,无疑是一件非常有价值的工作。

再如,2018 年 5 月 16 日,天津市在第二届世界智能大会上发布"海河英才"行动计划,大幅降低人才落户门槛,掀起新一轮引才育才、留才用才的热潮天津人才新政颁布后,由于该政策亮点多、力度大,能促进天津城市发展,加之"人民网""央视网"等媒体对此进行相关报道,吸引了网民的广泛关注,相关舆情量在 5 月 21 日达到顶峰。其实,各地开始人才战略计划,不仅仅是"抢人",更重要的是"用人留人",把人才留在当地,实实在在为当地经济发展做贡献。

孟玮在国家发改委当日举行的新闻发布会上说,随着各大城市持续推进产业转型升级,新增就业岗位多、人才需求量大,对人才的竞争成为必然。地方政府纷纷出台人才新政,支持大学生落户,体现了对人才的重视,是对过去"重物轻人"的传统城市发展观念的调整。

孟玮指出,把人才留下来,关键一点是政府要持续改善营商环境和政府服务,不断优化城市的硬环境和软环境,为人才干事创业营造富有活力的体制机制和制度保障。

第七章 新媒体语境下网络舆情的预警

我国正处于经济转轨、社会转型的重要时期。体制深刻变革、社会结构深刻变动、利益格局深刻调整、思想观念深刻变化,各种礼会矛盾碰头叠加,不确定、不稳定因素增多,各级政府维护社会稳定的压力依然很大。当前各级领导都高度重视维稳保障工作,突出体现在更加重视舆情信息特别是预警类舆情信息的报送工作。作为网络舆情分析工作者,有必要提高信息预警能力,从而做好预警类舆情信息的报送工作。

第一节 网络舆情预警概述

一、网络舆情预警

在《辞海》中,预警之"预"有"预先、事先"之意,而预警之"警"则有"戒备"之意,信息预警从字面上的意思就是说,我们要在危机事件或潜在危险发生之前,充分收集危机相关信息,以提高警觉、做出预测、发出警报、预先戒备。联合国则把预警正式定义为:通过识别环境,为面临潜在风险的个体采取行动避免或者减少风险,以及为应对准备提供及时有效的信息。公共危机信息预警是指通过搜集相关的信息,运用逻辑推理和科学预测的方法、技术,对危机带来的影响和发展趋势做出估计与推断,并随时进行信息监测,向社会和管理者发出确切的危机警示信号,使政府组织和公众能够提前了解公共危机发展的状态,以便及时采取相应的措施和策略,将公共危机造成的损失降到最低。从概念内涵来看,信息预警是以一系列的信息活动为基础的政府危机管理工作流程;从概念外延来看,信息预警体现了政府应对公共危机的各项具体职能。

就网络舆情分析工作来说,信息预警的概念可能会更狭义一些。具体来说,是指通过广泛搜集整理互联网上的相关信息,对信息做出推理与研判,向有关部门报送涉及国家安全和社会稳定的预警信息,使政府部门和公众能够提前采取相应的措施进行应对，从而将危险造成的损失降到最低。

根据网络舆情分析师目前的工作需求，信息预警工作搜集报送的涉及国家安全和社会稳定的信息主要包括以下几方面内容：（1）涉及暴力恐怖袭击，严重危害国家安全和人民生命财产安全的信息；（2）敌对势力进行的或者煽动内地民众进行的以颠覆国家政权为目的的活动类信息；（3）易引起群体性维权上访的各类社会风险点信息，特别是特定利益群体的苗头性情况；（4）易向社会蔓延的重大群体性事件预警性信息，特别是涉及重大公共安全事件、紧急突发事件、涉及民族、领土问题等的群体性动向；（5）易消蚀党和政府公信力的社会性事件的动向性信息，特别是涉官、涉法、涉警、涉富、涉法、"官二代""富二代"等的信息；（6）易引起社会动荡和不安的谣言类信息；（7）涉及重大自然灾害、生产事故、公共卫生事件的信息。

二、网络舆情预警的意义

当前，伴随着物联网、云计算、智能终端等为代表的新一代信息技术的蓬勃发展和以微博客、社交网站为代表的创新应用的日益普及，我国互联网行业呈现良好发展势头。与此同时，互联网在经济社会发展过程中的"双刃剑"作用日益凸显。一方面，各行各业的互联网化趋势加快，互联网正成为推动生产生活方式变革和经济社会发展的重要力量。同时，网民借助互联网平台积极参与政治生活，发挥着民主监督、网络问政的积极作用，互联网已成为党和政府了解民意、汇集民智、关注民生、化解民怨的重要途径之一。另一方面，互联网因其开放性、匿名性、信息传播的即时性等特点对社会稳定构成的挑战与日俱增，已经成为各类涉稳事件的催化剂和导火索，各类涉稳信息和谣言信息的主要传播渠道。及早获取前瞻性的预警信息，将有助于各级政府维护国家安全和社会稳定，妥善应对网络舆情和处置群体性事件，妥善处置自然灾害、生产事故等重大突发事件，提升政府公信力和政府形象。可以说，信息预警工作对于各级党委政府加强社会管理具有重要的意义。

（一）做好信息预警工作有助于维护国家安全和政权稳定

2010年12月17日，突尼斯南部地区西迪布吉德一名26岁的街头小贩遭到城市警察的粗暴对待，该小贩研究生毕业，但因经济不景气无法找到工作，在家庭经济负担的重压下，无奈做起小贩。在遭到粗暴对待后，该小贩自焚抗议，因伤势太重，不治身亡。这名青年的经历激起了突尼斯人长期以来潜藏的对失业率高涨、高通胀以及政府腐败的怒火。事后当地居民与突尼斯国民卫队发生冲突，冲突进而蔓延到全国多处，形成全国范围内的大规模社会骚乱,并造成多人伤亡。在社会骚乱的初期,突尼斯民众通过脸谱网、推特网、优兔网等社交网站大量传播涉及突尼斯领导人的腐败信息和反动言论,激化民众不满情绪,推动骚乱爆发和升级。而随着大规模游行以及反对派与政府的对抗全面爆发,社会陷入动乱,脸谱网等社交网站一定程度上又成为信息直播站和宣传指挥部,骚乱民众利用社交网站展示手机拍摄的现场血腥照片,煽动对政府的仇恨;反对派利用脸谱、推特等网站的相关群组加强对游行示威行动的宣传指导力度,为大规模骚乱进行预演,推动骚乱不断扩大和升级。最终,在小贩自焚后的第29天,总统本·阿里不得不放弃这个自己统治了23年的国家,在2011年1月14日深夜飞往沙特。因茉莉花是突尼斯的国花,该事件被称为"茉莉花革命"。一些学者认为,从技术角度来看,"茉莉花革命"应该称之为"推特革命",随着突尼斯的政治突变,北非地区出现了一系列的连锁反应,在不到三个月的时间内,埃及、伊朗、也门、阿尔及利亚、巴林、约旦、利比亚、黎巴嫩等国家先后出现政局动荡。

回顾"茉莉花革命"的整个过程,我们可以发现,以脸谱网、推特网和优兔网为代表的互联网工具在各类社会政治事件的产生、发展过程中发挥的作用越来越明显,产生的破坏力也愈发强大。在社交网站、微博客等新媒体的催化下,部分国家出现政权更迭,部分国家政府不得不进行妥协,部分国家甚至因此爆发内战,社会长期动荡。对于脸谱网、推特网、优兔网等网站在中东北非事件中扮演的重要角色,有评论指出,这些美国商业公司与美国政府有着千丝万缕的联系,并且已经成为美国政府推行霸权外交的工具。

网络安全包括意识形态安全、数据安全、技术安全、应用安全、资本安全、渠道安全等方面,政治安全是根本。境外敌对势力除了以"网络自由"为名,不断对我国进行攻击污蔑、造谣生事,试图破坏我国社会稳定和国家安全,还将互联网作为渗透破坏的主要渠道,主要表现在以下几方面:一是敌对势力利用互联网对我国境内进行组织渗透。"台独""藏独""疆独"等分裂势力把网络作为反华渠道,建立网站和专门机构,制造和利用网络谣言,对社会热点和敏感新闻进行恶意炒作,散布反动言论,制造事端。一些邪教组织利用网络进行各种反社会、反科学、反人类的破坏活动。一些敌对势力还将互联网作为秘密渠道吸收成员,图谋建立有行动力的网络组织。二是境外敌对势力和境内分裂分子勾结串联策划活动。境内外敌对势力分裂分子以网络信息技术为依托,在网络舆情中进行策划、组织和串联,使一些群体性事件造成甲地骚乱、乙地声援、丙地联动的情况,朝着规模更大、危害更严重的方向发展变异,给国家、社会、人民带来严重的损失和危害。此外,境内外敌对势力和别有用心的人还利用互联网搞"公开信""签名信""呼吁书",

制造所谓"民意"向党和政府施压,破坏社会稳定。三是精心策划网上反动宣传活动,在敏感时期煽动闹事。针对我国政治经济建设路线、方针和政策,以及腐败、贫富差距、三农、强制拆迁等社会问题,敌对势力在其网站上长期设置专栏和主题,以提供稿酬为诱饵笼络和培植了一批境内外网络写手,撰文肆意进行歪曲和诽谤,诋毁我党和领导人形象,图谋激化社会矛盾、离间党群关系。

可以看出,信息预警在维护国家安全中有着重要作用。对于涉及国家安全和政权稳定的信息,网络舆情分析工作者应该做个有心人,时时刻刻加以留意。如果监测捕捉到相关的有害信息,第一时间上报,为有关部门做出信息预警,从而为维护国家安全和政权稳定贡献出自己的一份力量。

值得指出的是,信息预警工作对于维稳反恐工作取得根本胜利也具有突出意义。长期以来,我国一直面临着恐怖活动的现实威胁。分裂与反分裂、恐怖与反恐怖斗争已成为维护我国国家安全的重要组成部分。近年来,"疆独"组织和恐怖分子更是在我国境内制造了包括云南昆明"3·1"火车站暴力恐怖案件在内的多起暴力恐怖袭击活动,要做好维稳反恐工作,信息预警工作可以说拥有不可替代的作用。首要的目标就是要在互联网海量信息的支撑下,经过前后联系、内外联系、关联分析等综合分析研判,从中发现规律性、预警性、爆发性的预警信息,为维稳反恐斗争提供坚实的第一手资料,为领导科学决策提供可靠的依据。

(二)做好信息预警工作有助于维护社会稳定

就互联网对社会稳定的影响,美国网络文化最敏感的预言家之一霍华德·莱茵戈德在其出版的《聪明暴民:下一轮社会革命》一书中曾经这样描述:"越来越普及的网络、手机、随身装置,将构建出一种全新的社会关系网——瞬间聚集的陌生人,像蚂蚁群一样在无组织、无领袖的状态下,由集体意识做出了一连串有意义的抉择。除了好玩之外,已经带动大规模的社会变革。"霍华德的话在当时听起来更像是一种盛世危言,但近年来国内外发生的一系列与互联网高度相关的重大突发群体性事件证明,他的这一推断具有高度的洞察力和预见性。随着近年来互联网特别是移动互联网的快速发展,脸谱网、推特网、优兔网、微博、微信等移动互联网新应用一方面改变了舆论的生态,另一方面由于"把关人"角色的缺失和弱化,其产生的负面影响也越来越大。一些情绪性、发泄性的言论加上部分网民的盲从与冲动,使网络冲突与群体性暴力事件日益突出,给社会稳定带来严重挑战。这方面比较典型的例子包括英国伦敦骚乱、香港的"占中"事件和广东茂名民众抗议PX

事件。在这三起事件中，互联网与社交媒体扮演着极其重要的推波助澜角色。

香港的"占中"事件——2014年8月31日，全国人大常委会表决通过了人大常委会关于香港特别行政区行政长官普选问题和2016年立法会产生办法的决定，香港反对派及其背后的外因势力对此表示不满，为了要挟特区政府和中央在普选问题上就范，于2014年9月28日至12月15日，在香港进行了持续79天的违法"占中"活动，这是自1997年回归以来香港发生的"最大型的群众事件"。在"占中"事件中，"占中"势力除了利用官方网站和用户较多的本地论坛例如"香港高登讨论区"进行宣传动员外，还大量利用"推特网""脸谱网"等社交媒体进行集中造势和动员，如通过"热血时报"等账号对香港"占领区"情况进行24小时实时图文视频直播。"占中"势力通过这些社交媒体将冲突的情况在网上进一步扩散后，短时间内激化网民对立心态，进一步恶化了事态。

广东茂名民众抗议PX事件——自2014年2月，广东茂名市政府开始高调宣传PX项目，官方媒体多次刊文介绍PX，举办多场学习会。2月27日《茂名日报》刊登了《茂名石化绿色高端产品走进千家万户》一文，详尽介绍了茂名石化公司的优点与质量。3月18日起，"PX"一词被频繁使用，地方媒体连续发表相关文章普及PX知识。一系列文章传递出另一条明白无误的信息——"茂名PX项目即将上马"。事与愿违，3月中下旬起，茂名当地论坛及贴吧开始出现大量有关PX项目的帖子，内容涉及询问茂名是否要开建PX项目和各地有关抗议PX项目的信息。3月29日，有确切时间和地点的抗议信息通过微信等网络渠道在当地大规模传播。3月30日上午，广东茂名市区部分民众因当地拟建芳烃(PX)项目在市委门前聚集游行，30日夜间，有部分闹事者出现打砸行为，对公共设施肆意进行破坏。网上开始散播"茂名反PX项目游行"造成"15死300伤""坦克车进城"等传言，3月31日晚间，茂名市政府新闻发言人称，PX项目仍处于普及知识阶段，上马与否需听取民意才决策。如绝大多数群众反对，茂名市政府部门决不会违背民意进行决策，此后事情才逐渐平息。

从上述的案例我们可以发现，互联网已经成为突发群体性事件的导火索。社交网站和微博客的兴起以及移动智能终端的发展与普及，加快了信息的传播速度，打破了网民讨论社会事件的时空限制。现实社会中部分看似简单、孤立的社会事件经过网民的大量参与后容易形成群体性情感共鸣，在短时间内引发群体性事件。如在官民冲突中，部分网民会在对事件"受害者"产生同情的同时积聚对政府的不满情绪，一旦有网民从中进行煽动，极易爆发大规模的官民冲突。这类突发群体性事件往往具有规模大、破坏力强、社会影响恶劣等特点，给政府处置和社会稳定带来难题。除此以外，互联网在群体性事件中还起到了动员手段的作用，在一定社会背景下形成的网民群体为了共同的利益或其他相关目的，利用网络进行串联、组织，并在现实中非正常聚集，扰乱社会正常秩序，乃至可能或已经发生影响社会政治稳定的群体暴力事件。互联网即时性、互动性、多元化等信息传播特点，改变了传统的动员模式。论坛、博客、QQ、微博、社交网络等互联网新应用以及手机短信、微信、飞信、米聊等移动互联网新技术成为突发群体性事件动员的重要工具，在社会政治动员过程中发挥着重要的作用。在这种情况下，加强群体性事件信息预警工作，做到早发现、早化解、早处置，变被动为主动，对于政府有效防范或者最大限度减少群体性事件造成的损失，维护社会稳定具有重要的意义。

事实上，大多数群体性事件都有一个较长时间的酝酿、积累、发展到激化的过程，都存在一些征兆、苗头。因此，在群体性事件预警活动中，信息情报部门应全面收集并综合研究可能引发群体性事件的苗头性、预警性、前瞻性、动态性预警信息，做出科学、正确的判断，灵敏、准确地昭示群体性事件爆发的苗头、前兆。这样，就能对可能出现的群体性事件做出科学预测和预警，进而预防事件的发生，或降低处理群体性事件的社会成本。

（三）做好信息预警工作有助于政府突发公共事件的应急处置

突发公共事件的应急处置工作离不开及时、准确的信息预警工作。信息预警工作是党委、政府做好应急处置工作的前提、核心和保障，在整个应急处置工作过程中具有先导作用。首先，信息预警工作是开展先期处置的前提。突发事件发生前和发生后，事发地的党委、政府只有在掌握人数、基本事由等初步情况的前提下，才能启动相应的应急处置预案，安排相关单位和部门人员到达现场进行先期处置，防止事态进一步升级扩大。其次，信息预警工作是开展中期处置的关键。在事发地党委、政府开展先期处置后，随着事态的发展，可能会出现新的情况和新的危机，这就需要信息预警部门向当地党委、政府提供新的有价值的预警信息。最后，信息预警工作是开展后期处置的保障。同先期和中期处置相比，后期处置的工作力量有所减弱，但工作难度却未减少。因此，这就需要有相应的预警信息作保障，确保工作能有的放矢，体现针对性和实效性，最终做好善后工作，为应急处置工作划上一个圆满句号。

以云南鲁甸地震的应急处置过程为例，地震发生后，各方立即组织派出多支医疗救援应急队赶赴受灾现场开展医疗救治防疫工作，确保地震受伤人员第一时间得到救治。在抗震救灾的开始阶段，有媒体报道称灾区迫切需要医疗生活物资，有微博发布消息称云南鲁甸震中安置点缺粮缺水，道路拥堵致伤员无法运出。救援过程中，更多的新问题和新情况出现了。比如部分村庄成"孤岛"，救援物资无法进入；灾区严重缺乏专业的救援队伍和设备，出现非专业人员导致拥堵；网民反映灾区部分商店哄抬物价；一些恶意网站借云南鲁甸地震骗取网民钱财等。在鲁甸地震过去三四个月后，有关灾情处置又出现了一些新的情况，比如有媒体称云南鲁甸未及时兑现地震受灾补助超8000万元、鲁甸地震灾民投诉补助金未到位，镇政府称银行卡号出问题。整个救灾过程，包括事前、事中、事后种种网上的新情况和新问题都是信息预警工作需要关注的内容，换句话说，信息预警工作贯穿了云南鲁甸地震救灾工作的整个过程。

群体性事件的应急处置同样离不开信息预警工作。2017年7月23日，有新浪微博网民爆料，当日下午，江苏邳州市铁富镇大约有数千名山东郯城人在附近聚集，现场有大量警察在维持秩序。23日至24日，在微博、微信等社交媒体中有大量相关信息曝出，据现场视频和网民爆料显示参与现场处置的邳州警察有殴打郯城人、打砸山东牌照汽车的行为。期间，更有未经证实的言论"邳州某领导表示只要是鲁q（郯城的车牌号）的车辆全部都砸"在网络中广泛扩散。对此，23日20时许，邳州市公安局官微"@邳州公安"通报称，当日9时许，邳州市铁富镇居民汤某某在微信朋友圈发泄个人不满，辱骂他人，被山东郯城网民转发。现汤某某因涉嫌寻衅滋事罪被刑拘。该通报疑似对23日下午的群体性聚集事件进行了回应。25日，郯城县网信办官方微信"指尖上的郯城"对此事进行了通报：邳州方面的犯罪嫌疑人汤某某已被邳州警方刑拘，并在网上公开道歉，表示不该辱骂郯城全城人；邳州市正对执法过程中不规范行为进行调查处理，并对郯城方面被损坏车辆进行赔偿；24日晚间，郯城县参与聚集的群众已陆续返回，事态得到控制。7月26日至27日，"@邳州公安"再发两条情况通报，除了将邳州人打砸山东牌照汽车定性为寻衅滋事案件外，还表示邳州公安已赴郯城与当地警方联合开展善后处置工作，30日后该事件暂无最新情况曝出。

（四）做好信息预警工作有助于维护政府公信力提升政府形象

危机预防工作是危机管理的重要内容。高效率的危机预防工作不仅危机预防工作是危机管理的重要内容，高效率的危机预防工作不仅对于预防危机爆发、减少危机发生频率、降低危机强度和破坏性具有重要意义，同时也能实现维护社会稳定，最大限度地保障民众的利益，从而增强民众对政府的信任感，提升政府公信力。相反，在危机爆发之前，政府部门如果没有做好危机的预防和预警工作，危机意识薄弱，没有完善的危机预警机制，缺少专门的危机处理机构，则会大大降低政府处理公共危机的效率，进而影响政府公信力。

例如，近年来出现的抢盐、抢水以及一些地方的群体性事件中出现的谣言就说明我国政府在信息预警方面还存在一些有待改进的地方。首先是对谣言的重视程度不够，辟谣不及时。政府部门对谣言的重视程度不够，在谣言的初期采取不作为态度，导致辟谣不及时，在已经造成严重社会影响后才"姗姗来迟""犹抱琵琶半遮面"，导致社会恐慌、经济损失、辟谣效果差的局面。如2014年4月的兰州自来水苯污染事件，政府对谣言敏感度不足，兰州市威立雅水务集团公司检测出苯含量超标20多个小时后，政府才通知公众在未来24小时内不要饮用自来水，致使出现抢水潮。而且信息更新缓慢，致使辟谣成果不佳。随着国民知识水平的提高，一些人鉴于历史上的"愚民政策"，先入为主地认为政府会为了自身利益隐瞒实情，这时如果还采取"马后炮"式的辟谣，很可能就会出现越辟越谣、"越描越黑"的情况，某种程度上辟谣反倒成了激化谣言的催化剂。为了避免出现这种态势，政府应提高主动意识，积极有效、认真负责地对待每一次谣言事件，提高政府公信力，打造阳光透明的政府信息发布渠道。

互联网是社会问题的放大器，随着社会贫富差距的扩大，社会矛盾的不断积累，网民对现实社会的不满情绪在网上不断显现出来，在涉官涉富、涉强势群体的事件中，网民普遍呈现一边倒的批判意见倾向，仇官仇警仇富现象依然严重，公权力在网络世界中成为公众集中"围观"的对象，无官不贪的思维已经迅速传递，政府和党员领导干部任何一项不恰当或被误解的具体行政行为和一些不恰当或被媒体断章取义的讲话，都可能引发出众多的带有明显倾向性的一边倒的负面舆论，将政府置于公众舆论的风口浪尖，严重损害政府形象，削弱政府公信力。如何处理网络公关危机，是新时期考验政府执政能力的一个重要方面。做好信息预警工作则有助于维护政府公信力提升政府形象。

三、网络舆情预警的原则与要求

（一）信息预警工作的基本原则

1. 准确性原则

准确性指信息反映的内容是现实生活中真实发生的事情，信息的基本要素必须与客观实际相符。准确性原则要求信息预警工作准确、全面、真实、可靠，不能有虚假内容。如果信息符合实际，则是真实的；如果部分符合实际或全不符合实际，那就是有错情或虚假信息了。相信不准确的信息，有百害而无一利；使用不准确的信息，极有可能会造成重大损失。预警信息的基础是准确，其价值首先在于真实性。网上信息十分庞杂，有真实的信息。也有虚假的信息，有些信息是捕风捉影的，道听途说的，甚至是造谣中伤的，真假难辨，因此必须进行印证、核实，防止以讹传讹。互联网上经常有一些心怀叵测的人故意发布有害信息，其目的就是恶意造谣中伤，挑起事端，制造混乱。这就对网络舆情分析人员提出了更高的要求。网络舆情分析人员要加强分析、核实，务求内容准确、情况清楚，反映客观。有些信息需要进行横向和纵向的分析比较，并坚持追踪研究，以确认其真实性。在互联网信息的提炼过程中，要尊重愿意，原原本本地反映事物的全貌，有一说一，有二说二，不扩大，不缩小，不因个人的好恶对信息内容进行增删改动，更不可主观臆造，胡编乱造。

不准确信息主要表现在：一是虚假信息。从以往的经验看，虚假信息有的是消息发布者为蒙蔽对方而故意发出的信息；更多的是道听途说、捕风捉影甚至恶意中伤的谣言。例如，2011年在微博、QQ群及手机短信中流传"新疆籍艾滋病人通过滴血食物传播病毒"，后经查明，此信息是河南省洛阳市一男子故意编造并通过手机短信传播的，郑州市某公司女职员戚某将收到的手机短信谣言转发到QQ群后在互联网上扩散，此条信息便是典型的虚假信息。二是情节不准确的信息，即所谓"错情"。造成错情概括起来有两方面的原因：信息发布者掌握情况有误，或者在拟稿、传递过程中出现失误；信息发布者故意掺杂虚假信息，以期该信息能够引起网民注意，实现其特定的目的。我们要对信息认真鉴别，去伪存真，剔除那些假的信息和错误情节、保留那些真实的、准确的信息。再如，微博中常有一些涉及拆迁的信息，其中的文字信息基本属实，但配的图片是虚假图片，这便是情节不准确的情况。三是要素不完整的信息，一条预警信息最起码应该包括时间、地点、人物、事情四要素。如果四要素不全，这类信息报送给上级有关部门则完全没有参考应用的价值。比如，近年来中国和日本因为钓鱼岛和历史问题关系紧张，经常在微博和论坛上都会出现一些网民呼吁对日本进行游行示威抗议活动的信息，不过这些信息基本没有具体的时间和地点，只是作为网民情绪的一种表达，这些信息作为舆情参考是恰当的，但是作为预警信息上报则没有太大的参考价值。

2. 及时性原则

及时性是指信息的时效性，它关系到信息的应刚价值：从某种意义上讲，时效是信息的生命，是信息的基本特性之——时效性是预警信息的重大优势，在有效期内赶上用场才能起作用。过了时效的信息就成了"历史资料"。信息预警工作报送的信息大多数都是需要各级党委、政府及时处理的信息，有些甚至是需要各级党委、政府紧急处理的信息，必须尽快上报才能体现其价值。这类信息主要表现为涉及国家安全和社会稳定的信息，它的及时性表现为紧急性。

对于涉及国家安全和社会稳定的预警信息、各级党委和政府需要了解和需要各级党委和政府了解的情况，要随时收集随时报送，绝不能压误、延误，更不能迟报或漏报。网络舆情分析师应养成雷厉风行的工作作风，从监控到编写、上报各个环节，都要想方设法抢时效，争速度，保持快节奏、高效率。质量再高的信息由于动作慢，同样体现不出其价值，甚至会带来不可弥补的损失。

3. 重要性原则

重要性是指信息反映的情况在其所在领域内所处的地位和所起的作用。信息的重要性，决定着信息价值的大小。信息预警工作主要体现在信息有没有价值，能否满足服务对象的需求，为其决策提供参考。这种价值概括起来主要是两个方面：一是使用价值，即服务对象针对信息反映的情况直接采取措施，或者根据信息反映的情况做出相应的决策；二是参考价值，即可以给服务对象开阔思路，或增加新知识，增长间接经验，启发形成新观点或新思路，为其做出决策提供参考。

重要性原则在不同的领域中依各自的情境有着不同的界定。例如，在暴力拆迁事件中，重要性的大小取决于拆迁行为的合法性、拆迁是否存在伤亡情况以及强拆波及的人数及抗拆行为等。在意外灾害事故的案例中，重要性的大小取决于意外灾害带来的人口及经济损失、次生灾害的大小、受灾人群的反应以及救灾行动是否合理有效等。重要性的大小也受当前的工作的重点和热点问题的影响。如果上报的预警信息牵涉到当前工作的重点和热点问题，也就是领导所特别关注的问题，其重要性自然就大一些。例如，在马航MH370事故处理期间，如果报送的预警信息是与事故相关的信息，比如马航家属的集体诉求、马航 MH370 事故的最新动态等，领导自然会格外关注。

因为信息预警工作报送的信息一般都是有关国家安全和社会稳定，或者是重大的突发事件的信息，这就要求网络舆情分析师在选取信息的时候要注意筛选，比如经济类的信息，一般来说并不需要领导进行应急处置，也就没有必要放进预警信息的范畴。

4. 前瞻性原则

前瞻性是指信息反映一些预警性、苗头性的事态，如不重视将可能给国家安全和社会发展造成重大损失。信息预警工作的前瞻性，是信息价值的重要体现。一般来讲，信息可分为事前、事中和事后信息，信息越具备前瞻性，政府部门就越有可能及早应对，就越有可能避免重大损失，将事件的不利影响降到最低；在信息预警工作中，要根据热点、难点问题主动挖掘前瞻性信息，尤其是涉及国家安全和社会稳定的信息，此类信息挖掘难度较大，但信息的价值也比一般性信息要大。信息的前瞻性要求互联网信息工作人员具备广泛的知识面及敏锐的视角，这是对网络舆情分析工作者较高的要求。对于网络舆情分析师来说，应该在平时的工作中，逐步构建自己的信息分析系统，在海量信息的支撑下，经过自己的前后联系、内外联系、关联分析等综合分析研判，从中发现规律性、预警性、爆发性的预警信息，为领导科学决策提供可靠的依据。例如，"两会"每年都会召开，但是每年"两会"面临的网上维稳情况又会不尽相同，如果我们要对当年"两会"的网上维稳工作提前进行分析和研判，以便有关部门提前进行部署，就要结合当年网上实际情况进行收集和分析。做出前瞻性的预测和判断，最后给出最有价值的预警类信息。

（二）信息预警工作的基本要求

1. 充分认识信息预警工作的重要性

当前我国处于社会矛盾凸显期和对敌斗争复杂期，影响国家安全和社会稳定的不确定因素增多，加强信息预警工作，加大对影响国家安全和社会稳定的各类因素的前瞻性和可控性的信息进行监测与分析，既是维护国家安全的需要，也是维护社会稳定工作的要求。作为网络舆情分析师，应紧密围绕全党全国工作大局，密切关注国内外大事，以网络为基础，以制度建设为保障，以提高预警信息质量为重点，建立实际有效的预警信息汇集和分析机制，确保重大突发事件反映渠道的畅通，更好地为领导决策服务。

2. 不断提高能力和水平是做好信息预警工作的根本

相对于一般的网络舆情信息工作，信息预警工作对于网络舆情分析师的信息敏感性与工作能力提出了更高的要求，因此，网络舆情分析师应该通过各种学习和培训，从各方面加强自身的业务水平：一方面要不断地加强政治学习，不断提高理论水平；其次，要自觉培养敏感意识，重视网络舆情的收集和整理，做到视觉明、嗅觉灵、反应快、洞察力强，善于实践的积累和总结，不断提高舆情反应能力；再次，要通过工作实践去摸索提高，在多汇集、多分析、多研判、多报送的过程中锻炼提高自己。

3.树立创新思维,不断改进自己的工作

创新是互联网的灵魂与精神,创新也是网络舆情分析工作的生命,对于信息预警工作尤其如此。随着网络舆情分析工作尤其是信息预警工作重要性的提升,越来越多的部门开始参与到信息预警工作,党和国家对信息预警工作的要求也在不断提高。近年来,信息预警工作也面临着越来越多的挑战,业务同质化、模式化、套路化的现象越来越明显,一些原有的工作模式及业务思维已不能很好地适应新的需求。网络舆情分析师唯有发挥主观能动性,不断探索和创新,不断改进自己的工作方式才能从容应对各方面的挑战,使我们的工作适应信息预警工作的新趋势及新要求

第二节 网络舆情预警工作

相比于日常的网络舆情分析工作,信息预警工作对于网络舆情分析师的信息的敏锐性、信息及时发现获取的能力、信息快速处理的能力的要求更高,这就要求网络舆情分析师平时要注意培养这三项基本素质。除了这三项基本素质以外,要做好信息预警工作。还需要网络舆情分析师加强预判能力的培养和充分利用技术手段,从而提高信息监测的针对性,加强信息预警能力。

一、舆情预警工作的基本素质

(一)加强信息的敏锐性

信息的敏锐性,是指在网上信息的收集、整理、撰写、编辑的过程中,能见微知著,从而迅速而敏捷、细致而深入、全面而准确地洞察信息的本质,判明利害,把握信息发展趋势,分析和处理复杂信息。

加强信息的敏锐性,具体要求体现在三方面:一是感知敏捷嗅觉灵:即对外界事物反应快,对信息感知敏捷。较强的信息敏锐性是捕捉信息的基础,如果嗅觉不灵,反应不过来,就不能及时发现信息,就无从捕捉。具备灵敏的信息嗅觉,就能静中有动,同中求异,在表面视为无用的信息中窥见其潜在的使用价值,在人们司空见惯的信息中发现有利于事业发展的关键价值,"于无声处听惊雷","空白之处创奇迹"。二是视野开阔收集广泛。网上信息多如牛毛、无处不在,新闻网站、论坛、博客、微博、微信等都是信息的载体,这就要求我们要有开阔的视野进行广泛的收集。可以说,哪里有信息源,哪里有捕捉信息的视角,哪里就有信息的存在。三是捕捉及时行动快。网上

信息瞬息万变，稍纵即逝。在经济体制深刻变革、社会结构深刻变动、利益格局深刻调整、思想观念深刻变化的新形势下，社会发展日新月异，各种新情况、新问题、新变化层出不穷，必须迅速、及时予以捕捉。同时，信息的使用价值在于其时效性："适时者，一字千金；误时者，一文不值。"

加强信息的敏锐性，主要从以下几个方面入手：一要勤奋学习。勤奋学习是增强信息敏锐性的"金钥匙"。要努力学习党和国家重大的方针政策，努力学习与业务相关的政治、经济、军事、历史、社会等方面的知识，不断拓宽自己的知识面，加深自己对国情、民情、社情的了解，只有掌握了较多方面的知识才能了解网上各类新闻、事件的背景，从而准确判断信息的有效价值，确保上报高质量信息。二要不断尝试。信息预警工作是一项操作性很强的工作。只有通过不停地高强度地收集、整理、分析、研判、处理、编写网络舆情信息，才能在实际的业务中逐步提高自己的业务能力、水平和信息的敏锐性。三要善于总结。对已经完成的舆情信息和获得的领导信息反馈进行分析和总结，对整个信息预警工作的流程进行回顾、反思与总结，从中分析自己工作的实施情况和实际效果，总结自己工作中的亮点和不足，对不足及时提出改进意见并加以改进，从而逐步提高自己信息的敏锐性。

（二）提高信息及时发现获取能力

1. 深入研究信息源，提高信息监测的水平

网络舆情分析师应该对新闻网站、论坛、博客、微博、微信等信息源进行深入的学习、分析和研究，分析总结出各类信息源的特点，根据信息源的特点进行监测。例如，对于新闻网站、论坛要掌握其内在的结构和更新规律，对于"出料"比较多的栏目进行重点监测。对于微博和微信等自媒体。随着舆情形势的发展，一些初期活跃度、重要性较高的关注对象也会出现活跃度降低、重要性下降的情况，这就需要在日常工作中及时更新关注的对象，以保证在一定量的关注对象中获取足够多的有用信息。就当前的情况来看，微博依然是预警信息"出料"最多的信息源，因此对于微博的监测应该给予更多的关注力度，在关注对象逐步增加的情况下，可以通过"新浪微博"自带的分组功能，将关注对象根据性质分组，例如分为记者、律师、社会名人、消息人士、机构组织等，一方面提高自己的监测效率，另一方面也可以更加全面地掌握重点人物的动向。

2. 持续跟踪热点问题与敏感群体的最新动态

一是持续关注国际、国内、地方的热点问题、焦点问题的最新进展；二是持续关注复退伤残军人、下岗工人、危困企业职工拆迁户、教师、学生、

出租车司机等重点维权群体以及反日保钓群体、环保团体、左派团体、维权律师等敏感群体的网上诉求和活动情况。

3. 充分利用搜索引擎挖掘信息

互联网搜索引擎能够根据使用者的需求，迅速提供对网页、网站、新闻等信息的搜索结果，提供数量可观的有价值信息，是信息预警工作中必备的工具之一。利用搜索引擎查找信息，带有明确的目的性，与实时监测相比，能够更多和更主动地发现信息。网络舆情分析师应在平时的日常工作中注意积累总结，掌握一些搜索引擎必备的基本技巧，注意积累关键词，在使用的时候结合信息内容设置关键词，寻找苗头性、预警性的信息。根据信息预警工作的特点，敏感词的设置可以分为三个部分：一是根据敏感日期设置关键词，如新疆"7·5事件"、西藏"3·14"、"两会"期间等；二是根据敏感事件设置关键词，包括群体性事件、罢课罢餐罢运等，关键词有"大学罢餐""游行示威""出租车罢工"等；三是根据利益群体设置关键词。

4. 熟练掌握各类互联网应用

RSS订阅、邮件订阅、腾讯QQ群、微信等互联网应用是互联网上信息传播的重要手段，也是预警信息发现的有效途径。网络舆情分析师应该熟练掌握各类互联网应用，只有在平时的工作和生活中熟练掌握各种互联网应用，我们才能在信息预警工作的紧要关头发挥这些互联网应用的作用，利用其挖掘出各种敏感信息和预警信息。比如，对于微信，可以经常看看上海看榜信息科技有限公司推出的"新媒体排行榜"这个微信公众号，通过这个排行榜搜集到资讯类、生活类、政务类等分类的微信公众号，从而获得更多的信息源。

（三）培养信息快速处理能力

追求时效性是对信息预警工作的基本要求，"差一秒失之千里""慢半拍永难跟上"，要求见机快，察在先。如果在信息预警工作中不能做到及时收集、快速处理、迅速报送，再好、再重要的信息也会因时过境迁而失去利用价值。因此，从信息的收集、筛选到整理、编辑、校对、审核、签发等各个环节都要突出一个"快"字，做到信息捕捉灵敏，加工快捷，报送及时，重要信息不过夜，特殊敏感信息限时报送。这是领导掌握先机的需要，也是新形势、新任务对信息预警工作的必然要求。这就要求网络舆情分析师在日常的工作中逐步培养信息快速处理的能力。

1. 多实战，掌握一些编辑处理预警信息的基本技巧

预警信息的编辑处理过程本质上是一个写作的过程，要提高自己的编辑

处理能力，应该尽可能通过实战来提高。俗话说，熟能生巧，撰写、编辑、处理得越多，处理预警信息的能力就会提升得越快。同时，网络舆情分析师也应该掌握一些编辑处理预警信息的基本技巧。预警类的信息一般短小精悍，简明扼要。这就要求我们在拟标题、撰写内容时注意基本的方式方法。首先，预警信息拟的标题应该尽量客观、突出重点。其次，撰写的内容应该简明扼要。将时间、地点、人物、事件这四要素交代清楚，如果遇到长篇幅的信息，编辑起来不可避免地需要多花些功夫，如果做不到精悍，也要尽量去除繁冗，只保留能把事件和问题说清楚的文字部分即可。

2.规范预警信息上报程序，畅通上报渠道

信息预警工作所报送的信息涉及国家安全和社会稳定，需要采取随时收集随时处理随时报送的方式，因此规范、简化预警信息的上报程序，畅通上报渠道，对于信息预警工作是非常重要的一环。例如，遇到迫切紧急的突发事件，可以尝试采取首报事件、续报详情的办法。首报信息不要求很全面，主要报送事件发生的时间、地点、概况、可能造成的伤亡和影响等。续报信息报送事件的性质、过程、影响范围、发展趋势等详细内容。

二、加强信息监测和预判

预判指的是预测和判断。预测指人们利用已有知识、经验和手段，对事物的未来、发展趋势或未知状况预先做出恰当的估计、分析、推测和判断而进行的活动。决策的一个重要特征是超前性，这一性质同样体现在危机预测中。能否预测事物发展趋势，早做准备，防患于未然，成为能否掌握危机决策主动权的关键。反之，如若不能对可能发生的危机进行客观的分析和预测，一旦危机爆发，将束手无策，手忙脚乱，不能从容应对，从而危及国家和人民的安全和利益。判断是一种思想，具有"对某一东西的某种肯定或否定"的属性。在公共危机管理领域判断能力的高低就意味着决策能力的高低，也就是预防公共危机处置中的政府危机预判现状、问题及对策和消灭危机能力的高低。由于在公共安全管理领域往往公共危机是在意想不到、没有准备的情况下发生的，因此更能体现政府在此时的判断能力。预测判断是决策者对决策过程中各种可能的结果出现概率的估量。

信息预警工作中的预判指的是通过网上反映的各种信息和线索，对可能发生或已经发生的公共危机进行预测和判断。网络舆情分析师应该加强自身的预判能力，从而提高信息监测的针对性。网络舆情分析师可以参考以下四个路径进行预判，提高预判能力。

（一）熟悉敏感日，通过敏感日期进行预判

通过敏感日期进行预判是信息预警工作中最常见的预判方式。比如，7月5日是新疆"7·5事件"发生的日子，"疆独"势力往往在这一天组织各种游行、示威、抗议活动，"疆独"势力选择这一天进行暴力恐怖活动的几率也比较高。反日保钓团体则往往选择9月18日进行各种反日保钓活动。熟悉各个敏感日，有助于网络舆情分析师进行预判，加强对各个敏感日预警类信息的监测。

（二）认真分析，通过已知敏感事件进行预判

2014年，"疆独"势力策划了包括云南昆明火车站暴恐案在内的多起暴力恐怖事件。2015年1月12日，新疆疏勒县发生暴徒携带并欲引爆爆炸装置事件，6名暴徒被击毙。1月25日微博称有人在北京打出ISIS旗帜。香港《明报》网站2月9日消息称，近日网上流传一张落款为成都军区总医院的《紧急通知》称：按公安部门通知，近期有一伙新疆暴恐分子扬言要在昆明实施暴恐袭击，主要采取炸弹袭击、刀斧砍杀和汽车冲撞等方式袭击人员密集场所。网络舆情分析师如果认真分析研究上述信息就可以明确地预判到"疆独"势力依旧会保持活跃，有关疆独的预警信息依然是网络舆情分析师关注的重点。

（三）发挥联想力，通过事件的相关性进行预判

发挥联想力是预判工作很重要的一环。根据已知的线索，充分发挥联想力，通过事件的相关性进行预判，往往能够监测到有重要价值的预警信息。比如，"天涯社区"2014年11月18日有消息称，11月16日，黑龙江省肇东市8千余名教师到市政府前集会，要求政府涨薪，包括一次性返还被扣十余年的养老保险金，公布审批工资细节、补开边远地区补助。由于不满肇东市政府领导的解答，11月17日，全市市直和农村中小学8千余名教师集体罢课维权。当监测到这样的信息的时候，我们应该充分发挥联想力，预判到其他地方可能会出现同样的教师罢课情况，这样我们可以在信息监测中重点加强对有关教师罢课信息的监测。事实也是如此。再比如，近年来有关环保的问题成为大众关注的焦点，垃圾焚烧厂的建设、核电站的建设、PX项目的建设往往都会引起当地民众的激烈抗议。如果在网上看到某地将新建垃圾焚烧厂、核电站或者PX项目的信息的时候，我们应该就可以预判到这有可能会引发当地民众的示威抗议活动，甚至是激烈的群体性事件。作为网络舆情分析师，就可以加强微博、百度贴吧、当地的论坛社区的信息监测，说不定可以挖掘到非常有价值的预警信息。

（四）跟踪网络舆情，及时预判

网络时代突发群体性事件的特点总体来说就是：社会问题网络化，网络问题社会化，社会问题与网络问题相互交织，相互作用。网络舆情分析师在跟踪研究网络舆情的同时，及时发现和预测可能出现的苗头性信息并准确做出预判在当前显得格外重要。对于苗头性群体性事件，境外敌对势力往往会借机插手事件，制造事端向政府施压，境外反华媒体甚至会派记者到事发地直接介入事件，这些情况都是上级部门极其关注和重视的情况。为此，我们应通过全面、辨证、多角度地分析预测，做好信息监测工作，从而增强信息的参考性。

从上面的叙述，我们可以发现，加强预判能力对于提高信息监测的针对性是非常重要的，通过加强预判能力，我们的信息预警工作才能变得更加有的放矢，更加高效率，从而为地方的维稳工作做出更大的贡献。

三、加强信息预警

对信息预警工作来讲，业务素养是基础，技术手段是利器。业务素养是指从事信息预警工作的基本能力和基本素质，技术手段是工作的技巧、手段，以及系统的开发和使用。从事信息预警工作首先要具备业务素养，加强信息的敏锐性，提高信息及时发现获取能力，培养信息快速处理能力。有了基本的业务素养后，也要着力于技术手段的培养和提高，要尝试、熟悉各种新的互联网应用，总结各类信息发现渠道和手段。例如，过往我们主要是从新闻网站、论坛、博客上获取信息，现在随着自媒体的发展，信息的来源已经主要转移到微博、微信、QQ群、推特，网络舆情分析师必须及时适应时代的变化，掌握新的互联网应用。

目前来讲，技术手段主要是指掌握各种信息尤其是涉稳及敏感信息的传播途径，熟悉各搜索引擎的特点，总结和搭配关键词，并学习应用新的互联网技术。此外，也要重视各种舆情系统的开发和使用。近年来，国内一些舆情单位研发了不少舆情监测系统，大大提高了信息预警工作的效率。例如，前文提到的，在2010年，人民网舆情监测室研发并完善了具备个性化、垂直性监测功能的互联网舆情监测系统。舆情监测平台涵盖五大舆情支持系统，即部委(纪检)、省(市)级、市(市)级、县(市)级和上市公司、央(国)企、外企、民企舆情支持系统，实现了网络声誉管理、舆情监测、敏感信息预警、内部风险管理评估、突发事件实时追踪和宣传工作评估考核等功能。新华网的"舆情在线"网络舆情手机客户端服务平台实现了舆情监测Pc用户端和手机浏览端的无缝连接，弥补了传统舆情监测在内容、空间和时间上的舆情死角，可以自主设置监测关键字和发送时间，提供7×24小时全网监测和信息预警。

开发和使用各种网络舆情监测系统、微博舆情监测系统，将极大地增强网络舆情分析师信息监测和信息预警的能力。对于网络舆情分析师而言，在拥有舆情监测系统等各类系统的基础上，应该积极使用，配置好关键词并及时更新，发挥系统的最大作用，这样才能达到期望的效果。

总的来说，掌握好技术手段能提高效率，是信息预警工作的"杀手锏"。网络舆情分析师只有具备基本的业务素养，掌握一定的技术手段，才能在工作中突破基础性业务，在工作中占领高地并显示特色。

第八章 新媒体语境下网络舆情的应对

目前我国政府在处置网络舆情事件中普遍缺乏经验,对网络舆情的认识不够深入,信息公开相对滞后,调节手段较为单一和刚性,网络舆情的沟通应对机制不健全,使得网络舆情难以控制,而且还越演越烈,甚至处于失控状态。因此政府转变观念、正视网络舆情的客观存在,并加强引导工作,建立健全网络舆情的联动机制,完善相关法律,增强自律意识,提高应对网络舆情的各种协调机制,以提高与社会公众沟通的能力,发挥网络舆情的积极作用,就显得尤为重要。

第一节 完善新媒体时代网络舆情监管立法

我国网络舆情管理工作与互联网的发展相对落后,有关互联网的管理方面缺少相应的法律规范和理论验证,因此我国在网络舆情管理工作中依然存在一些问题。相比来说,国外很多国家对网络舆情管理的研究和实践都已经非常完善,也总结了一些管理经验,这些对我国的网络舆情管理工作有很强的指导和借鉴意义。但是,由于各国网络国情差异,在互联网舆情信息管理的具体实践中,我国应在一方面借鉴国外经验,另一反面总结中国网络舆情信息管理工作实际,探究符合中国国情和互联网发展现状的舆情信息管理办法,以维护我国互联网生态环境平衡,推进社会经济和谐发展。

一、现有网络舆情监管法律体系

网络舆情与传统舆情一样,其所反映问题的问题涉及方方面面,有些问题的解决不仅需要完善互联网信息管理相关的法律法规,还需要推进各方面法律法规的同步完善。以在互联网管理较好,网络环境较为和谐的几个国家为例,大部分国家都是从现有法律法规中明确网络舆情信息管理的相关规范,没有单独根据网络舆情信息规律来制定的相关法律。在法律体系非常完备的英国,其互联网信息管理方面基本上套用现有法规,但是,英国对互联网信息通信方面制定了《通信监控权法案》、《调查权法案》等专门法案。这些法案有效完善了互联网舆情信息管理体系。我国互联网舆情信息管理管理方面主要是 2002 年 11 月 15 日起正式施行的《互联网管理条例》，《互联网管理条例》主要是为了加强对互联网上网服务营业场所的管理，规范经营者的经营行为，但是，该法律目前还存在很大的网络监管真空区。而且，随着移动网络技术的发展，网民上网工具的不断更新，互联网的上网条件对网民的限制作用已经越来越小，上网活动更加活跃。《互联网管理条例》显然已经不能满足这一新变化的要求，无法全面的对互联网及网络舆情进行更好的管理和规范。2015 年国家发布的新版《互联网信息服务管理办法》，修订了部分相关规定，可以更好的规范互联网信息服务活动，促进互联网信息服务健康有序发展。

制定国家层面的网络舆情管理法律规章，统领全国网络舆情管理立法工作。当前，我国网络舆情管理立法主体和执法部门多为个政府部门以及各地方政府，他们在网络舆情管理实践中，各部门以及各地方政府的法律规章存在政出多门、标准不一等弊端。因此，在国家层面制定一门统领性的法律，统一网络舆情管理的法律标准，规范各部门及各地方政府的网络舆情管理工作是当务之急。

二、完善网络舆情监管立法

我们应该根据现实管理需要对法律做出调整，增强法律的适应性。任何事物都处在不断发展变化之中，网络舆情作为互联网时代应运而生的新事物，天然具备了互联网更新迅速、多变的特点。在网络舆情管理工作中，要时刻关注网络舆情的发展趋势和变化特点，及时针对可能出现的或已经出现的新情况修改和补充现有法律，增强法律规范的适应性和灵活性，避免出现法律真空，为依法管理网络舆情提供有力法律依据。

（一）加快立法创新实践，推动依法治网进程

目前，我国还没有专门法律来保障网络舆情健康发展。以微博、微信为代表的网络新媒体立法是一项综合性、长期性的工作，需要立足大局、综合考虑、统筹规划、系统推进。运用法治思维和法治方式依法管网、依法治网，已成为深化网络舆情治理改革、推动网络舆情健康发展、化解网络矛盾、维护网络舆论稳定的利器和保障。一是加快网络舆论立法，做到网络舆情治理有法可依。出台体系完备、有机衔接、可操作性强、紧跟网络发展趋势、体现大数据新技术特点的网络管理法律法规，构建由法律、行政法规、部门规

章和司法解释共同组成的规范系统的体系。二是加快网络实名制进程。通过立法,规定公众网络实名制的程序、机制和约束。三是通过立法保护个人隐私、公共利益和国家安全。明确个人隐私、行业信息、国家数据的拥有权、存储权、管理权和使用权,对泄露相关数据、利用数据牟利的不法行为依法予以严惩;强化企业的安全义务、行业的社会责任、政府的监管职能等制度性安排和技术性保障。

(二)完善网络舆情监管体系,助推网络舆情大数据治理科学化进程

当下,网络舆情治理创新,重点要完善大数据监管体系,构筑大数据研判体系,利用大数据实现对纷繁复杂的网络舆情的准确分析和挖掘,不断提高网络舆论引导能力和水平,推动网络舆情治理科学化进程。一是创新大数据监管的手段和措施。大数据技术在碎片化信息中建筑主动搜索引擎,实现网络用户个人信息、痕迹数据的全景式汇聚,从而可以准确地刻画出每个网民的网络肖像,实现对网络的精准化管理。同时,通过深度挖掘网络全景数据,构建网络舆情的过程化研判方法,使网络舆情真正实现"分析过去,研判现在,预测未来"的思维转型和技术变革。二是提高大数据辅助决策的能力和水平。利用大数据辅助决策的能力和水平已成为衡量各级领导干部水平和执政能力的不可或缺的内在要义和重要测度。网络舆情主管部门运用大数据管理思维、工作模式、技术方法引导公众树立理性思维,在网络舆情引导过程中既要能恪守法治底线,又要能融法、理、情于一体,将公众的利益诉求和各类社会热点难点问题的解决引导到法治轨道上,倡导公众依法维权、理性维权。

第二节 提高各级政府网络舆情危机应对能力

新媒体对危机信息传播模式的改变给政府网络舆情应对与引导工作带来了巨大挑战。政府应对网络舆情的时间被大大缩短,丧失了对舆情信息的垄断能力。因此,探讨新媒体时代政府网络舆情应对与引导能力提升的有效途径具有极其现实的意义。

一、网络舆情爆发前

为做好网络舆情处置工作,在网络舆情爆发前的预警工作是十分重要的。那么在网络舆情爆发前,各级政府要做好哪些工作呢?

（一）健全网络舆情的检测和预警机制

网络立法和引导是应对网络舆情的基础条件，那么对网络舆情的检测和预警就是关键内容。网络舆情本身就是多方面因素的综合体，那么要做到对网络舆情全面的检测与预警就必须投入大量的物质和技术的保障。再者从目前的检测水平来说，虽然各地方政府有足够的技术水平，但是对于互联网的检测可以说是未尽到相应的责任。

第一，加大物质保障和技术保障

物质保障主要体现在人力、资金等方面。地方政府应当首先保证人员的投入和资金的投入，针对不同的职能部门，特别是跟老百姓息息相关的卫生、教育、交通等方面根据各领域职能，成立专业的网络舆情分析机构。如果要实现各层次各领域的全面监控，就必须有人力和资金等物质保障，来实现网络舆情监测的正常运作。

要实现网络舆情的检测，就必定要对海量信息进行收集、分析、整合等，就必定需要多种技术的保障。面对不同的网络事件，各政府的处理方式也各不相同，即使检测和预警到某些网络舆论，却未能做出有利的回应和解决，其原因很大程度上取决于与事件相关的舆情信息有误或者不完全，以及处理事件简单、粗暴。地方政府不应在网络舆论的技术上放松警惕，毕竟技术总是在更新，总是在改变。所以，首先就要求地方政府的相关部门在技术上不断被完善和更新，如 Web 挖掘技术、自动分词技术、关联检测和关键追踪技术等。在此基础上，各地方政府构建有关舆情的知识库，通过技术保障就帮助相关部门实现网络舆情的检测。

第二，完善并加强舆情监测

近些年特别是在国家重视互联网发展之后，各地方政府也都投入了大量的精力试图对互联网实现全面检测，但在实现的理想化的过程中也无形之中给相关部门带来了巨大的压力，检测过程中存在着很多问题，如舆论收集不完整、舆情发现不及时、分析不准确、信息利用不便利等。究其原因，应根据不同的情况使用有针对性的检测形式。首先对网络舆论的检测根据不同的情况进行区分为日常监测、突发事件检测，或者区分为显性舆论、隐形舆论检测。

在物质和技术充分保障的情况下，日常监测对互联网中网络舆情的基本检测，一般是热点话题、自动摘要、舆情跟踪等，种种阶段都要对网络舆情有一定的判断，一旦在互联网上产生危机，相关部门就要通过舆情监测提供的信息做出判断、反馈和决策支持。目前日常监测主要通过采集和提取即时通信软件来发现网络舆论的动向，并通过建立跟踪分析系统，来掌握并控制网络舆情发展趋势。那么就可以通过对网民参与的人数增长速度、讨论和关注数量、讨论态度的倾向性等，在有必要做出回应和应对同时，及时采取措施。那么就应特别关注一些用户量巨大或者关注度较大的传播载体如新浪微博、微信、社交网络等即时通讯工具，并结合地方政府平台，在这些通讯工具中及时做出回应和解决措施，与此同时掌握信息公开的主动权，尽可能快的消除负面的网络舆论。然而突发事件给网络舆情检测增加了难度，时间短、情况复杂、相关的信息繁杂、事件难以预测等原因都对决策的判断造成影响，判断有误、信息不全、处置不当都有可能带来严重的后果。因而地方政府首先对突发性事件有一定的判断，根据网络事件的可能造成的危害程度、紧急程度、涉及范围等根据《突发事件应对法》进行不同程度的区分，以颜色进行标识红色、橙色、黄色、白色分别对应一级、二级、三级和四级，以红色为最危机的情况。实际上，无论是日常监测和突发事件检测都包含在隐形和显性检测中。只不过在检测过程中时间段各不相同，突发事件留给检测的时间更短，留给地方政府做出应对措施的要求也更高。无论是显性舆论还是隐形舆论的检测，都要收集完整且真实的数据来帮助相关部门做出预估和判断，来进行决策分析。

第三，提高网络舆情预警能力

网络舆情的预警也即是在网络事件发生前，为了防止这些事件产生巨大影响特别是可能对人们的生活产生一定危机情况前，地方政府通过收集信息后，结合网络事件发生的规律或者特征，对这些重大事件发生前得到一定的前兆或信号，使得地方政府能够有一定的准备，把相关的危害降低到最小。那么对网络事件的预警就应做到以下几点：首先，要做好信息的收集工作，信息的真实性和及时性是影响事件发展的重要原因之一，根据相关数据对网络事件有一定的判断，如事件发展趋势、影响范围、传播速度等，这样就可以做到有备无患；其次，加强监管的力度，除了要首先掌握舆情的各种信息，要密切注意网络事件的发展、演变，并建立权威的网络平台与相关媒体一同对网络舆情进行传递信息、纠正信息等；然后应根据网络事件的发展趋势或者后果有一定的评估，对轻微的影响的网络事件及时处理，对影响较重的网络事件应按照有关规定适时的采取措施，让网络舆论造成的危害降到最低；最后提供相关的平台，一方面提供信息咨询的渠道，另一方面可及时帮助地方政府相关部门及时发现问题。因此，预警的目的就在于发现"火焰"，并关注事件发生的动向与趋势，为相关部门争取时间，对应对网络舆情的措施做出准备。

(二）构建网络舆情监控平台

在社会网络图能够证实，在网络舆论中任何一个用户或者任何一个节点都能够在互联网上大量传播。特别是与群众息息相关的事件，如公众利益、教育、医疗、交通等，涉及群众时，他们就需要有平台进行交流与反馈，甚至是表达自我。政府有义务进行信息公开这项任务，而信息公开就不仅仅局限于政府建设的网络平台。在进行信息技术升级的同时，时刻关注新媒体中各种平台的动向，特别是用户量大、信息量大、传播迅速的一些平台，因为这些平台反映的就是民意。那么就需要政府做出有效的措施，如在这些平台也进行建设，搭建与用户互动的平台，在适时的时候进行第一时间的发声，把舆论可能对群众、社会甚至是政府的危机降到最低。与此同时，就要求政府相关部门建设有关对网络舆论掌控的平台。如美国的信息中心很重要的一项任务就是24小时不间断的对能够搜集到的所有网站、论坛等公开的信息进行搜集，这些公开的信息多种多样，但是通过细致的分类、整理、分析后，实现全方位的监控。当然这种监控包括很多方面，不仅仅是网络舆情、社会民情等，甚至可以了解到各国的军事情报等。因此我国也应该借鉴这些发达国家的优秀的一面，主动实现我国的网络舆情的监控。

二、网络舆情爆发期

如果说检测和预警的目的是把网络舆情的负面影响降低，甚至是防范网络事件的发生，那么网络舆情爆发期的处置措施则是应对的一种体现，也是最具影响力的行为。因为处置措施其中每一个细节都会通过新媒体让大众尽收眼底，一旦处置的不妥当，则可能造成更深的网络舆论，这种破坏力可能难以想象，不仅仅是社会的躁动，反而可能会降低政府在执行力的信任危机。因而建立完善的网络舆情处置措施是具备全局性、稳定性的，措施和制度的完善会让地方政府应对网络舆情更加得心应手。具体的措施如下：

（一）完善民意表达机制

在信息公开的原则下，如果没有完善的民意表达机制，地方政府应对网络舆情也不过是空谈，毕竟网络舆情在新媒体背景下逐渐成为民意的体现与表达，而这也成为政府了解民意的主要渠道之一。目前，信访、政协、媒体等是我国表达民意最常用的方式，但是都或多或少不能够彻底反映民意。信访的效率低下，政协的民意表达不理想，程序和形式的不规范都不利于表达民意。于是，民意就通过新媒体以网络舆论形式被表现出来，才产生了网上和网下的明显差异。因而，畅通民意表达的渠道变得尤为重要，那么民意表达的机制就需要完善，从而体现民意、实现民利。另一方面是政务公开需加强和改进，2016年我国因此出台了全面推进政务公开的相关意见和法律法规，然而仅仅通过政府公报、政府网站、新闻发布会以及报刊、广播、电视等便于公众知晓的方式公开，这些公开形式是远远不够的，新媒体环境下对政务公开的方式提出了更高的要求。网上和网下做好政务公开的工作能够更好的消除网络上舆论对政府的误解，促进政府与民众的交流与互动，并提高政府的公信力。

（二）转变处置方式

目前，地方政府在对网络舆情的处置措施包括：堵、盖、封、压等，这些传统的方式是不合理的。地方政府应充分发挥网络舆情的正面作用，就要做到以下几点：首先是改善或者转变处置方式，熟悉网络舆论转变的模式，任何社会都会存在冲突，如果用强硬的方式则未必能达到理想的效果，反而有可能成为助燃剂，让网络舆论变得难以处理。因而，充分利用网络舆论的正面作用，结合新媒体环境下方便快捷、灵活自由的交流和表达平台。转变处置方式也是政府在融入和接纳新环境、新事物的一种体现，也是贴近民众的一种表现。在新媒体环境下，通过构建官方的网络平台，还是通过权威的媒体平台都能够传达信息，为地方政府在第一时间发声起到重要作用。然后，可适当的从网下的重心逐渐向网上进行转变，尽管我国互联网技术发展迅速，但是各个省份的发展速度也不尽相同，不能够用相同的模式进行处理。

（三）把握时机及时处理

坚持快速反应原则。首先政府部门应该掌握网络舆情发展规律，充分了解网络事件在各个阶段的发展规律，往往爆发网络舆论的根本原因，不是政府的信息整合能力，不是发生网络事件后政府的处置能力，而是没能够在合理的时间做正确的事情。所以，在进行网络监控的同时，要做到快速的信息整合，杜绝恶意的信息的传播，及时纠正错误的信息，在权威的平台进行发布。另外，结合网路技术部门，追查信息的来源，尽量把网络危机降到最低。如"鲁山县养老院特大火灾"事件，如果地方政府相关部门，在第一时间在网络舆情爆发前没有错失处置时期，通过政府网络平台并结合新媒体的力量对事件进行详细且真实的报道，与此同时，把救援工作、善后工作等一系列事务处理及时且向大众及时沟通。协同相关信息技术部门，对不利于政府工作的恶意帖子和评论进行有效防控，那么结果就有可能降低网络舆情的发展，把对地方政府的危机降到最低。

(四)充分发挥政府"领袖"的积极作用

国内大部分地方政府都建设了地方政府网络平台,但是很多情况下,他们不能够第一时间发挥"领袖"作用,面对网络舆论时不能够及时的消除误解。就目前而言,新媒体环境下一些平台都缺少政府平台,比如用户量接近6亿的微博和用户数接近10亿的微信等。特别是微博能够给网民提供一个能够发声的平台,通过主流媒体的报道,让网络事件第一时间进入每一个的视角,让他们在第一时间发出自己的意见,当关注量很多时就发展成为网络舆论。这其中必然存在误解或者矛盾,如果政府不能做出有效的回应,让误解消除,就有可能造成危机。因此,地方政府也应该具有自己发声的平台,有效的结合新媒体的力量,发挥"领袖"的积极作用,引导大众媒体帮助政府解除危机。另外,国内外一些成功经验在政府发挥领袖意见的作用主要是让社会的不同阶层都能有"领袖"来发出理性的声音。当前我国互联网上网络舆论情况复杂、规模很大,对政府应对也提出更高的要求。政府可以考虑动员社会力量来进行应对,调动和引导"领袖意见",这里的领袖可以是各个阶层的领袖,他们可以是不同行业的专家,可以是德高望重的老师,可以是拥有很大量粉丝的一个明星等。因为他们在不同的阶层有一定的影响力。地方政府可以结合新媒体的力量,通过不同的视角,引导这些"领袖"帮助政府发出公正的、理性的意见,在消除网络舆论误解的同时,在进程中也发挥政府的积极作用。

三、网络舆情爆发后

如果说网络舆情爆发期的处置措施则是应对的一种体现,是最具影响力的行为,那网络舆情爆发后的工作则是总结经验,提升地方政府舆情处理能力的表现。

(一)持续完善网络立法

依法治国是我国治理国家的基本战略,自2000起我国就颁布了《维护互联网安全的决定》、《互联网信息管理办法》等一系列行政法规,到习总书记在"0419"重要讲话中强调"要加快网络立法,让人民和企业都有法可依,把网络危机尽量降到最低。"尽管自十八大以来,我国基本建立起了网络法治,但还是存在一定的漏洞和缺陷,如关于刑事调整范围的扩大问题、关于网络犯罪的罪名问题、刑法配置难以体现罪行均衡原则等等。要完善网络立法,就要实现信息化网络法律法规的框架,也要优先考虑一些重点领域的立法工作,如电信业、网络安全、个人网络信息的保护等。另外,网络中就是由于责任不全才会造成信息紊乱的情况，因此在完善对网民和网站管理方面都应采取有限实名制并在确保个人信息不被泄露的情况下的核实。还应该加大对网站违法的处罚力度，要坚决杜绝网络违法行为的产生，不能因为没有法律和法规反而让一些人钻空子，如湖北的"伪基站"网络诈骗行为、黑龙江的"外挂"强行破坏信息系统案、辽宁的冒充信用卡套现行为等。

（二）借鉴国外成功经验

首先，政府承担着管理互联网这一重要的责任，在法律和行政手段双管齐下的同时，还需注意行业责任、社会监督、行为防范等多方面作用。然而我国对互联网的管理还存在着诸多的问题，比如我国各地方互联网推广也各不一样，各地方对于互联网推广、接受水平也参差不齐，有些相对较发达的地方容易产生网络舆论，那么我们就不能用一成不变的方式来进行处理。另外，结合世界上一些发达国家对于处理网络舆论一些成功的经验可知，中国以法律和行政手段为主要方式的处理方式不是很理想，而应该是注重多管齐下或者综合治理的方式。如美国制订了《反垃圾邮件法》、《网络安全国家战略》等；德国制订了《阻碍互联网使用法》、《反纳粹网络犯罪法》等特色法律；澳大利亚政府则通过媒体管理局、行业机构与民众代表三方共同制订了《广播播放办法》、《互联网基本法规》等。首先网络监管是当前各国政府都需要积极介入的一项重要工作，这是对互联网的一种约束，也是帮助网民净化网络社会的体现。网络社会也是社会的一部分，那么就要求我们每一个人都能够被约束，约束的行为也是国家教育文明的一种体现，而这种约束来源于合理的法律法规。那么我国国情虽然与其他国家不相同，但是目的是一样，都是实现对互联网的管制，无论是对民众还是对国家都达到和谐的过程。

（二）提高官民的网络舆情文明意识

文明等同于我们的公民的综合素质，不只是现在，文明是我们每一个人应该做到的。无论是孩童，还是全世界的每一个公民，文明所体现的是一种正确的价值观或者说是个人的修养，乃至一个国家的文明程度。网络文明是网民在网络中所体现的综合素质，这传达着一种新的生活方式或者态度。只有正确的价值观的传达才会构建一个正确的网络环境，这也体现了社会的规范、标准等等。

第一，提高政府官员网络文明的综合素质

要提高政府官员的网络文明的整合素质，首先要明白目的，就是为了更好的为人民的服务。为人民负责，为社会负责，那么就务必有良好的道德素质，有优秀的能力代表政府为人民发现问题并解决问题。网络环境中更是如此，要学会对网络信息进行判断，判断信息的虚假，判断网络事件的真伪，判断网民的发声是否属实等等。网络环境更为复杂，所以必须要求政府官员不仅要站在人民的角度本着为人民服务的态度去思考和解决问题，也要站在政府的角度去考虑问题，比如归纳网络中网民所反映的问题，站在政府的角度用良好的语言表达为政府发声等。回顾近些年，我们的国家领导人就是最好的例子，他们不仅表达了对网络媒介的重视，也积极的通过权威网站与网民进行交流和互动。因此，要提高政府官员对互联网的基本知识的了解，要学会用合理的方式与网民进行互动，官员也要学会利用新媒体的力量，在掌握网络舆论的发展趋势与动向的同时，尽可能降低危机发生的可能性。综上所述，提高政府官员的网络综合素质变得十分重要。

第二，加强对网民的宣传教育

首先，政府相关部门应该做好宣传工作，倡导文明的方式使用互联网。从法律法规方面，让广大的网民知道使用互联网也应该具有合理方式，不要钻法律的空子，不要传播虚假信息，在做到实名制的同时，把网民在互联网上的自由权发挥到最大。一方面，让网民知道他们有什么权利做什么事情，充分发挥新媒体的作用，让网民知道有法可依，违法必究；另一方面，要杜绝违法行为的发生，如传递虚假信息，恶意破坏社会安定等行为发生。其次，从道德的角度，我们要倡导网民自身的文明与素质。一个国家之所以会强大，不是改变了什么，能够从国家的人民的行为规范去体现，他们在意什么，比如倡导文明的网络行为规范、树立优秀的网络文明行为等方式。不能让网民钻空子，当某些危害社会安定的行为发生后，让他们以没有法律法规的规范为由成为他们犯罪的借口。网民也要文明上网，毕竟网络社会也是展现我们自身素质的表现，在做到遵守法律法规的同时，树立网民榜样。

第三节 积极引导网络"大V"

伴随着"网络大V"一词逐渐步入人们视野，"大V"们随意表达观点、刻意夸大事实、恶意散播谣言、舆情行为相悖等多种舆情失范表现日趋成为社会关注焦点。因此，系统分析网络大V舆情失范的内在原因，深入探讨如何正确引导网络舆情，是微时代背景下亟待解决的热点问题。

一、网络"大V"及其影响

随着微时代的到来，越来越多网民拥有个人微博账号，而"网络大V"这一新名词也日益进入人们视野。如在湖南卫视2013年"快乐男声"选秀节目中,每场当中还请来了专门的"V神"公布V神话题讨论参与次数,以代表广大网民对参赛选手的投票意见。因此,针对微时代背景下出现的新情况、新现象,进一步探讨何为"网络大V",其在网络社会公共空间内究竟扮演何种角色,对网络参与重要群体即青年价值观教育有何影响等,显得尤为必要。

(一)网络大V的兴起

网络大V是指在新浪、腾讯、网易等网络平台上获得个人认证、"粉丝"众多的网络贵宾账户拥有者,是身份得到认证的网络意见领袖,"粉丝"数通常在50万以上,是自媒体蓬勃发展而带来的附属品。相比于普通网民,网络大V这个群体拥趸众多,拥有更大的话语权,常常是振臂一呼,应者云集。据统计,目前在新浪和腾讯微博中,10万以上粉丝的大V超过2万个,百万以上粉丝的大V超过3300个,千万以上粉丝的大V超过200个。在中国科学院心理研究所对全国3000万名大学生微博用户的数据调研中发现,在微博平台上,超过60%的信息为转发,而在转发的信息中有80%为大V发布。2012年,人民日报的发行量是280多万份,而微博人气女王姚晨的粉丝有1955万人,换句话说,姚晨每一条微博的受众,即便不算转发产生的间接传播,也比人民日报的发行量多出来接近6倍。由此可见,在微博这样的自媒体中,网络大V俨然已成为引导网络舆论,处理社会事件的主要力量。网络大V的兴起,是网络平台和该群体自身特点相互作用的结果。

首先,互联网改变了媒体格局。新新媒介(newnew media)是指互联网上的第二代媒介,于21世纪被普遍应用,如博客、贴吧、微博、微信等。对于这类媒介,保罗·莱文森(Paul Levinson)给出了十分具体的界定:"第一,消费者即生产者;第二,其生产者多半是非专业人士;第三,个人能选择适合自己才能和兴趣的新新媒介去表达和出版……"新新媒介的出现彻底改变了媒体格局,而大众对这类媒介的使用也是驾轻就熟,并逐渐从信息的消费者变成了生产者,主动要求掌握话语权,改变自己的被动局面。在这种情况下,网络大V发展的外部环境得到了发展成熟。

其次,网络平台准入门槛低,群体多样化。以新浪微博用户加V认证为例,新浪微博用户申请认证条例规定,只要是特定行业拥有真实社会身份并提供证明材料的人群,并绑定手机,有头像,粉丝数不低于30人,关注数不少于30人,微博内容能体现活跃者皆可申请加V。如证件不够齐全或不能申请比较合理的认证,让好友中的认证用户用名义担保认证你后,也同样能达到认证的效果。这样一来,申请成为大V就成为一件十分容易的事,直接造成了网络大V群体的多样性，学术大师、娱乐明星、各行各业的人士均粉墨登场，成为公共话题的发起者、参与者。多样性的主体带来了多样性的话题和多样性的视角，在吸引网络受众并给其新鲜刺激的感受后，自然而然得到了人们的追捧。

再次，信息传递及时，满足受众的好奇心。在信息大爆炸的时代，谁掌握了最新的信息谁就有了谈论话题的资本。网络技术的发展成熟造就了信息快速传达的外部环境，网络大V们主体的多样性，信息来源的广泛性，传播信息的自由性、灵活性，决定了他们能拥有最新的信息并将信息及时传递，极大地满足了受众好奇心。

最后，互动性强，亲民性强。报纸、广播、电视等传统传播媒介的进入平台较高，传播方式较为单一，因此话语权通常掌握在社会精英手中，普通民众很难与其互动并得到反馈，而得不到及时反馈的关注注定不会持续。网络大V与其不同，他们大多来自民间，与民众有共同话题和相似的背景，容易与民众产生交流。在微博、贴吧、论坛等网络平台上发表言论的过程中，通过回帖、转发等方式与民众进行某一话题的讨论，沟通双向、对话平等，互动性强，十分亲民。

（二）网络大V的影响

1. 网络大V存在的积极意义

（1）网络大V的存在促进了民主政治的发展

我国有着2000多年的封建历史，人们长期接受着传统专制文化的影响，主人翁意识较为淡薄，参与国家、社会事务的热情不高。网络大V作为拥趸众多的网络意见领袖，凭借自身累积的影响力，带领粉丝关注政治，积极讨论国家、社会事务，极大地提高公民参政意识。在公民参政意识提高后，引导他们发表自己的意见和观点，使不同的意见和观点充分博弈，让冲突寻求到平衡点，问题得到暴露，民众观点得到充分的表达，从而促进民主政治的发展。

（2）网络大V的存在有利于加强政府廉政建设

在监督政府廉政建设方面，民众的力量分散，难于整合。网络大V的存在为民众监督力量的整合提供了帮助，扮演着"领头羊"的角色，能够凝聚社会力量，加强对政府的监督力度。除此之外，网络大V有着比普通民众更为广泛的平台，能够获得最新最及时的信息，从而实现对政府的实时监督。加之网络大V的个体影响力甚广，容易形成强大的舆论压力，使公共权力的滥用现象得到抑制，官员产生忌惮心理，政府廉政建设得到加强。

（3）网络大 V 的存在加速了公民诉求反映及问题解决的过程

政府不是万能的，加之我国各阶层人数众多，发展差异大且需求各有不同，政府不可能面面俱到，听取到每一个人的诉求。网络大 V 的存在为公民反映诉求提供了渠道，公民向网络大 V 反映诉求后，凭借自身的影响力及与其他网络平台的密切关系，使公民诉求及时反馈到政府层面，并且网络大 V 在联系社会各阶层方面有着得天独厚的优势，可以依靠民间力量帮助公民解决问题，从而充当了社会减压器，促进了社会的和谐发展。

2. 网络大 V 存在的消极意义

（1）随意表达观点，模糊角色地位

随意表达观点，模糊角色地位，是微时代网络大 V 舆情失范的首要表现。一方面，网络作为一种公开、自由的沟通平台，赋予每个网民公开表达、自由交流的权利，因而网络大 V 可以在微博上自由发表关于社会热点、公共事件的网络言论。另一方面，网络大 V 在网络社会中扮演特殊角色，充当微博意见领袖，承担一定社会责任，因而不能随意表达自身观点。网络大 V 作为众多粉丝的追捧者，其言论对粉丝具有重要影响，在一定程度上对粉丝起着榜样示范作用。然而，部分网络大 V 因对自身扮演角色认识不清、角色地位模糊，仅从个人角度出发，针对社会热点、公共事件随意表达自身观点，进而影响大批粉丝作出基本判断，并对青年价值观教育产生不良影响。

（2）刻意夸大事实，制造社会假象

刻意夸大事实，制造社会假象，是微时代网络大 V 舆情失范的主要表现。一方面，哗众取宠无疑是网络大 V 吸引更多粉丝追捧的重要手段，部分网络大 V 擅于运用夸张口吻描述社会事件，以吸引广大网民眼球。另一方面，投其所好更是网络大 V 吸引大批粉丝的主要手段，部分网络大 V 擅于在自己不熟悉的但为粉丝所广泛关注的领域发表夸张言论，以迎合大批粉丝喜好和巩固自身大 V 地位。然而，过于浮夸的语言吸引的仅是粉丝们短暂的追捧，带来的却是网络传播秩序较长时间的混乱；而这种网络大 V 舆情失范现象本身，不仅与微时代背景下如何正确引导网络舆情密切相关，更对当今青年价值观教育具有重要影响。

3. 恶意散播谣言，赚取额外利益

"大 V"变"大谣"是微时代网络大 V 舆情失范的典型表现。其一，一些网络大 V 打着"求辟谣""求证"的旗号故意散播谣言，造成大批粉丝不明真相地盲目关注、转发和评论，不仅扰乱网络正常传播秩序，更加损害网络媒体社会公信力。其二，少数网络大 V 为"网络大谣"所利用，成为网络谣言的中转站，如 2013 年 8 月的"秦火火"事件、"立二拆四"事件等。"秦火火"

等人之所以能够接二连三地推出3000多条谣言，并公然宣称"谣言止于下一个谣言"，其根本原因在于这些"网络大谣"们成功地把影响力大、关注度高的网络大V变成了自己的传声筒。总之，无论是故意传播还是为人利用，其背后均受现实利益驱使，根本目的在于增加网络点击、赚取额外利益，其结果必然是"谣言惑众"，即扩大舆情负面影响、恶化网络生态环境。

4.舆情行为相悖，激起社会质疑

舆情行为相悖，激起社会质疑，是微时代网络大V舆情失范的升级表现。一是戴着双重面具，骗取网民信赖。如2013年8月的"薛蛮子"事件。薛蛮子原名薛必群，新浪认证为"天使投资人""微博打拐发起人"之一，因其微博内容大多涉及公益与批评社会恶习而颇受广大粉丝欢迎，粉丝数量达1212万余人，是新浪微博"大V"。其每条微博几乎都得到大量关注、转发和评论，甚至被称为"最具正能量的网络名人"。但就是这个在微博上占据道德高地、评论不良现象的网络大V，却因高频招嫖、聚众淫乱而最终跌下"道德神坛"。二是利用公众信任，肆意敲诈敛财。如2013年8月的周禄宝事件。周禄宝原以"民生维权写手""反腐揭黑斗士"著称，并成为具有较大网络影响力的网络大V，粉丝达110万人。但他在撰写博文以维护正义、关注民生、反腐揭黑这看似追求真理、呼唤公正的背后，却是对网络平台的肆意利用、对公众信任的任意践踏："一边曝光寺庙欺骗香火钱，一边索要'摆平费'；一边奢谈公平正义，一边与对方私下讨价还价"，"把社会公义的诉求当成自己非法牟利的工具"。网络大V作为微博意见领袖，其首先通过语言方式介入大众传播过程，将经过自身加工的信息即二次信息传播给网络大众，不仅具有影响广大网民态度的能力，而且具有加快信息传播速度、扩大信息影响范围的作用。因此，当网络大V出现舆情失范现象，甚至与其行为相悖时，就会激起公众质疑、扰乱社会秩序。

二、积极引导网络"大V"

如前所述，网络大V如同一把双刃剑，作用发挥得当将成为社会进步的巨大助力，但当其负面作用出现时其危害性难以估计。对于网络大V的存在，应最大化利用其优势维护社会的稳定与进步，同时积极应对其产生的问题，对网络大V队伍进行整治。

（一）立法监督两手抓

第一，完善网络舆论监督立法，权责明确有法依。之所以存在部分网络大V造谣、发布不实言论等现象，很大的一个原因就是我国关于网络舆论监督的法律法规不健全，对在网络平台发布言论的权责标明不全面不清晰，使部分怀有不轨之心的网络大V钻了法律法规的空子，造成危害的同时没有得到惩罚，从而更加猖狂不顾法纪。因此必须制定一系列健全的法律法规对如何处理网络舆论监督与造谣诽谤、舆论自由与网络暴力、网民的隐私权与知情权等作出明确规范。不仅如此，还应明确监督的主体、客体以及监督主客体的权利和义务，并与其他法律法规配合接轨，形成完整的法律保障网。

第二，提高网络大V准入门槛，加强对网络平台的管理。不同于传统媒体，网络的自由性很大，管理难度更大，但绝不能因此而对其放任自由。针对网络大V准入门槛低这一问题，政府需要监督网络平台提高准入门槛，落实网络大V实名制度，加强对申请成为网络大V的个人资料真实性的核查，同时对网络平台的所有者和管理者进行政治思想教育，明确其所有的权利和应承担的义务，防止网络平台的管理者和所有者为提高网络平台的点击率而故意招揽网络大V并对网络谣言的传播推波助澜。但政府应注意管理的度，避免造成全盘管理现象的出现，要以引导网络平台实现行业自律、自我管理为管理目标。

第三，掌握舆论导向，引导社会舆论。胡锦涛曾经指出："现代社会，宣传舆论的社会影响力越来越大，能不能把宣传舆论工作抓在手上，关系人心向背，关系事业兴衰，关系党的执政地位。善于做好新形势下的宣传思想工作，是加强党的执政能力建设的重要内容，也是对我们党领导水平和执政水平的一个重要考验。"党的十八大报告进一步指出：要"牢牢把握舆论导向，正确引导社会舆论"，"坚持党管媒体的原则，增强引导舆论的本领，掌握舆论工作的主动权。"这表明中国党和政府把做好新形势下的舆论工作摆在了全局工作的重要位置。因此政府要掌握舆论导向，引导社会舆论，提高公信力，让公民在谣言出现时选择相信政府而不是被网络大V的言论左右。公共舆论是"政府的神经"，必须牢牢把握，网络大V应该成为政府在公共舆论区域的重要帮手而不是重要的引导者。

（二）大力呼吁网络大V正视社会责任，建立社会公信

大力呼吁网络大V正视社会责任，建立社会公信，是引导网络舆情以推动青年价值观教育的时代诉求。微时代的深入发展催生了网络大V这一新兴群体，这为网络舆情的深度传播与扩散提供了重要前提。如前所述，网络大V因其具有较高社会知名度和潜在号召力，在很大程度上影响着社会群体对其所持观点看法的价值判断，尤其对尚处在"准成人"社会角色阶段的青年

群体产生重要影响。因此,大力呼吁网络大V正视社会责任并建立社会公信,是引导网络舆情正向发展的重要途径。首先,网络大V应遵守法律法规,履行一个公民应尽的责任和义务,准确看待自身的"特殊使命"与"特权效应",把社会赋予自己的这份荣耀转化为推动社会发展进步的强大正能量,自觉承担更多社会责任,真正赢得社会群体的信任与支持。其次,网络大V要坚守道德底线,既做一位众人瞩目的网络"微博达人",也做一名品德高尚且敢于担当的社会公民,不做违背社会道义和个人良心的事,不做诋毁他人名誉和损坏社会形象的事。最后,网络大V必须充分发挥榜样示范作用,评论每个网络热点话题,转发每条社会热点消息,都要经过认真分析和仔细思考,不仅做到有图有真相,还要做到有理可讲,有据可查,以确保并增强消息来源的真实可靠性,为社会群体尤其是青年群体树立良好榜样。总之,只有做出正确价值判断以传播真实社会信息,积极引导社会舆论正向发展,才能真正促进青年群体健康成长成才。

(三)不断加强思想政治教育,占领意识形态网络宣传阵地

舆情引导在宣传,宣传重点在教育。加强思想政治教育,占领主流社会意识形态网络宣传主阵地,是引导网络舆情积极向上发展的根本途径。微时代背景下的网络舆情具有较强的复杂性与多变性,网络舆情引导任务更为艰巨,这就需要不断加强思想政治教育。一方面,充分发挥网络思想政治教育的优越性,创新网络思想政治教育方式方法。不同社会群体接受社会信息的程度不一,既需要不断完善网络思想政治教育内容,又要求必须始终与发展变化的网络环境协调一致,坚持用主流意识形态引领多元化的社会意识形态,积极引导网络舆情正向发展。另一方面,大力推进主流网站建设,占领并拓展网络宣传主阵地。对于主流网站上讨论的热点、焦点话题,要进行动态跟踪并加以及时回应,通过发帖、回帖的形式给予正确引导,从而赢得相应社会群体对这一舆论的信任与支持。此外,积极建设一批红色网站并占据网络宣传主渠道,大力宣传积极向上的舆论内容,也是引导网络舆情健康有序发展的重要路径。

(四)积极促进网络生态发展,发挥网络传播正向引领作用

积极促进网络生态发展,充分发挥网络平台正向引领作用,是引导网络舆情以推动青年价值观教育的重要保障。网络舆情的正向发展既需要互联网内部系统的有序运作,也需要互联网外部环境的有效保障。首先,掌握舆论话语权。主流媒体与非主流媒体应协调发展,共同发出与时代发展和社会进步相适应的主流声音,实现媒介话语权的有效统一,引导网络舆情朝着正确

方向发展并服务于社会与个人。其次，传递社会正能量。加大网络舆论监督和网络安全监管力度，严厉打击网络谣言及其传播，对于利用微博、微信、BBS 论坛等网络媒介进行虚假信息散播、人身毁谤攻击、危害社会安全的行为予以严厉打击，净化网络生态，传递社会正能量。最后，发挥正向引领力。就某种角度而言，引导网络舆情正向发展就是要求社会正面声音成为引领网络舆论的重要力量，关键是要做到"官方舆论场"和"民间舆论场"之间的双向互动和良性发展，既要求"官方舆论场"积极主动尊重网民意见，反映网民呼声，回应网民需求；也要求"民间舆论场"相信配合政府行为，发挥自身优势，提高舆论引导的针对性和有效性，进而共同推动网络舆情的正向发展。

第四节 加强网民媒介素养教育

习近平总书记在党的十九大报告中提出，"要加强互联网内容建设，建立网络综合治理体系，营造晴朗的网络空间。"网络已经成为我们生活的一部分，网民是网络社会的细胞，只有网民的媒介素养普遍增强，网络社会的机体才能始终保持健康。

一、媒介素养

（一）新时代媒介素养的涵义

1933 年英国文学批评家利维斯首次提出了"媒介素养"一词。1992 年美国媒介素养研究中心对"媒介素养"给出了定义："媒介素养是指人们面对媒介各种信息时的选择能力、理解能力、质疑能力、评估能力、创造和生产能力以及思辨的反应能力。"

新时代网络媒介早已不仅限于微博、贴吧、论坛等只能通过电脑实现的互动，手机上各种新式 APP 的兴起迅速占领了网民的日常生活，微信更是成为老少生活和学习中必不可少的交流软件。所以新时代媒介素养的涵义更加丰富，不仅包括对信息的筛选和甄别能力，还包括正确使用媒介的能力。当前网络联系无处不在，但是我国的网民媒介素养教育却相对落后。各种网络暴力层出不穷，如网上个人隐私的泄露、网络诈骗、网络黑客、网络炒作，等等。进入新时代，网络安全同样是一场攻坚战，提高网民的媒介素养是重中之重。

（二）新时代网民缺乏媒介素养的表现

1. 网络信息辨别能力弱

网络信息辨别能力是衡量媒介素养的一项重要指标。它既包括网民对信息内容真假的辨别能力、质疑能力，还包括对信息的正确选择和传播能力。目前许多名人明星为了制造"流量"，不断地运用网络来炒作自己，虚虚实实成为网络信息最大的特点。而网民往往出于个人喜好或是正义感，盲目地支持或批判某些网络言行，其结果是成为他人恶意操纵的工具。因此，网民要理性地判断网络信息的真假，不盲目转发、点赞、推送，也不盲目恶评、打口水战。

2. 网络道德认知偏差

网络媒介素养的水平直接决定网络道德认知的水平。在我国"互联网+"、数字经济的迅猛发展，使越来越多的人参与到网络社会中，然而网络媒介素养教育却没有跟上网络发展的步伐。现阶段的网民主要集中在青少年群体，他们的价值观还没有完全形成，极易被网络社会的复杂环境所浸染。例如网络中常见的"道德绑架"现象，被逼捐、被道歉、被爱国早已司空见惯。网民把自己的道德观念强加于公众人物，并认为自己的行为是出于正义的，殊不知他们的行为却是不道德的。

3. 网络法律意识薄弱

数字经济、共享经济的发展使更多的交易通过网络发生，在中国，微信支付、支付宝支付早已遍布了每一个商铺，市场上真正实现了无现金的货币流通。但在人们乐于出门不用带钱包，只需带手机时，个人信息泄露风险也悄然增加。一幕幕网络诈骗生动上演：网络捐款被曝当事人虚构信息；网络平台通知中奖被曝为假；商店二维码被替换等等。当前我国的网民普遍缺乏网络法律意识，对个人的隐私和财产信息也缺乏相应的保护意识，这些都为网络诈骗的滋生提供了有利的土壤。

二、网民媒介素养培养

（一）从传播学角度看网民媒介素养的提升

1. 从"靶子"到积极主动的选择和甄别信息

20世纪初到30年代末，传播效果研究的观点是：传播媒介拥有不可抵挡的强大力量，它们所传递的信息在受传者身上就像子弹击中躯体，药剂注入皮肤一样，可以引起直接速效的反应；它们能够左右人们的态度和意见，甚至直接支配它们的行动。这个时期，人们认为受众是"靶子"，面对媒体以及大量信息一击即中，没有任何反抗和应对能力，施以某种特定的"刺激"便能引起大致相同的"反应"。21世纪网民开始积极主动的寻求对自身学习工作乃至生活有用的信息，也具备了辨别网络信息品质品位良莠高下的能力，对有害信息的免疫力逐渐增强。这种"刺激—反应式"理论和"子弹论"也只能生存在于30年代保护主义的媒介素养范式之中了。网民不再是任凭媒介影响和控制的"靶子"，他们学会了选择和理解信息，更重要的是他们开始质疑、反思并反馈网络信息。

2. 从"静观"到"变通"影响媒介议程设置

"议程设置功能"是1972年麦库姆斯和肖提出的，他们认为，大众传播具有一种为公众设置"议事日程"的功能，传媒的新闻报道和信息传达活动以赋予各种"议题"不同程度的显著性的方式，影响着人们对周围世界"大事"及其重要性的判断。网络参与中受众地位的提高，传授双方互动性的加强，网民信息收集、处置和传输的便利性，在很大程度上激发了网民的主动性，媒介议程设置的能力因此被削弱，受众议程设置的能力逐渐增强，某些情况下，网民已经开始设置媒体的议程，开始创作和生产信息。

在网民中引起反响或网民共同关注和关心的事件往往能成为社会关注的焦点，也成为传统媒体深度报道和进一步挖掘的重点，继而引发广泛的社会讨论，使单独"草根议程"变成了"社会大众议程"和"主流媒体议程"。网民不但通过自己的力量影响了舆论走向，更创造了各种身份提出新的"社会议题"，引起了强烈的社会反响。网民参与改变了传统媒体"主流媒体议程设置"→"大众议程设置"→"社会决策议程设置"这一原始的议程设置方法，创造了网络社会新的"议程设置"逻辑："网民议程设置"→"小群体议程设置"→"大众议程设置"→"主流媒体议程设置"。

3. 高媒介素养的舆论领袖大量涌现

舆论领袖也称意见领袖，是"两级传播"中重要的传播学概念。拉扎斯菲尔德认为，信息常常是从广播与报刊流向意见领袖（大众传播过程），然后经由意见领袖流向人群中不太活跃的其他部分（人际传播过程），这一过程被称为两级传播。在活跃的人际传播网络中，经常为他人提供信息、观点或建议并对他人施加个人影响的人物被称为"舆论领袖"。

网络上逐渐出现了大量具有高媒介素养的领袖，并且发挥越来越重要的功能。他们关注政治、经济等国家大事和教育改革、反腐败、民生等社会热点问题，并在网络中快速发声抢占舆论先机，凭借发言的质量和频率积累了较高的声望。舆情事件发生时，舆论领袖的言论和意见会一定程度上影响和改变"沉默的大多数"和"追随的大多数"，引导和推动事态发展，影响舆论走向，彰显了"意见领袖作为媒介信息和影响的中继和过滤环节"所起的重要作用。一些网民在网站论坛发挥影响力的基本过程是，发帖引起回应——被加精华——被置顶／推荐到网站论坛主页——被大量网友转载——被其他网站转载——被其他线下媒体转载。

网络媒体不但没有削弱舆论领袖的作用，广泛参与性还扩大了舆论领袖的身份构成，不仅有传统意义上的政府官员和新闻媒介人员，更网罗了普通大众加入其中。由少到多，由个人到群体，这将是网民媒介素养全面提升重要且必要的环节。

通过分析，可以看到从进入网络时代起，网民在获取网络信息、参与网络对话、处理网络事件等方面的转变，即从被动消极、全面接收、片面参与到积极主动、批判接收、全面参与的转变，这些转变是网民在网络参与中媒介素养提升的重要表现，也是构建和谐网络、打造理性网民的必由之路。

（二）新时代网民媒介素养的培育路径

1. 开设媒介素养教育课程

目前我国媒介素养教育滞后，还未形成系统的媒介素养教育系统，所以应逐步开设媒介素养课程。首先应在有条件、有基础的发达地区，选择一部分高校开设媒介素养课程教育试验区，观察教育效果，在此基础上改进教育方式方法后，推向全国；在欠发达的地区，可通过学术论坛、专题讲座、远程授课等方式对学生教授网络媒介素养的基本知识，并组织开展相关的教育活动；在学生中实验成功后，将课程录成视频推向网络，让更多的网民参与到媒介素养的学习中来。这样，媒介素养教育将逐渐从专业教育走向素质教育，从而使大多数网民都能通过媒介素养教育来提升对媒介基本知识和网络传播基本原理的认知、理解和运用。使网民不仅能正确地筛选网络信息，运用媒介传播信息，还能识破幕后推手和网络诈骗的伎俩。

2. 加强网络道德意识培养

媒介社会化时代的来袭深刻地改变着人们参与社会舆论的方式，从"身体在场式"改变为"身体缺席式"，从人与人之间面对面的交流改变为"人与机器"之间多对多的交流。网络的虚拟性和匿名性使越来越多的网民道德素质滑坡。因此净化网络空间必须首先加强网民网络道德意识的培养。在学校教育中，网络道德教育应积极渗透于思想政治工作中，在马克思主义理论课和思想品德课"两课"教育体系中尽快开设网络道德教育课程，利用正反两方面的典型案例进行教学，让学生深刻认识和理解正确的网络道德；在网络教育中，各大新闻网页、政府官网、高校官网中都增加"遵守社会公德，建设网络文明"的专题,并且形式新颖内容生动,放在网页最显眼的位置,让每一个网民都能快速了解网络道德;在社会教育中,多次开展集中学习网络道德的活动,增强广大网民的自律、自重意识,提高对网络信息的分辨能力,在具体实践中提升网民的网络道德意识。

3. 扩大网络法律宣传力度

网络法律是维护网络空间秩序和安全的重要保障。网络媒介素养的培养更与网络法律联系紧密,网民只有正确了解网络法律,才能提升自身的网络媒介素养。但目前我国网络法律的宣传力度弱,很多网民对网络法律知之甚少。这就需要各大高校加强对网络法律的教育,让网络法律入课本入教材,成为在校大学生的必修课。并开展网络法律宣传周等实践活动,让学生真正参与到网络法律的学习中来;党员干部要发挥带头作用,积极开展网络法律电视电话学习会议,通过讨论研究把网络法律的宣传真正贯彻落实下去,让网民都能懂法知法,远离网络诈骗。随着微媒体的迅猛发展,法律也要利用好微媒体平台,占领微媒体高地,让微媒体成为法律宣传的有效途径,真正让法律内容深入到每一个网民的内心,内化为准则,规范其行为。

习近平总书记在网络安全和信息化工作座谈会上谈到:"网络空间是亿万民众共同的精神家园。网络空间天朗气清、生态良好,符合人民利益。网络空间乌烟瘴气、生态恶化,不符合人民利益。谁都不愿生活在一个充斥着虚假、诈骗、攻击、谩骂、恐怖、色情、暴力的空间。"

第九章 结 论

第一节 研究发现

新媒体在我国迅猛发展，新媒体的繁荣为我国的互联网事业的发展带来了挑战同时也是一种机遇，因其开放性、便利性，公民参与数量多、热情高，为我们了解社情民意提供了直观途径，新媒体已成为我国公民参与社会议题的重要方式。但同时又增加了舆情引导的复杂性。关于网络舆情的分析数量很多，但多数是定性分析，没有定量化。

本文在前人研究的基础上，首先分析了新媒体及网络舆情工作的发展，介绍了本文的研究背景，随后又分别介绍了新媒体对网络舆情的影响，新媒体时代网络舆情的监测、预警及应对。并分析了部分发达国家的舆情应对经验，最后也为中国网络舆情监管工作的下一步发展提出了部分建议。

第二节 研究不足及未来研究方向

在本书中，虽然能对新媒体时代的网络舆情相关工作做出相对较合理的分析与研究，但同样也存在部分问题：

（一）在论述相应的部分时，为了做到相关性，采取了部分陈旧的案例分析，可能存在时效性不足的问题。

（二）在分析新媒体时代网络舆情的监管工作时，虽然提出了部分建议，但是没有提出相应的指标体系去验证建议的可行性。

（三）随着新媒体的发展，新媒体网络舆情工作者需要与时俱进，继续深入优化工作方法，减少人为社会危机的爆发。

参考文献

[1] 丁柏铨. 新媒体语境中重大公共危机事件舆论触发研究 [J]. 新闻大学，2012(04).

[2] 张月. 新媒体时代政府公共危机管理研究 [J]. 人力资源管理，2014(10).

[3] 陈永怡. 浅析新媒体对我国公共政策的影响 [J]. 新闻世界，2013(08).

[4] 王平，谢耘耕. 突发公共事件中微博意见领袖的实证研究——以"温州动车事故"为例 [J]. 现代传播 (中国传媒大学学报)，2012(03).

[5] 陈然，谢薇. 突发事件中政务微博舆情应对的问题及对策 [J]. 今传媒，2014(10).

[6] 贾菁. 微博在公共危机事件中的影响及应对策略 [J]. 新闻爱好者，2013(03).

[7] 郭韧，陈福集. 政府面向网络舆情的知识源整合研究 [J]. 情报科学，2016(08).

[8] 张恩韶，赵丽娟. 治道变革视野中的网络舆论危机 [J]. 电子政务，2013(10).

[9] 张梅贞，周小情. 网络舆情监测与搜集研究 [J]. 青年记者，2014(23).

[10] 张绍成. 网络舆情政府治理预防制度研究——以辽宁省为例 [J]. 辽宁大学学报 (哲学社会科学版)，2017(01).

[11] 赵子忠，布赫. 2015 新媒体发展趋势比较分析 [J]. 中国传媒科技，2015(1).

[12] 薛亮. 大数据时代云计算在新媒体平台中的应用探寻 [J]. 科技展望，2016(10).

[13] 颜廷昆. 新媒体环境下网络舆论的演变规律 [J]. 青年记者，2011(35)

[14] 袁梦，任帅. E 时代大学生网络舆情传播路径分析 [J]. 扬州大学学报 (高教研究版)，2016(05).

[15] 吴绍忠，魏永忠. 基于隐性知识的网络涉稳舆情分析技术研究 [J]. 警察技术，2015(06).

[16] 任贤良. 导向一致形新神定——关于传统媒体和新兴媒体统筹管理的思考 [J]. 红旗文稿，2015(20).

[17] 柯筱清，汪青云. 突发事件中政务微博运营组织结构的优化分析 [J]. 新闻世界，2014(06).

[18] 陶进，雷哲敏. 高校网络舆情危机分析与应对 [J]. 浙江工业大学学报 (社会科学版)，2015(01).

[19] 刘洪举，任镝. 网络舆论的传播与控制机制 [J]. 情报科学，2015(04).

[20] 王世雄，潘旭伟，姜毅. 基于线上线下互动网络的社会共识涌现研究 [J]. 情报杂志，2017(03).

[21] 胥哲菡. 论新兴社交媒体在中国社会的发展——以新浪微博为例 [J]. 数字化用户，2013(07).

[22] 洪亮，石立艳，李明. 基于系统动力学的多主体回应网络舆情影响因素研究 [J]. 情报科学，2017(01).

[23] 朱红涛. 社交媒体时代价格舆情危机的应对路径 [J]. 科技创业月刊，2016(18).

[24] 胡珑瑛，董靖巍. 网络舆情演进过程参与主体策略行为仿真和政府引导 [J]. 中国软科学，2016(10).

[25] 高歌，张艺炜，丁宇，黄微. 基于系统动力学的网络舆情演进机理及影响力研究 [J]. 情报理论与实践，2016(12).

[26] 姚继莲. 论网络负面舆论的影响及其引导 [J]. 法制与社会，2012(19).

[27] 赵颖. "技术执行框架" 视角下中国电子政务的困境与对策 [J]. 行政与法，2016(10).

[28] 李娜. 完善网络舆论监督对策探析 [J]. 经营管理者，2010(22).

[29] 李亚. "皮鞋很忙" 我们很慌——毒胶囊事件的文化反思 [J]. 中外企业文化，2012(07).

[30] 燕道成，蔡骐. 国外网络舆论管理及启示 [J]. 当代传播，2007(02).

[31] 李睿超. 网络舆情对地方政府管理的影响与应对机制 [J]. 管理观察，2015(04).

[32] 易承志. 群体性突发事件网络舆情的演变机制分析 [J]. 情报杂志，2011(12).

[33] 刘国军. 有效推进网络舆论监督制度化建设 [J]. 中国发展观察，2010(11).

[34] 杜涛. 网络舆论的演变特征分析 [J]. 新闻爱好者，2005(01).

[35] 邬芬. 微博在公共突发性事件中的传播作用与困境——以 7·23 动车事故为例 [J]. 新闻窗，2012(02).

[36] 丁伟杰. 基于 logistic 模型的突发性"网络群体事件"演进机制研究 [J]. 贵州警官职业学院学报, 2015(06).

[37] 周晔梅. 西部民族地区高校突发事件的传播范式 [J]. 新闻研究导刊, 2015(20).

[38] 许伟, 刘令宇, 王明明. 基于跨媒体分析的突发事件检测及趋势研判研究 [J]. 系统工程理论与实践, 2015(10).

[39] 黄远, 沈乾, 刘怡君. 微博舆论场：突发事件舆情演化分析的新视角 [J]. 系统工程理论与实践, 2015(10).

[40] 朱璟. 行政区域服务网络舆情监测与预警系统的构建研究——以广西突发事件的网络舆情监测与引导为例 [J]. 沿海企业与科技, 2015(05).

[41] 李明宇. 传统媒体与新媒体的新闻信息传播比较 [J]. 中国广播电视学刊, 2014(09).

[42] 李磊, 刘继, 张竑魁. 基于共现分析的网络舆情话题发现及态势演化研究 [J]. 情报科学, 2016(01).

[43] 胡改丽, 陈婷, 陈福集, 郑小雪. 我国网络舆情热度分析文献综述 [J]. 情报科学, 2016(01).

[44] 周雅鹏. 以"网络舆论监督"推动当代中国"公民的有序参与"[J]. 中共杭州市委党校学报, 2010(02).

[45] 燕道成. 国外网络舆论管理及启示 [J]. 南通大学学报 (社会科学版), 2007(02).

[46] 丁柏铨. 略论舆情——兼及它与舆论、新闻的关系 [J]. 新闻记者, 2007(06).

[47] 王欢, 郭玉锦. 网络公共领域的功能与局限性 [J]. 理论前沿, 2009(20).

[48] 王敏. 领导干部有效应对网络群体性事件的策略 [J]. 领导之友, 2012(04).

[49] 郭乐天. 互联网虚假信息的控制与网络舆情的引导 [J]. 新闻记者, 2005(02).

[50] 魏猛. 首因效应视角下的网络谣言控制 [J]. 江苏警官学院学报, 2012(01).

[51] 吴晓林, 汤明磊. 新媒体情境下冲突议题传播的"双重结构因素"——基于临武瓜农事件的分析 [J]. 武汉大学学报 (人文科学版), 2016(01).

[52] 蔡军. 微博的传播特性与功能——以"温州 7, 23 动车事故"为例 [J]. 新闻界, 2011(09).

[53] 张佳佳. 论数字移动新媒体——手机媒体 [J]. 现代装饰 (理论), 2012(06).

[54] 聂峰英, 张旸. 移动社交网络舆情预警指标体系构建 [J]. 情报理论与实践, 2015(12).

[55] 姜胜洪. 微博时代突发事件网络舆情研究 [J]. 理论与现代化，2012(03).
[56] 冯强. "失衡的舆论场"：微博场域中的政府、民众与媒体的角色路演及话语表达——以"7·23甬温动车事故"为例 [J]. 社会科学论坛，2013(08).
[57] 邹凯, 左珊, 陈旸, 蒋知义. 基于网络舆情的政府信息服务公众满意度评价研究 [J]. 情报科学，2016(02).
[58] 张洋阳. 非政府组织公信力问题刍议——以中国红十字会的信任危机为个案 [J]. 法制博览，2015(11).
[59] 王世雄, 潘旭伟, 姜毅. 基于线上线下互动网络的社会共识涌现研究 [J]. 情报杂志，2017(03).
[60] 张瑜, 李兵, 刘晨玥. 面向主题的微博热门话题舆情监测研究——以"北京单双号限行常态化"舆情分析为例 [J]. 中文信息学报，2015(05).
[61] 华昊. 新生代网民的网络政治参与及其多元治理 [J]. 南京社会科学，2016(05).
[62] 刘伟. 论转型时期我国网络舆情治理的思路与对策 [J]. 理论与改革，2016(03).
[63] 王睿, 张恩普, 李婷. 基于微博的突发事件网络舆情对策研究 [J]. 情报科学，2016(04).
[64] 张佳慧. 中国政府网络舆情治理政策研究：态势与走向 [J]. 情报杂志，2015(05).
[65] 李昊青, 兰月新, 张鹏, 夏一雪. 网络舆情生态系统的失衡与优化策略研究 [J]. 现代情报，2017(04).
[66] 张慧民. 网络舆情治理困境与公共政策公信力重构 [J]. 人民论坛，2014(11).
[67] 李纲, 陈璟浩. 突发公共事件网络舆情研究综述 [J]. 图书情报知识，2014(02).
[68] 张小明. 论突发事件网络舆情的综合治理：体制建设与制度保障 [J]. 上海行政学院学报，2013(05).
[69] 康伟. 突发事件舆情传播的社会网络结构测度与分析——基于"11·16校车事故"的实证研究 [J]. 中国软科学，2012(07).
[70] 谢金林. 网络舆论生态系统内在机理及其治理研究——以网络政治舆论为分析视角 [J]. 上海行政学院学报，2013(04).
[71] 中国弱势群体利益表达的路径选择：以张海涛"开胸验肺"事件为例 [J]. 李军. 经济研究导刊，2013(05).
[72] 范藻. 关于美育合法性的反思——兼及生命美学的必然性存在 [J]. 郑州大

学学报（哲学社会科学版），2016（05）.

[73] 周乾宪. 突发公共事件网络舆情的生成机制——以"武汉水污染事件"为例 [J]. 新闻爱好者，2012(14).

[74] 张梅贞，周小情. 网络舆情监测与搜集研究 [J]. 青年记者，2014(23).

[75] 周耀明，张慧成，王波. 网络舆情演化模式分析 [J]. 信息工程大学学报，2012(03).

[76] 喻国明. 当前中国社会舆情的现状及特征——基于《中国社会舆情年度报告 (2012)》蓝皮书的分析性结论 [J]. 新闻与写作，2012(05).

[77] 张玉亮. 突发事件网络舆情的生成原因与导控策略——基于网络舆情主体心理的分析视阈 [J]. 情报杂志，2012(04).

[78] 张一文，齐佳音，方滨兴，李欲晓. 基于贝叶斯网络建模的非常规危机事件网络舆情预警研究 [J]. 图书情报工作，2012(02).

[79] 芦何秋，胡晓. 突发事件中传统媒体和新媒体的交互影响——以甬温动车事故为例 [J]. 当代传播，2012(01).

[80] 王国华，张剑，毕帅辉. 突发事件网络舆情演变中意见领袖研究——以药家鑫事件为例 [J]. 情报杂志，2011(12).

[81] 谢耘耕，荣婷. 微博舆论生成演变机制和舆论引导策略 [J]. 现代传播 (中国传媒大学学报)，2011(05).

[82] 许鑫，张岚岚. 突发事件网络舆情预警模式探索 [J]. 图书情报工作，2010(22).

[83] 毕宏音. 网民的网络舆情主体特征研究 [J]. 广西社会科学，2008(07).

[84] 安呈斌. 网上群体性事件特点成因分析及处置对策建议 [J]. 公安研究，2007(10).

[85] 毕宏音. 网络舆情形成与变动中的群体影响分析 [J]. 天津大学学报 (社会科学版)，2007(03).

[86] 刘毅. 略论网络舆情的概念、特点、表达与传播 [J]. 理论界，2007(01).

[87] 吴雨峰. 网络媒体与和谐社会 [J]. 江南社会学院学报，2006(03).

[88] 王丽平，刘大鹏. 开展互联网上舆情控制的方针、对策 [J]. 吉林公安高等专科学校学报，2006(01).

[89] 刘学勇，滕遥. 合理性教育循环与美育、劳育关系刍议 [J]. 教育与教学研究，2016（05）.

[91] 王勇. 普通高校体育舞蹈课美育教法新探——社会学视角下体育舞蹈教学的美育实践 [J]. 北京体育大学学报，2016（07）.

[92] 林清凉 .2015 年中国美育研究述评 [J]. 美育学刊，2016（04）.

[93] 丁奕，何土凤. 求美时代：青少年美育的现状与创新研究 [J]. 中国青年研究，2016（10）.

[94] 郭勇健. 蔡元培美育思想批判 [J]. 郑州大学学报（哲学社会科学版），2016（05）.